Christian Mašin
Gerald Grois
Pia Glaeser

D1929667

ÖBV

Physik verstehen 2

Hol dir die Quiz-App zum Schulbuch im App-Store (iOS) oder Google Play-Store (Android)! Wähle in der App dein Buch aus, gib den Gratis-Code phv2 ein und los geht's!
www.esquirrel.at
eSquirrel
Lernen wird mobil

www.oebv.at

Wie arbeite ich mit diesem Buch?

Liebe Schülerin, lieber Schüler!

In diesem Schuljahr lernst du vielleicht zum ersten Mal in deiner Schulzeit das Fach „Physik“ genauer kennen. Wahrscheinlich kennst du aber bereits ein paar interessante Versuche und Vorgänge aus dem großen Gebiet der Naturwissenschaften – sei es von deiner Familie, aus der Volksschule oder aus den Medien. Dieses Buch soll dir helfen, tiefer in die spannende Welt der Physik einzutauchen. Wir wünschen dir und deiner Lehrerin oder deinem Lehrer viel Vergnügen beim Physikunterricht!

Auf dieser Doppelseite zeigen wir dir, wie das Schulbuch aufgebaut ist.
Dein Schulbuch hat fünf große Kapitel (zB „Vom Schall und vom Hören“).
Jede Doppelseite behandelt ein Thema (zB „Wie sich der Schall ausbreitet“).

Christian Mašin, Pia Glaeser, Gerald Grois

Jedes Thema ist durch Fragen gegliedert.
Physikerinnen und Physiker stellen Fragen an die Natur und versuchen, sie durch Versuche und logisches Denken zu beantworten.

Versuche helfen beim Beantworten der Fragen an die Natur.
Die Versuche sind oft einfach durchzuführen, ob im Unterricht oder zu Hause. Physik ohne Versuche funktioniert nicht!
Versuche für Lehrerinnen und Lehrer sind mit **LV** gekennzeichnet.

Arbeitsaufgaben fordern dich auf, über zB deine Versuche nachzudenken, sie festzuhalten, auszuwerten oder zu deuten. Manchmal ist es notwendig, Informationen zu suchen, die nicht in deinem Schulbuch stehen.

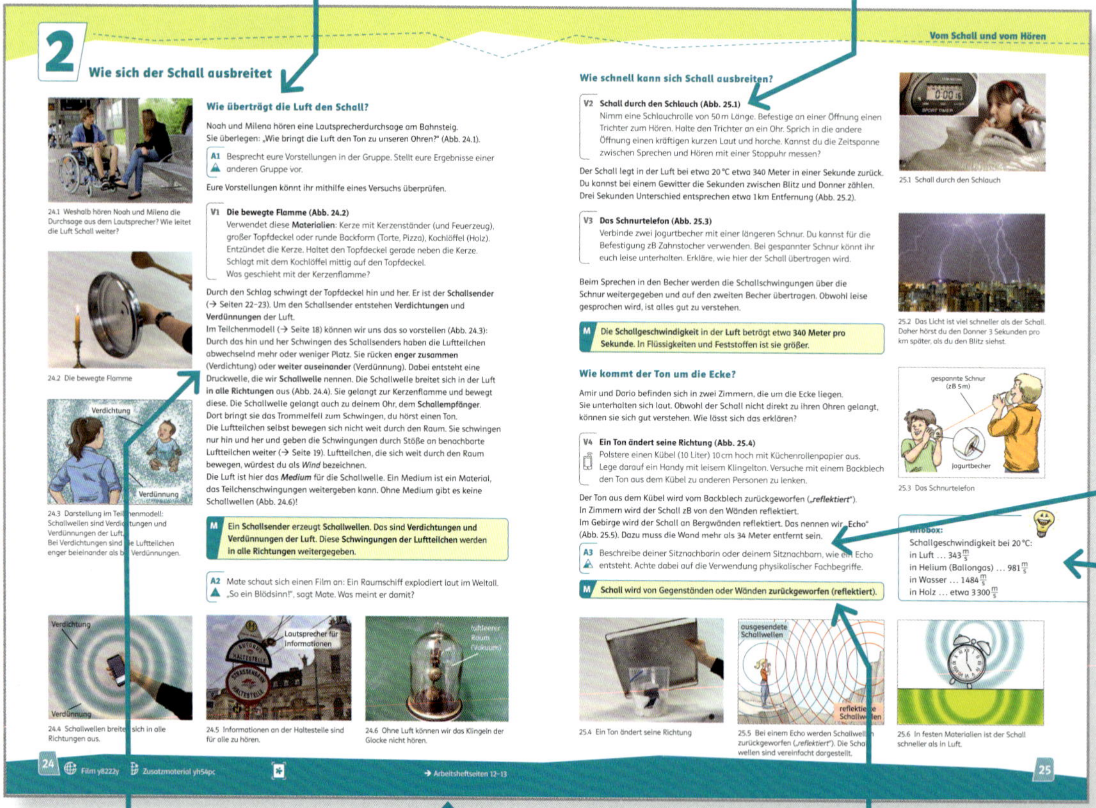

2 Wie sich der Schall ausbreitet

Vom Schall und vom Hören

Wie überträgt die Luft den Schall?

Noah und Milena hören eine Lautsprecherdurchsage am Bahnsteig. Sie überlegen: „Wie bringt die Luft den Ton zu unseren Ohren?“ (Abb. 24.1).

A1 Besprecht eure Vorstellungen in der Gruppe. Stellt eure Ergebnisse einer anderen Gruppe vor.

Eure Vorstellungen könnt ihr mithilfe eines Versuchs überprüfen.

V1 **Die bewegte Flamme (Abb. 24.2)**
Verwendet diese **Materialien**: Kerze mit Kerzenständer (und Feuerzeug), großer Topfdeckel oder runde Backform (Torte, Pizza), Kochlöffel (Holz). Entzündet die Kerze. Haltet den Topfdeckel gerade neben die Kerze. Schlagt mit dem Kochlöffel mittig auf den Topfdeckel. Was geschieht mit der Kerzenflamme?

Durch den Schlag schwingt der Topfdeckel hin und her. Er ist der **Schallsender** (→ Seiten 22–23). Um den Schallsender entstehen **Verdichtungen** und **Verdünnungen** der Luft.
Im Teilchenmodell (→ Seite 18) können wir uns das so vorstellen (Abb. 24.3): Durch das hin und her Schwingen des Schallsenders haben die Luftteilchen abwechselnd mehr oder weniger Platz. Sie rücken **enger zusammen** (Verdichtung) oder **weiter auseinander** (Verdünnung). Dabei entsteht eine Druckwelle, die wir **Schallwelle** nennen. Die Schallwelle breitet sich in der Luft **in alle Richtungen** aus (Abb. 24.4). Sie gelangt zur Kerzenflamme und bewegt diese. Die Schallwelle gelangt auch zu deinem Ohr, dem **Schallempfänger**. Dort bringt sie das Trommelfell zum Schwingen, du hörst einen Ton.
Die Luftteilchen selbst bewegen sich nicht weit durch den Raum. Sie schwingen nur hin und her und geben die Schwingungen durch Stöße an benachbarte Luftteilchen weiter (→ Seite 19). Luftteilchen, die sich weit durch den Raum bewegen, würdest du als *Wind* bezeichnen.
Die Luft ist hier das ***Medium*** für die Schallwelle. Ein Medium ist ein Material, das Teilchenschwingungen weitergeben kann. Ohne Medium gibt es keine Schallwellen (Abb. 24.6)!

M Ein **Schallsender** erzeugt **Schallwellen**. Das sind **Verdichtungen und Verdünnungen der Luft**. Diese **Schwingungen der Luftteilchen** werden **in alle Richtungen** weitergegeben.

A2 Mate schaut sich einen Film an: Ein Raumschiff explodiert laut im Weltall. „So ein Blödsinn!“, sagt Mate. Was meint er damit?

24.1 Weshalb hören Noah und Milena die Durchsage aus dem Lautsprecher? Wie leitet die Luft Schall weiter?

24.2 Die bewegte Flamme

Verdichtung
Verdünnung

24.3 Darstellung im Teilchenmodell: Schallwellen sind Verdichtungen und Verdünnungen der Luft. Bei Verdichtungen sind die Luftteilchen enger beieinander als bei Verdünnungen.

Verdichtung
Verdünnung

24.4 Schallwellen breiten sich in alle Richtungen aus.

Lautsprecher für Informationen

24.5 Informationen an der Haltestelle sind für alle zu hören.

luftleerer Raum (Vakuum)

24.6 Ohne Luft können wir das Klingeln der Glocke nicht hören.

24 Film y8222y Zusatzmaterial yh54pc → Arbeitsheftseiten 12–13

Wie schnell kann sich Schall ausbreiten?

V2 **Schall durch den Schlauch (Abb. 25.1)**
Nimm eine Schlauchrolle von 50 m Länge. Befestige an einer Öffnung einen Trichter zum Hören. Halte den Trichter an ein Ohr. Sprich in die andere Öffnung einen kräftigen kurzen Laut und horche. Kannst du die Zeitspanne zwischen Sprechen und Hören mit einer Stoppuhr messen?

Der Schall legt in der Luft bei etwa 20 °C etwa 340 Meter in einer Sekunde zurück. Du kannst bei einem Gewitter die Sekunden zwischen Blitz und Donner zählen. Drei Sekunden Unterschied entsprechen etwa 1 km Entfernung (Abb. 25.2).

V3 **Das Schnurtelefon (Abb. 25.3)**
Verbinde zwei Jogurtbecher mit einer längeren Schnur. Du kannst für die Befestigung zB Zahnstocher verwenden. Bei gespannter Schnur könnt ihr euch leise unterhalten. Erkläre, wie hier der Schall übertragen wird.

Beim Sprechen in den Becher werden die Schallschwingungen über die Schnur weitergegeben und auf den zweiten Becher übertragen. Obwohl leise gesprochen wird, ist alles gut zu verstehen.

M Die **Schallgeschwindigkeit** in der **Luft** beträgt etwa **340 Meter pro Sekunde**. In Flüssigkeiten und Feststoffen ist sie größer.

Wie kommt der Ton um die Ecke?

Amir und Dario befinden sich in zwei Zimmern, die um die Ecke liegen. Sie unterhalten sich laut. Obwohl der Schall nicht direkt zu ihren Ohren gelangt, können sie sich gut verstehen. Wie lässt sich das erklären?

V4 **Ein Ton ändert seine Richtung (Abb. 25.4)**
Polstere einen Kübel (10 Liter) 10 cm hoch mit Küchenrollenpapier aus. Lege darauf ein Handy mit leisem Klingelton. Versuche mit einem Backblech den Ton aus dem Kübel zu anderen Personen zu lenken.

Der Ton aus dem Kübel wird vom Backblech zurückgeworfen („*reflektiert*“). In Zimmern wird der Schall zB von den Wänden reflektiert. Im Gebirge wird der Schall an Bergwänden reflektiert. Das nennen wir „Echo“ (Abb. 25.5). Dazu muss die Wand mehr als 34 Meter entfernt sein.

A3 Beschreibe deiner Sitznachbarin oder deinem Sitznachbarn, wie ein Echo entsteht. Achte dabei auf die Verwendung physikalischer Fachbegriffe.

M Schall wird von Gegenständen oder Wänden **zurückgeworfen (reflektiert)**.

25.1 Schall durch den Schlauch

25.2 Das Licht ist viel schneller als der Schall. Daher hörst du den Donner 3 Sekunden pro km später, als du den Blitz siehst.

gespannte Schnur (zB 5 m)
Jogurtbecher

25.3 Das Schnurtelefon

Infobox:
Schallgeschwindigkeit bei 20 °C:
in Luft … 343 $\frac{m}{s}$
in Helium (Ballongas) … 981 $\frac{m}{s}$
in Wasser … 1484 $\frac{m}{s}$
in Holz … etwa 3300 $\frac{m}{s}$

25.4 Ein Ton ändert seine Richtung

ausgesendete Schallwellen
reflektierte Schallwellen

25.5 Bei einem Echo werden Schallwellen zurückgeworfen („*reflektiert*“). Die Schallwellen sind vereinfacht dargestellt.

25.6 In festen Materialien ist der Schall schneller als in Luft.

25

Erklärungen zu den Ergebnissen der Versuche und weitere Inhalte stehen im **Text**.

Hier findest du **Verweise** auf das Arbeitsheft oder auf digitales Zusatzmaterial.

Merktexte fassen die Informationen kurz zusammen. So weißt du, was wichtig ist.

Infoboxen liefern zusätzliche Informationen oder wiederholen wichtige Begriffe.

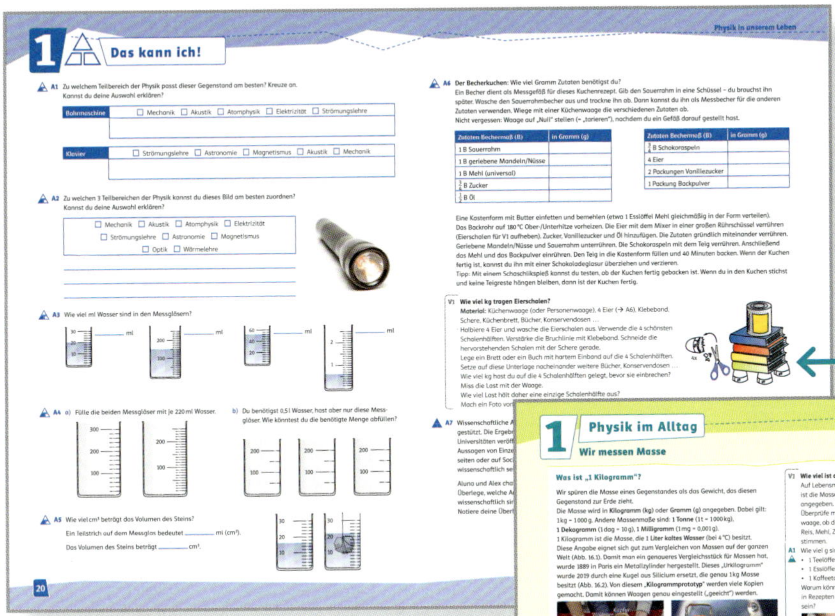

Am Ende eines Abschnittes findest du eine Doppelseite **„Das kann ich!“** Diese Seiten helfen dir, den Lernstoff zu wiederholen und zu üben. Du kannst auch Neues zu den einzelnen Inhalten erforschen und entdecken.

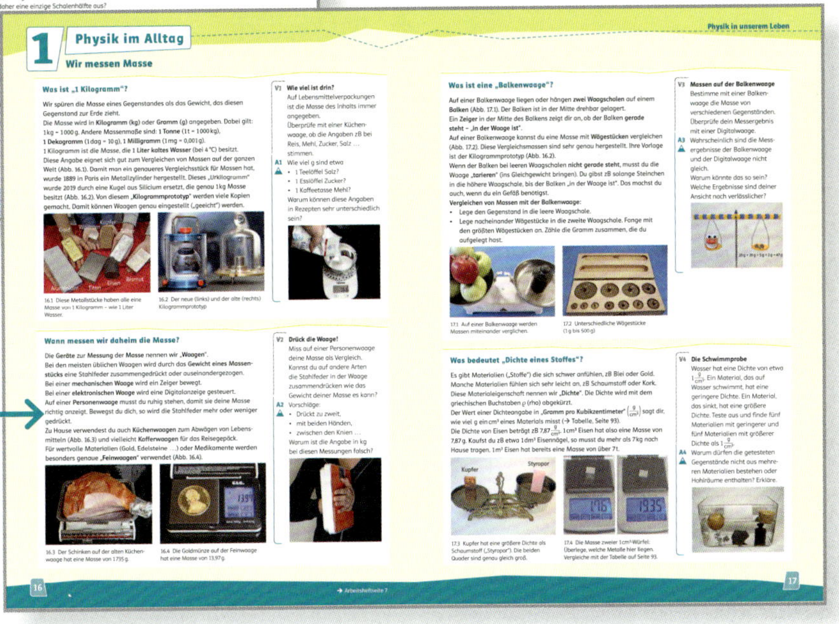

Die Sonderseiten **„Physik im Alltag“** bringen dir Gegenstände und Vorgänge des täglichen Lebens näher.

Alle **Aufgaben** in diesem Buch sind mit einem dreieckigen Zeichen markiert. Damit weißt du auf einen Blick, um welche Aufgabenart es sich handelt. Wenn du die Aufgaben löst, kannst du selbst überprüfen, was du gut beherrschst und wobei du dir noch schwertust.

- Aufgaben mit diesem Zeichen helfen dir, dein Fachwissen anzuwenden, zu erweitern und zu kommunizieren.
- Bei diesen Aufgaben sollst du Vermutungen aufstellen und Versuche planen, durchführen, festhalten und auswerten.
- Diese Aufgaben fordern dich auf, dir eine eigene fachlich begründete Meinung zu bilden, neue Informationen kritisch zu bewerten und verantwortungsbewusste Entscheidungen zu treffen.

Digitales Zusatzmaterial

1. Webseite aufrufen

www.oebv.at

Im Schulbuch eingedruckter Code

Zusatzmaterial y7qr6w
- zahlreiche Arbeitsblätter
- Versuchsfilme
- Animationen

2. Gib den Code in das Suchfeld ein.

Online-Code/Fach/ISBN → kostenloses Zusatzmaterial

QuickMedia App

1. Scanne den QR-Code und lade die App auf dein Smartphone oder Tablet.
2. Scanne deinen Buchumschlag oder wähle dein Schulbuch in der App-Medienliste aus.
3. Scanne eine mit gekennzeichnete Buchseite oder wähle zB ein Video aus der App-Medienliste aus.
4. Spiele das Video ab.

Android

iOS

I Inhaltsverzeichnis

1 Physik in unserem Leben

Gerald Grois und Christian Mašin

2 Vom Schall und vom Hören

3 Vom Licht und vom Sehen

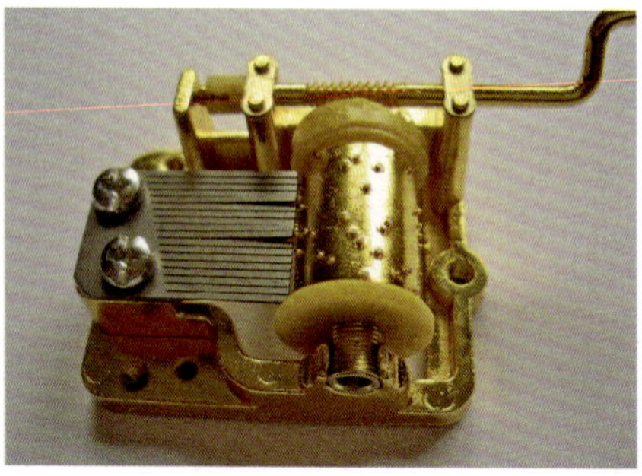

4.1 Die Spieldose erzeugt unterschiedliche Töne.

4.2 Bei einer Orgel hörst du schwingende Luft.

4.3 Bei einem Klavier werden Saiten angeschlagen.

Der Lichtweg wird verändert

4

Die Farben und das Licht

5

Pia Glaeser

5.1 Die glatte Wasseroberfläche wirft Licht zurück.

5.2 Eine Lupe erzeugt Bilder aus Licht.

5.3 Durch Gegenstände aus Glas kannst du nicht immer gut durchsehen.

5.4 Straßenlampen sorgen für Sicherheit im Verkehr.

5.5 Licht besteht aus vielen Farben.

1 Physik in unserem Leben

Wofür wir Physik brauchen

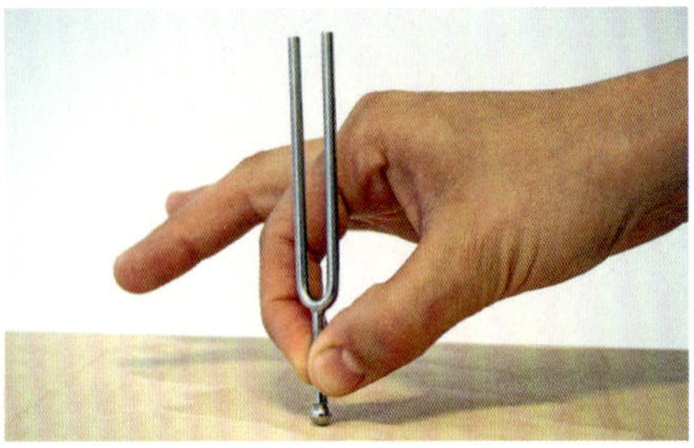

6.1 **Akustik:** über den Schall und das Hören

6.2 **Optik:** über das Licht, das Sehen und optische Geräte

6.3 **Astronomie:** über Planeten, Sterne und das Weltall

Womit beschäftigt sich die Physik?

Warum höre ich jemanden rufen, der um die Ecke steht? Wie finden Fledermäuse ihren Weg im Dunklen? Warum sehe ich einen Blitz, bevor ich den Donner höre? Wie entsteht ein Schatten und was hat dieser mit einer Mondfinsternis zu tun? Warum gibt es Farben?

Mithilfe der **Physik** versuchen wir, solche **Fragen** zu beantworten.
Durch genaues **Beobachten** der Umwelt können wir natürliche Zusammenhänge erkennen. Diese Zusammenhänge bezeichnen wir als „**Naturgesetze**".
Die Physik ist eine **Naturwissenschaft**.

Experimente (Versuche) helfen uns beim Beobachten und Verstehen. Sie werden oft mehrere Male wiederholt und auch ein wenig verändert. Durch die Ergebnisse der Experimente verstehen wir physikalische Vorgänge besser.

Das physikalische Wissen über Naturgesetze ist sehr groß.
Es gibt viele spezielle **Teilbereiche der Physik** und dazugehörige Spezialistinnen und Spezialisten. Die Bilder auf dieser Seite zeigen dir einige dieser Teilbereiche.

A1 Blättere durch eine Zeitschrift oder eine Zeitung. Findest du Bilder, die etwas mit Physik zu tun haben? Schneide sie aus und sammle sie. Zu welchen Teilbereichen passen deine Bilder? Beschrifte sie. Überlege, ob du heute Videos gesehen oder Podcasts gehört hast, in denen Physik vorkam. Welche Teilbereiche der Physik, die auf dieser Buchseite angegeben werden, wurden behandelt?

A2 Überlege, welche Bedeutung die Physik für deinen Alltag hat. Was wäre ohne die Physik nicht möglich? Besprich deine Ideen mit deiner Sitznachbarin oder deinem Sitznachbarn.

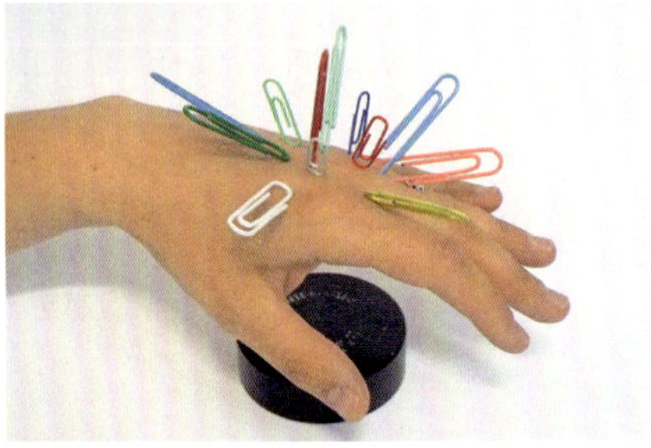

6.4 **Magnetismus:** über Magnete und ihre Wirkungen

6.5 **Mechanik:** über Kräfte und ihre Auswirkungen auf Gegenstände

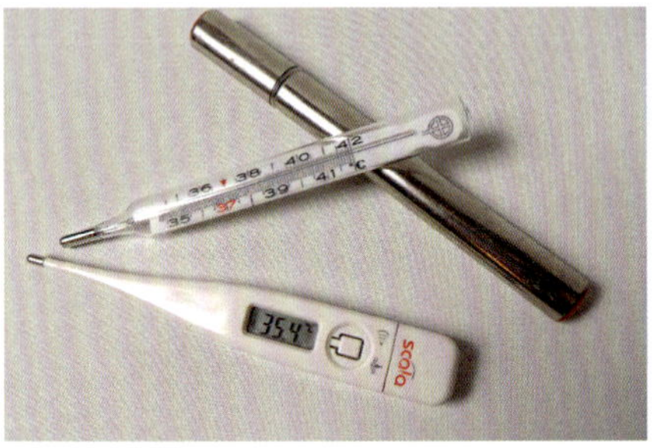

6.6 **Wärmelehre:** über Temperatur und Veränderungen durch Wärme

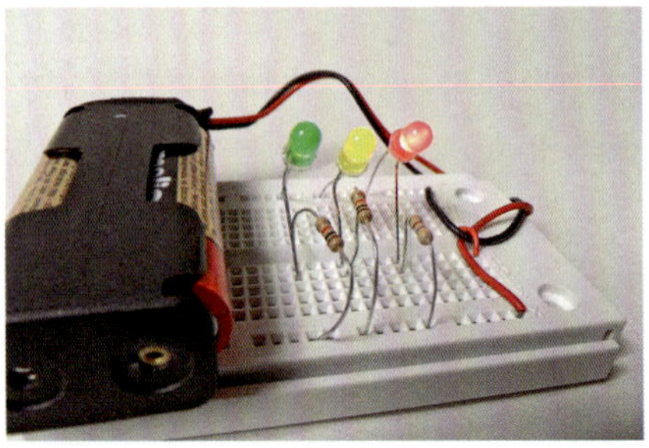

6.7 **Elektrizität:** über den Strom und wofür wir ihn verwenden

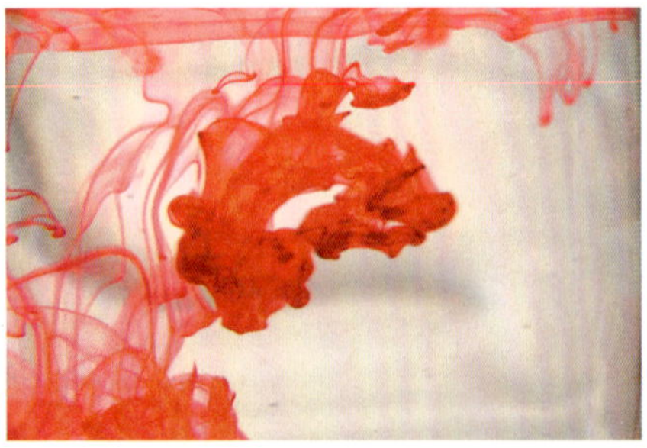

6.8 **Strömungslehre:** über Bewegungen in Flüssigkeiten und Gasen

6.9 **Atomphysik:** über den Aufbau der Stoffe (Materialien)

→ Arbeitsheftseite 4

[redacted]

Was wird in unserer Zeit erforscht?

Wir wissen noch lange nicht alles über die Vorgänge in der Natur. Viele Frauen und Männer der ganzen Welt beschäftigen sich daher auch heute mit den Naturwissenschaften.
Ille Gebeshuber (Abb. 7.1) und Florian Freistetter (Abb. 7.2) erzählen uns, warum sie sich mit Physik beschäftigen und was sie daran so begeistert.

Wieso wollten Sie sich mit Naturwissenschaften beschäftigen?
Frau Gebeshuber:
Ich liebe Steine, Pflanzen und Tiere. Als Kind bin ich gerne in der Wiese gelegen. Dabei habe ich beobachtet, was da so wächst, rumkrabbelt und rumfliegt. Als Kind schaute ich auch sehr gerne in den Sternenhimmel. Ich war fasziniert davon und wollte alles kennenlernen.
Herr Freistetter:
Ich wollte verstehen, wie die Welt funktioniert. Warum fließt Wasser? Wie ist das Weltall entstanden? Wieso gibt es Berge? Die Welt ist voller Fragen und ich wollte unbedingt Antworten finden.

Was wollen Sie über die Welt herausfinden?
Frau Gebeshuber:
Alles! Wie die Dinge zusammenhängen. Warum es Leben gibt. Was Leben überhaupt ist. Was das Leben am Leben erhält. Wo das Weltall endet. Was die Unendlichkeit ist.
Herr Freistetter:
Ich finde es am spannendsten darüber nachzudenken, wie all die unterschiedlichen Dinge zusammenhängen. Man kann weit in das Weltall hinausschauen und dabei etwas über unser Leben hier unten auf der Erde lernen. Man kann die unvorstellbar kleinsten Teilchen untersuchen, aus denen alles besteht. So kann man verstehen, warum die Sterne leuchten (Abb. 7.3).

An welchem Forschungsthema arbeiten Sie?
Frau Gebeshuber:
Ich beschäftige mich mit der sogenannten Bionik, also mit dem Lernen von der belebten Natur für die Technik. Wie können wir Dinge herstellen, die uns und unsere Umwelt nicht belasten, sondern ihr nützen? Ganz besonders verzaubern mich in diesem Zusammenhang die wunderschönen Kieselalgen (Abb. 7.6) und Schmetterlingsflügel.
Herr Freistetter:
Früher habe ich die Planeten anderer Sterne erforscht. Heute beschäftige ich mich vor allem damit, wie man Wissenschaft so erklären kann, dass sie für alle Menschen verständlich ist.

7.1 Ille Gebeshuber, österreichische Physikerin und Autorin

7.2 Florian Freistetter, österreichischer Astronom, Autor und Wissenschaftskabarettist

7.3 Sterne am Nachthimmel – die Milchstraße

7.4 Kenntnisse der Optik sind wichtig für die Herstellung von guten Brillen.

7.5 Für die Herstellung von zB Headsets brauchen wir Kenntnisse aus Akustik und Elektrotechnik.

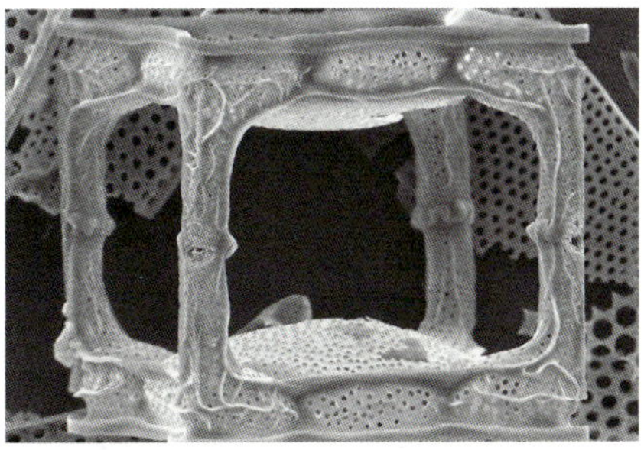

7.6 Solium exsculptum – Eine Kieselalge, die in kaltem Wasser ein „Haus aus Glas baut“.

1 Experimentieren und beobachten

8.1 Versuche helfen beim Verstehen von Vorgängen.

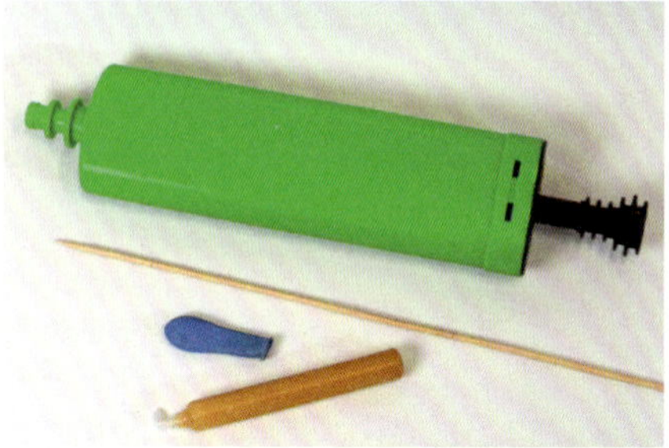

8.2 Der vorbereitete Versuchsplatz

8.3 Der Schutz des eigenen Körpers – besonders der Augen – ist sehr wichtig!

Infobox:
Das am längsten dauernde Experiment ist das „Pechtropfenexperiment". Seit 1927 wird beobachtet, wie Pech durch einen Trichter „fließt". Schau dir den Livestream im Internet an.

Wofür brauchen wir Experimente (Versuche)?

Für ein besseres Verständnis von physikalischen Vorgängen helfen uns **erklärende Versuche** und genaue Beobachtungen (Abb. 8.1). Damit möglichst viele Menschen Physik verstehen können, probieren sie diese Versuche selber aus. Dafür brauchen sie genaue **Anleitungen**.
Manchmal hast du nur eine **Vermutung** davon, wie etwas funktionieren könnte (→ Seiten 10–11). Du kannst deine Vermutung mit Versuchen überprüfen. Diese **forschenden Versuche** wiederholst du und entwickelst sie weiter.
Du führst **Messungen** durch und notierst sie. Dabei hilft dir ein **Protokoll** der einzelnen Schritte. Fotos oder Videos vom Versuch können ebenfalls helfen.

Wie können Versuche gelingen?

a) Die Planung:
Lies die Versuchsanleitung genau durch. Welches Material und welche Geräte musst du vorbereiten (Abb. 8.2)? Benötigst du Handschuhe und Schutzbrille (Abb. 8.3)? Wie viel Platz wirst du brauchen? Wer übernimmt welche Aufgaben im Versuchsteam? Wie entsorgst du Abfälle richtig?
b) Die Durchführung:
Während du den Versuch machst, beobachtest du sehr genau. Du machst dir Notizen im Protokoll und fertigst vielleicht auch Skizzen, Fotos oder Videos an. Mit deinem Versuchsteam besprichst du die Ergebnisse. Gemeinsam überlegt ihr, wie ihr die Ergebnisse deuten könnt.
Zum Schluss reinigst du die Geräte und deinen Arbeitsplatz.

Welche Arten von Versuchen können wir unterscheiden?

a) Der **vollständig angeleitete** Versuch:

V1 Luftballon am Spieß (Abb. 8.4)
Material: kleiner Luftballon (und Pumpe), spitzer Holzspieß, Wachs
Durchführung:
- Blase den Luftballon nicht zu stark auf und knote ihn zu.
- Wachse den Holzspieß etwas ein. Drehe die Spitze des Holzspießes durch den dunklen Gummi neben dem Knoten des Luftballons.
- Führe die Spitze zur dunklen Stelle oben am Luftballon. Drehe sie langsam durch die dunkle Stelle.

Erklärung: Der Luftballon platzt nicht, weil seine dunklen Stellen nicht gespannt sind. Die Luft bleibt im Luftballon, weil sich der Gummi dicht um den gewachsten Holzspieß legt.

8.4 Luftballon am Spieß – Mache zu einem Versuch eine Skizze oder ein Foto.

8.5 Luftballons auf einem langen geölten Metallspieß

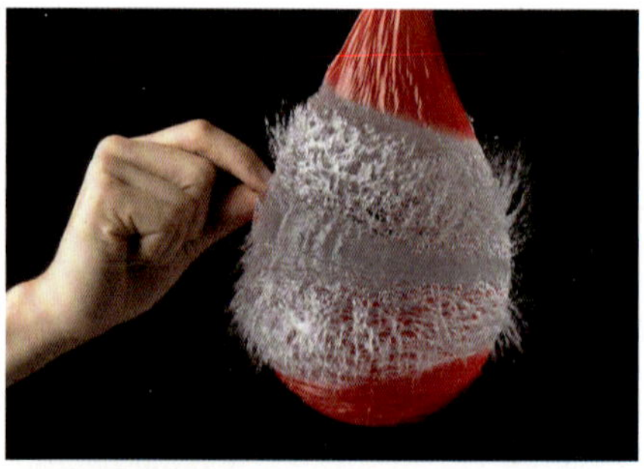

8.6 Der Gummi reißt, wenn eine gespannte Stelle angestochen wird.

→ Arbeitsheftseite 5

b) **Beschreibe das Ergebnis** eines vorgegebenen Versuchs:

V2 Ölige Tintentropfen (Abb. 9.1, Abb. 9.2)
Material: Gurkenglas, Wasser, Speiseöl, volle Tintenpatrone, Nagel, ein Stück Küchenrollenpapier als Unterlage, Ölsammelbehälter
Durchführung:
- Arbeitet in Gruppen. Füllt das Gurkenglas zu zwei Drittel mit Wasser.
- Gießt darauf eine etwa 3 cm hohe Schicht Speiseöl.
- Öffnet die Tintenpatrone mit dem Nagel. Tropft Tinte auf die Ölschicht.

Beobachtet genau, was mit den Tintentropfen passiert.
Versucht, eure Beobachtungen mit Worten zu **beschreiben**.

9.1 Ölige Tintentropfen – Aufbau und Beginn des Versuchs

c) Entwickle einen Versuch, wenn der **Forschungsauftrag** und das **Material bekannt** sind:

V3 Finde einen Titel für den Versuch (Abb. 9.3)
Material: Kerze, Streichhölzer oder Feuerzeug, feuerfeste Unterlage, feste Kunststoffflasche mit abgeschnittenem Boden, Gummihandschuh, Gummiring, Schutzbrille, Haargummi (für lange Haare)
Forschungsauftrag: Arbeitet in Gruppen. Die brennende Kerze steht auf der feuerfesten Unterlage. Könnt ihr sie mit diesen Materialien aus etwa 1 m Entfernung löschen?
Sicherheitshinweis: Achtet beim Umgang mit Feuer immer auf die Sicherheit! Es besteht Verbrennungs- und Verletzungsgefahr!
Verfasst eine Anleitung für euren Versuch.

9.2 Ölige Tintentropfen – Beobachte und beschreibe, wie sich die Tintentropfen verhalten.

d) Entwickle **eigene Versuche** zu einem **vorgegebenen Thema**:

V4 Viele Arten eine Kerzenflamme zu löschen (Abb. 9.6)
Material: Verwende eine Schutzbrille (und einen Haargummi).
Überlege dir selbst, welches Material du brauchen wirst.
Forschungsauftrag: Finde heraus, auf wie viele Arten du eine Kerzenflamme löschen kannst. Versuche **selbst eine Erklärung** zu finden.

Infobox:
Küchenrollenpapier und Taschentücher können nicht recycelt werden und gehören daher in den Restmüll!

Für die Entwicklung deiner Versuche hilft es dir sehr, wenn du ein ausführliches **Protokoll** schreibst (→ Seiten 10–11, Abb. 9.4).
Wenn ihr in Gruppen Versuche durchführt, unterstützt euch gegenseitig und **helft einander**. Wenn du dich bei einem Thema gut auskennst, dann teile dein Wissen mit anderen. Dadurch verstehst du das Thema noch besser und deine Mitschülerinnen und Mitschüler können von dir lernen. Auch Wissenschaftlerinnen und Wissenschaftler arbeiten oft in Gruppen und unterstützen sich.
Entsorgt den Abfall richtig: Küchenrollenpapier, fettiges Schreibpapier, Kerzenreste, gebrauchte Gummihandschuhe … gehören in den Restmüll. Sammelt Speiseöl in Ölsammelbehältern für den Mistplatz (Abb. 9.5).
Reinigt die Arbeitstische mit Wasser und Spülmittel.

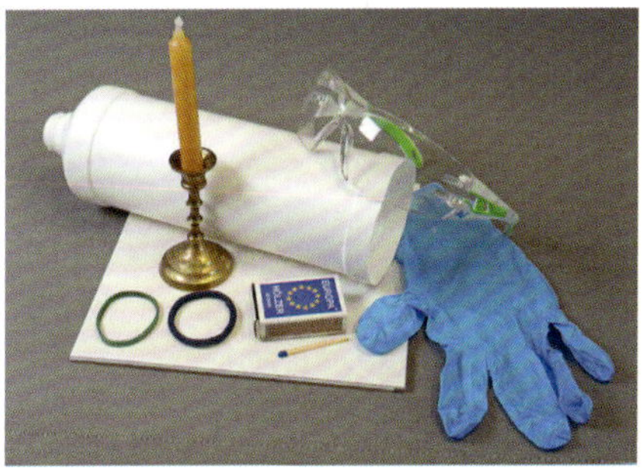

9.3 Kannst du mit diesen Materialien eine Kerze aus 1 m Entfernung löschen?

9.4 Ein gutes Protokoll ist wichtig!

9.5 Sammeln von Speiseölresten

9.6 Eine Kerzenflamme auszublasen ist die üblichste Art sie zu löschen.

1 Experimente und ihre Auswertung

10.1 Vermutung: Tante Olga schläft bei Vollmond schlecht.

	Mai	Juni	Juli	August	September
1	So	Mi	Fr	Mo	Do
2	Mo	Do	Sa	Di	Fr
3	Di	Fr	So	Mi	Sa ◐
4	Mi	Sa	Mo	Do	So
5	Do	So	Di	Fr ◐	Mo
6	Fr	Mo	Mi	Sa	Di
7	Sa	Di ◐	Do ◐	So	Mi
8	So	Mi	Fr	Mo	Do
9	Mo ◐	Do	Sa	Di	Fr
10	Di	Fr	So	Mi	Sa ○
11	Mi	Sa	Mo	Do	So
12	Do	So	Di	Fr ○	Mo
13	Fr	Mo	Mi ○	Sa	Di
14	Sa	Di ○	Do	So	Mi

10.2 Mithilfe eines Kalenders kann Tante Olga ihre Vermutung überprüfen.

Infobox:
Der Mensch schreibt dem Vollmond viele „Eigenschaften" zu. So sollen zB Weihnachtsbäume, die zu Vollmond gefällt werden, ihre Nadeln länger behalten können. Dies wurde durch Experimente widerlegt.

10.3 Galileo Galilei erforschte die Natur durch Versuche und Messungen.

10.4 Papier wird durch die Luft aufgehalten und fällt langsamer als ein Stein.

Was sind „Hypothesen" in der Wissenschaft?

„Warum schlafe ich so schlecht?", **fragt** sich Tante Olga. „Daran ist sicher nur der Vollmond schuld!", meint sie. Das hat sie im Internet gelesen. Aber ist Tante Olgas **Vermutung** richtig (Abb. 10.1)? Tom überlegt, wie Tante Olga ihre Vermutung **überprüfen** könnte. Er hat eine Idee: „Tante Olga kann die Tage, an denen sie schlecht schläft, im Kalender eintragen. Dann kann sie überprüfen, ob sie recht hat." Gesagt, getan (Abb. 10.2).
„Ich schlafe viel öfters schlecht, auch wenn kein Vollmond ist! Vielleicht brauche ich einfach eine neue Matratze?", überlegt sie. „Und in Zukunft glaube ich nicht mehr jeden Quatsch im Internet!"

A1 Überlegt gemeinsam in der Klasse, woran ihr eine verlässliche Internetquelle erkennen könnt.

Wissenschaftlerinnen und Wissenschaftler möchten **Fragen** beantworten. Dazu stellen sie **Vermutungen (Hypothesen)** auf. Hypothesen versuchen, zB Beobachtungen verständlicher zu machen. Sie müssen **überprüfbar** sein. Mithilfe von **Experimenten (Versuchen)** können sie **bestätigt** werden. Manchmal stellt sich eine Hypothese durch Versuche als **falsch** heraus. Dann wird sie verändert, nochmals überprüft oder fallen gelassen – wie bei Tante Olga.

M **Hypothesen** sind wissenschaftliche **Vermutungen**. Sie versuchen, Beobachtungen verständlich zu machen. Hypothesen müssen **durch Experimente (Versuche) bestätigt** werden.

Was bedeutet: „Versuche sind wiederholbar"?

Versuche können nur dann eine **Hypothese überprüfen**, wenn sie „**wiederholbar**" sind. Sie müssen **überall auf der Welt** die gleichen Ergebnisse liefern.
Auch müssen sie von jeder Person durchführbar sein. Deshalb ist es auch wichtig, die Durchführung eines Versuchs und die Materialien genau zu **beschreiben**.
Eva und Ursula haben untersucht, ob schwere Gegenstände schneller zu Boden fallen als leichte Gegenstände. Für diesen Versuch haben sie ein **Protokoll** in Form einer „**Schritt-für-Schritt**"-**Anleitung** geschrieben. So kann die ganze Klasse ihren Versuch wiederholen.

Versuch V1:	**Wenn Gegenstände fallen**	
Material:	Stein, Kugelschreiber, Radiergummi, 2 Stück Notizzettel, Lineal	
Schritt 1:	Wir ordnen die Gegenstände nach ihrem Gewicht: Stein – Kugelschreiber – Radiergummi – Notizzettel.	
Schritt 2:	Die Zettel sind gleich schwer. Damit sie sich voneinander unterscheiden, knüllen wir einen zusammen.	
Schritt 3:	Eine von uns nimmt immer zwei Gegenstände in die Hände und lässt sie gleichzeitig aus 30 cm Höhe auf den Tisch fallen. Die andere schaut genau, welcher Gegenstand zuerst aufkommt. Danach tauschen wir die Rollen und probieren alles noch einmal aus.	**Skizze:** 
Ergebnis:	Alle Gegenstände – bis auf den nicht zerknüllten Zettel – kommen gleichzeitig an.	
Erklärung:	Es könnte sein, dass der nicht zerknüllte Zettel von der Luft aufgehalten wird (Abb. 10.4). Die anderen Gegenstände fallen gleich schnell zur Erde, egal wie schwer sie sind.	

→ Arbeitsheftseite 5

Wie können Versuche ausgewertet werden?

Nico und Andrej würfeln. Wer schafft die höchste Augenzahl mit fünf Würfeln? Nach einiger Zeit ärgert sich Nico: „Du wirfst ständig so hohe Augenzahlen! Die Würfel sind sicher nicht in Ordnung!“ Nico weiß: Bei einem Würfel müsste jede Zahl gleich häufig gewürfelt werden. Die beiden beschließen, die Würfel zu untersuchen. „Wir könnten alle Würfel mit dem Lineal abmessen!“ Keine gute Idee, ein Lineal ist nicht das richtige Werkzeug dafür!
„Ich hab's: Am besten würfeln wir ganz oft. Und wir machen eine Strichliste, wie wir es in Mathe gelernt haben!“, meint Andrej.

11.1 Gerechte Würfel? – Warum hat Andrej mehr Glück als Nico? Sind die Würfel kaputt?

V2 Gerechte Würfel? (Abb. 11.1 bis Abb. 11.5)

Material: 5 gleiche Würfel, Notizzettel, Stift, (Pokerbrett)

Messung: Wir würfeln mit 5 Würfeln und zählen die Augenzahlen nach 10 Würfen („10 Würfe“ bedeuten, dass jeder von uns einmal mit 5 Würfeln würfelt), 50 Würfen und 300 Würfen.

Daten erfassen: Nach jedem Mal würfeln machen wir für jede Augenzahl Striche auf der Strichliste. Die gewürfelten Augenzahlen stellen wir in einem **Säulendiagramm** für 10, 50 und 300 Würfe dar. Die **Mittelwerte** geben an, wie oft die Augenzahlen auftreten sollten. Jede Augenzahl hat dieselbe Chance gewürfelt zu werden.

Ergebnis:

	⚀	⚁	⚂	⚃	⚄	⚅
10 Würfe:	1	2	1	0	2	4
50 Würfe:	10	9	4	5	7	15
300 Würfe:	54	45	46	44	54	57

Infobox:
Du berechnest den **Mittelwert**, indem du die Summe aller Werte durch ihre Anzahl dividierst.

A2 Wie lautete Nicos Hypothese (Vermutung) über die Würfel?
Warum ist das Ergebnis nach 10 Würfen noch nicht aussagekräftig?
Wie könnte man die Aussage der Untersuchung verbessern?
Was kannst du aus dem Säulendiagramm (Abb. 11.4) ablesen?
Was haben Nico und Andrej über ihre Würfel herausgefunden?
Probiert die Untersuchung der beiden selbst aus. Ihr könnt auch ein Computerprogramm für die Auswertung der Daten verwenden.

11.2 Gerechte Würfel? – Die Anzahl der Augenzahlen nach 10 Würfen

11.3 Gerechte Würfel? – Die Anzahl der Augenzahlen nach 50 Würfen

M Zur **Auswertung** von Experimenten werden **Messungen** durchgeführt, **Daten erfasst** und diese zB in **Diagrammen** anschaulich dargestellt.

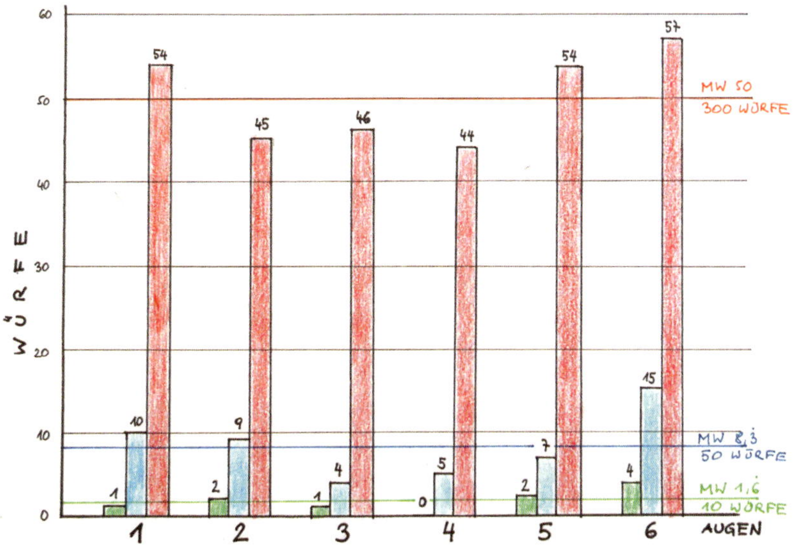

11.4 Gerechte Würfel? – Die Anzahl der Augenzahlen und die Mittelwerte (MW) bei 10, 50 und 300 Würfen sind in einem Säulendiagramm dargestellt.

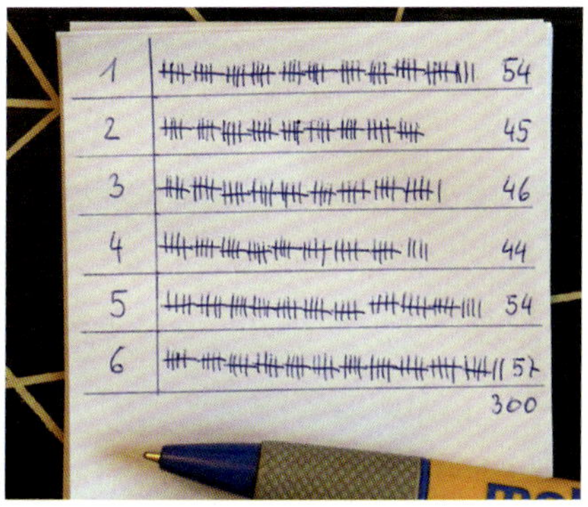

11.5 Gerechte Würfel? – Die Anzahl der Augenzahlen nach 300 Würfen

1 Wenn du ein Experiment veränderst

12.1 Springt der Tischtennisball oder der Holzball höher?

Wie kann ich ein Experiment „kontrollieren“?

In der Klasse von Ina und Kemal zeigt die Lehrerin ein einfaches Experiment. Sie stellt zwei Metallschalen auf den Tisch und hält einen Tischtennisball und einen Holzball darüber. „Welcher Ball springt höher, wenn ich beide gleichzeitig fallen lasse?“, fragt sie in die Klasse (Abb. 12.1).
Alle sind sich einig: Natürlich der Tischtennisball!
Doch dann ist alles anders: Der Holzball springt aus der Schale und der Tischtennisball bleibt in der Schale liegen. „Das ist ja unfair!“, ärgert sich Kemal. „In der Schale mit dem Tischtennisball ist Sand drinnen!“

A1 Unter welchen Bedingungen muss das Experiment gemacht werden, damit ihr feststellen könnt, welcher Ball höher springt? Sammelt Ideen in kleinen Gruppen. Stellt danach das veränderte Experiment der Klasse vor. Warum ist euer Experiment „fair“? Erklärt eure Überlegungen.

Infobox:
Variablen sind veränderliche Größen.

Bei vielen Experimenten kannst du die **Versuchsbedingungen ändern**. Die Versuchsbedingungen **beeinflussen** jedoch das **Versuchsergebnis**. Diese **veränderlichen Versuchsbedingungen** werden ***Variablen*** genannt. Wenn du ein Experiment mehrmals durchführst, solltest du dabei immer **nur eine Versuchsbedingung ändern**! Nur so erhältst du genauere Informationen darüber, wie die Änderung das Versuchsergebnis beeinflusst.

M Bei **kontrollierten Experimenten** werden nur **einzelne Versuchsbedingungen („*Variablen*“) verändert**. Dadurch kannst du erkennen, wie die Änderung das **Versuchsergebnis beeinflusst**.

Probiert das im folgenden Versuch aus.

12.2 Das Fadenpendel – Material

V1 Das Fadenpendel (Abb. 12.2 bis Abb. 12.4)
Material: verschieden schwere Schraubenmuttern, unterschiedliche Schnüre, Stange zum Aufhängen der Pendel
Herstellung eines Pendels: Binde die Schraubenmutter an eine Schnur. Hänge das andere Schnurende auf. Hebe die Schraubenmutter zur Seite an und lass sie hin- und herschwingen.

A2 Führt den Versuch **in fünf Stationen** durch.
Bei jeder Station wird **nur eine Variable verändert**.

1) Verwendet **unterschiedlich schwere Schraubenmuttern**.
   Beachtet: Nur eine Variable wird verändert! Das heißt: Die Länge der Schnüre und das Material sind gleich. Das Pendel sollte immer in der gleichen Höhe losgelassen werden. Die Aufhängung ist überall gleich.
2) Verwendet **unterschiedliche, aber gleich lange Schnüre**.
3) Verwendet **unterschiedlich lange Schnüre** aus dem **gleichen Material**.
4) Hebt das Pendel beim Start **unterschiedlich weit hoch**.
5) Probiert **unterschiedliche Aufhängungen** aus, zB an eine Stange anbinden, einen Haken benutzen, in der Hand halten …

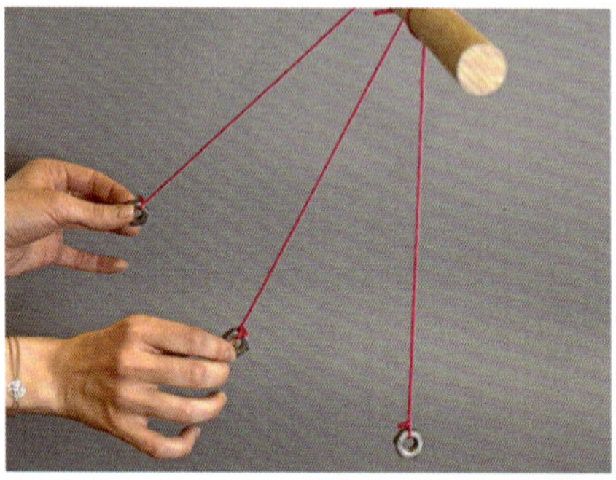

12.3 Das Fadenpendel – Start aus verschiedenen Höhen

Ihr geht von Station zu Station und bleibt dabei immer in der gleichen Gruppe. Beobachtet das Hin- und Herschwingen der verschiedenen Pendel. Wie schnell schwingen sie? Wie lange schwingen sie? Schwingen sie immer in die gleiche Richtung?
Notiert eure Beobachtungen. Welche Variablen beeinflussen welche Eigenschaften eines schwingenden Pendels?

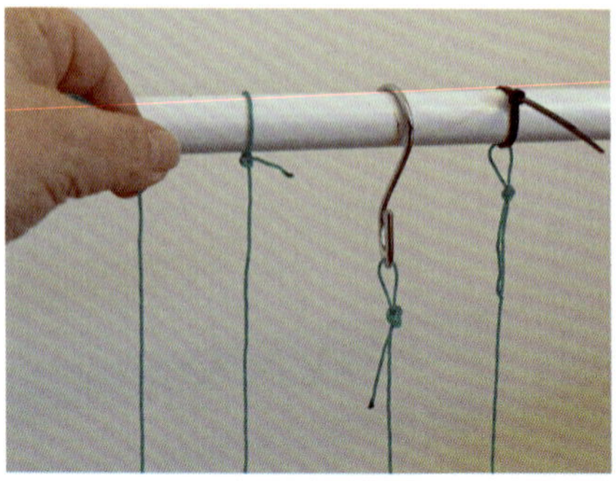

12.4 Das Fadenpendel – Verschiedene Aufhängungen

→ Arbeitsheftseite 5

Wie kann ich „zielgerichtet“ experimentieren?

Anastasia ist unzufrieden. Sie hat einen Papierflieger gebaut und er fliegt nicht schön. Nach kurzer Strecke dreht er sich um und stürzt ab. Anastasia gibt aber nicht auf: Wie könnte sie ihren Papierflieger verbessern?

V2 Der beste Papierflieger (Abb. 13.1 bis Abb. 13.5)
Arbeitet in Gruppen. Faltet aus A4-Kopierpapier einige Papierflieger. Folgt der Bastelanleitung in Abb. 13.1. Beachtet folgende Faltregeln:

- Die Papierflieger müssen genau symmetrisch gefaltet werden.
- Fahrt mit einem Lineal über die Falten, damit sie scharf gefaltet sind.

A3 Verändert den „Adler“. Beobachtet und **notiert**, welche **Auswirkung** eure Veränderung auf das Flugverhalten des neuen Fliegers hat. Denkt daran, dass ihr immer **nur eine Variable ändert**! Durch welche Änderung erreicht ihr die drei Ziele am besten?
Ziel 1: Der Flieger fliegt **weit**.
Ziel 2: Der Flieger bleibt **lange in der Luft**.
Ziel 3: Der Flieger **fliegt Kurven** oder **steigt auf**.

- Wie ändert sich das Flugverhalten durch das Falten **breiterer oder schmälerer Tragflächen** (Abb. 13.2)?
- Welchen Einfluss haben nach oben oder nach unten gebogene **Seitenflügel** (Abb. 13.3)?
- Biegt **Heckruder** am hinteren Ende der Tragflächen nach oben oder nach unten (Abb. 13.4). Welche Auswirkungen haben sie?
- Sollen die Tragflächen der Flieger im Flug gerade, in Y-Stellung oder in M-Stellung stehen (Abb. 13.5)?

  Welche **Stellung der Flügel** ist besser für den Flug?
- Ist Kopierpapier wirklich **das am besten geeignete Material**? Probiert auch andere Papiersorten, zB Zeichenpapier, Naturpapier … aus. Achtet darauf, dass die Papierblätter die gleiche Größe haben.
- Fallen euch noch andere Änderungen ein?

M Um ein **bestimmtes Versuchsergebnis (Ziel)** zu erreichen, werden bei einem **zielgerichteten Experiment einzelne Variablen verändert.**
Die **Auswirkungen** der Veränderungen werden **beobachtet** und **notiert.**

A4a Informiere dich im Internet über **Papierflieger-Meisterschaften** (Suchbegriff). Welche Regeln gelten bei diesen Meisterschaften? Wie weit und lange fliegen die Papierflieger der momentanen Rekordhalterinnen oder Rekordhalter?

A4b Suche im Internet die **Faltanleitung eines Rekord-Papierfliegers** (Suchbegriff). Falte ihn nach. Veranstaltet einen Klassenwettbewerb.

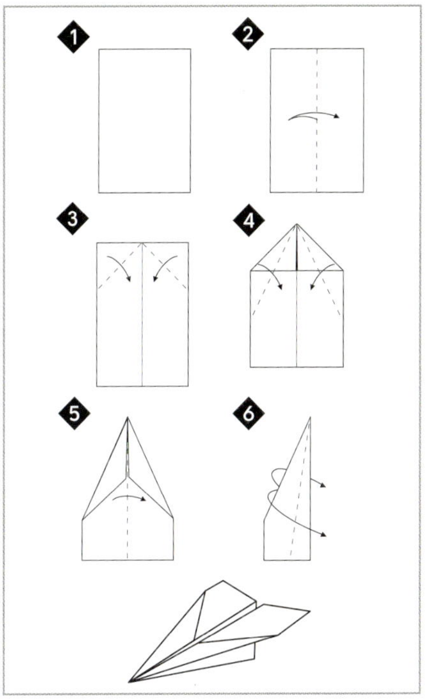

13.1 Der beste Papierflieger – Bastelanleitung für den „Adler“

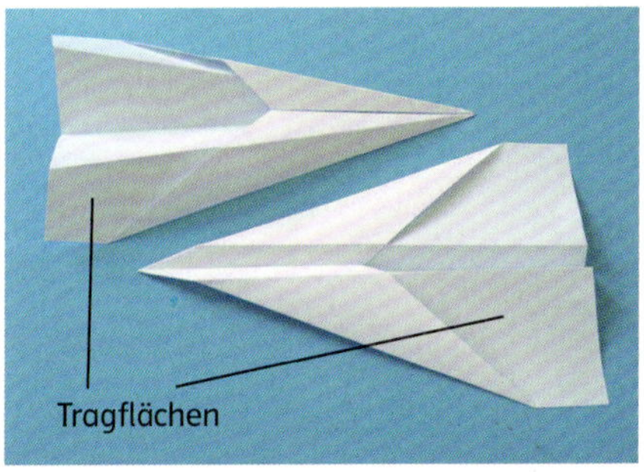

13.2 Verändere die Größe der Tragflächen.

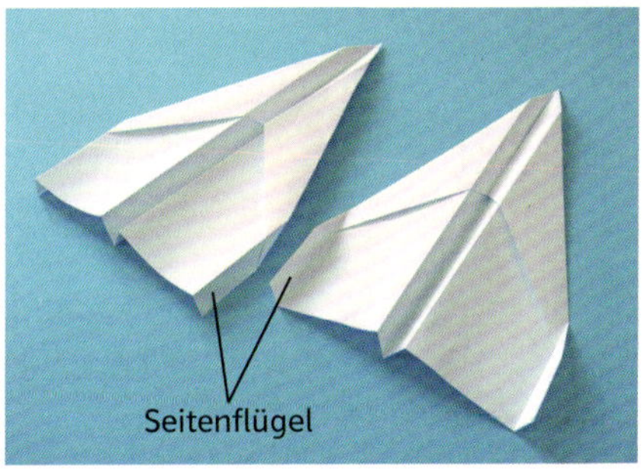

13.3 Welchen Einfluss haben Seitenflügel?

13.4 Welchen Einfluss haben Heckruder?

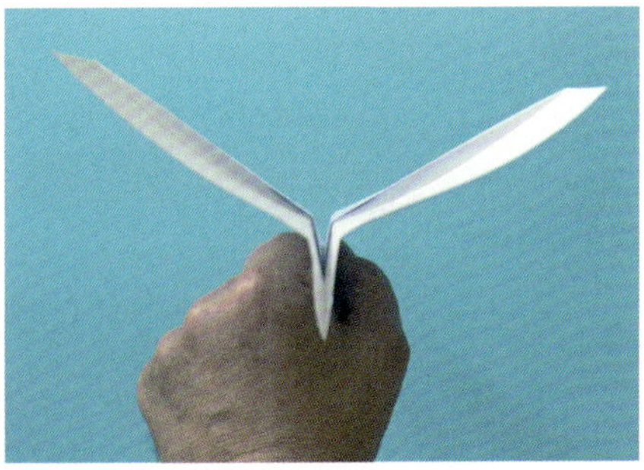

13.5 Soll der Flieger beim Flug eine Y-Stellung einnehmen?

13.6 Dieses Papierfliegermodell schaffte 2019 eine Weite von 68,5 m.

1 Messen ist wichtig

14.1 Elle am Freiburger Münster. Die Elle ist ein Unterarmknochen.

14.2 1 Meter – Ein 40-millionstel eines Längenkreises der Erde. Heute wird der Meter über die Lichtgeschwindigkeit angegeben.

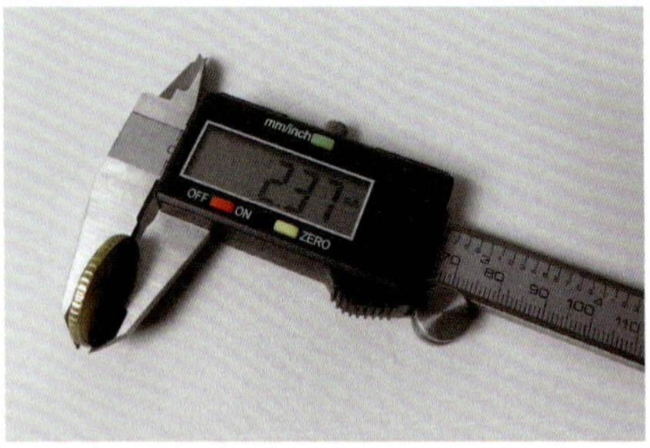

14.3 Sehr genau gemessen

Infobox:

Dicke von €-Münzen:

1 c, 2 c, 5 c: 1,67 mm,
10 c: 1,93 mm, 20 c: 2,14 mm,
50 c: 2,38 mm, 1 €: 2,33 mm,
2 €: 2,20 mm

Wofür brauchen wir die Maßeinheiten?

Damit wir Versuchsergebnisse gut **vergleichen** und im Alltag verwenden können, müssen wir **messen**. Wenn du zB die Länge einer Wand abmisst, weißt du wie viel Platz für einen Kasten ist. Du misst die Masse von Zutaten für einen Kuchen, damit ein Rezept gut gelingt. Das war vor 250 Jahren noch ein großes Problem. Die Länge zB eines gekauften Stoffes musste mit einer „*Elle*" am Kircheneingang verglichen werden (Abb. 14.1). Diese Längen einer Elle waren aber in verschiedenen Städten nicht gleich. Deswegen wurde in Paris im Jahr 1793 für Längen die Einheit „**Meter**" (franz. *mètre* – das Maß) eingeführt.
1 Meter sollte der *40-millionste Teil des Erdumfangs* sein (Abb. 14.2).
1889 wurde diese Länge als Meterprototyp („Urmeter") aus Metall gefertigt. Kopien davon wurden weltweit verschickt, um Längen vergleichen zu können.

M **Maßeinheiten** brauchen wir, damit wir **Versuchsergebnisse** auf der ganzen Welt miteinander **vergleichen** können.

A1 Was wird bei dir daheim gemessen? Findest du in deinem Haushalt Messgeräte? In welchen Maßeinheiten werden die Ergebnisse angegeben?

Wie können wir Längen genau messen?

Milica und Stefan haben gehört, dass eine 1-Cent-Münze 1,67 mm dick sein soll. Sie versuchen, das mit einem Lineal nachzuprüfen. Das gelingt ihnen aber nicht gut. Ein Lineal ist dazu nicht genau genug. Daher fragen sie bei ihrer Physiklehrerin nach, wie sie die Dicke richtig messen können.

V1 **Sehr genau gemessen (Abb. 14.3)**
Arbeitet in Gruppen. Messt die Dicke von Euromünzen mit einer digitalen Schiebelehre. Vergleicht mit den offiziellen Angaben in der Infobox.

A2 Warum wird die Schiebelehre bei V1 nicht immer die offiziellen mm-Angaben anzeigen? Besprecht eure Vermutungen in der Gruppe.

V2 **Dick wie ein Haar (Abb. 14.4)**
Arbeitet in Gruppen. Mit einer Bügelmessschraube („Mikrometerschraube") könnt ihr die Dicke von zB Haaren messen, ohne sie zu quetschen. Spannt ein Haar ein und bestimmt seine Dicke. Sind alle Haare gleich dick?

M Die **Maßeinheit** für **Längen** ist **1 Meter** (1 m).
Messgeräte: Lineal, Maßband, Schiebelehre, Bügelmessschraube …

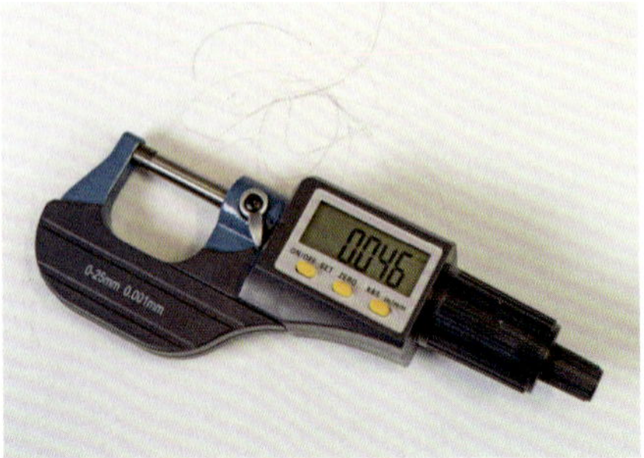

14.4 Dick wie ein Haar

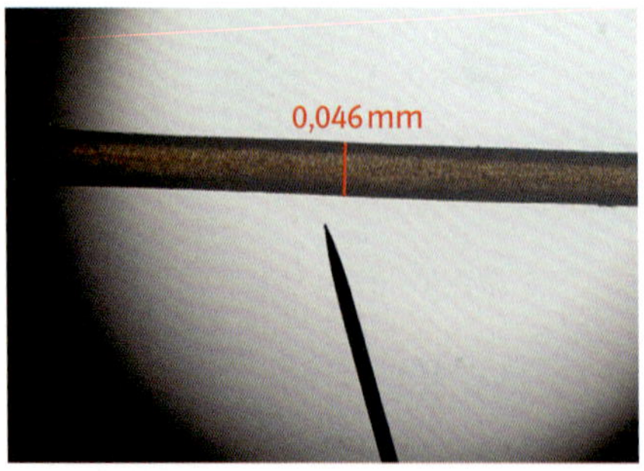

14.5 Menschliche Haare sind etwa 0,05 mm dick.

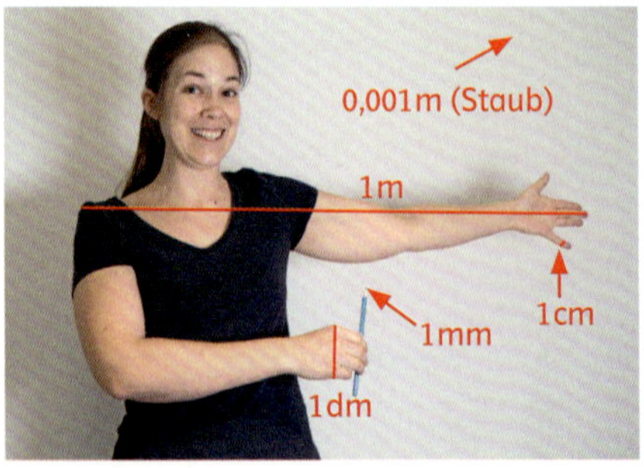

14.6 So kannst du Längenmaße einfach abschätzen.

Wie messen wir Rauminhalte (Volumen)?

Rauminhalte von Gegenständen vergleichen wir mit einem Würfel (lat. *cubus*) von 1 Meter Kantenlänge – dem „**Kubikmeter**" (m^3). Kleinere Maßangaben sind: $1\,dm^3$ (Kubikdezimeter, = 1 Liter) und $1\,cm^3$ (Kubikzentimeter, = 1 Milliliter).

A3 Suche daheim Messgläser zum Abmessen von Flüssigkeitsmengen. Ist in Getränkedosen und Getränkeflaschen wirklich so viel drinnen, wie angegeben ist? Halte deine Ergebnisse schriftlich fest.

V3 Wie groß ist der Stein? (Abb. 15.2)
Fülle ein Messglas zur Hälfte mit Wasser. Hänge einen Stein – er soll ins Glas passen – an ein Stück Faden. Bestimme das Volumen des Steins.

Wenn du den Stein ins Wasser tauchst, so steigt der Wasserspiegel an. Er steigt um so viel ml (cm^3) an, wie das Volumen des Steins beträgt.

M Die **Maßeinheit** für den **Rauminhalt** (das **Volumen**) ist **1 Kubikmeter** (m^3).
Für Flüssigkeiten verwendet man
1 Liter (l) = $1\,dm^3$ und **1 Milliliter** (ml) = $1\,cm^3$.
Zum **Messen von Rauminhalten** verwendet man **Messgläser**.

15.1 Ein dm^3 enthält $1000\,cm^3$. $1\,dm^3$ entspricht 1 l, $1\,cm^3$ entspricht 1 ml.

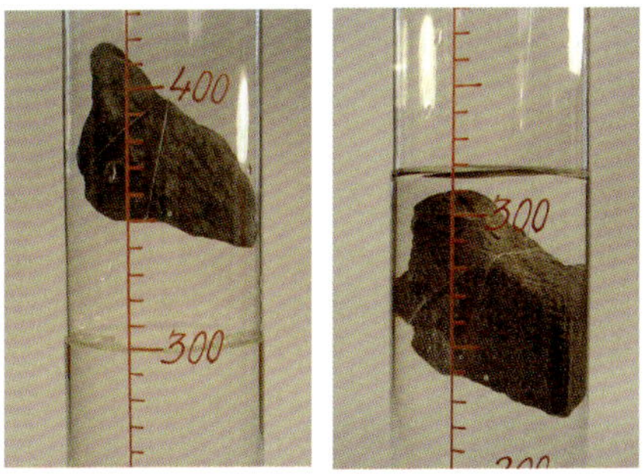

15.2 Wie groß ist der Stein?

Wie messen wir die Zeit?

Elisa hält sich die tickende Taschenuhr ihres Onkels ans Ohr. Das Ticken ist ganz regelmäßig. Ihr Onkel öffnet die Uhr. Elisa erkennt ein Rad, das sich immer hin und her bewegt. „Unruh" heißt dieses regelmäßig hin- und herdrehende Rad (Abb. 15.4).
Alle Uhren enthalten regelmäßig schwingende Teile. Bei großen alten Uhren schwingt ein Pendel. Bei elektrischen Uhren schwingt ein kleiner Quarzkristall („Schwingquarz").

V4 Das Sekundenpendel (Abb. 15.6)
Verwende das Fadenpendel von V1 auf Seite 12.
Lass die Schraubenmutter hin- und herschwingen.
Überprüfe mit der Stoppuhr eines Smartphones:
Wie oft schwingt dein Pendel in 10 Sekunden in eine Richtung?
Wie lang muss der Faden sein, damit die Schraubenmutter für eine Schwingung (in eine Richtung) genau 1 Sekunde braucht?

M Die **Maßeinheit** für die **Zeit** ist **1 Sekunde** (s).
1 Minute (min) hat 60 s, **1 Stunde** (h) hat 3 600 s.
Zeitmessgeräte (Uhren) enthalten regelmäßig schwingende Teile, zB ein Pendel, eine Unruh oder einen Quarzkristall.

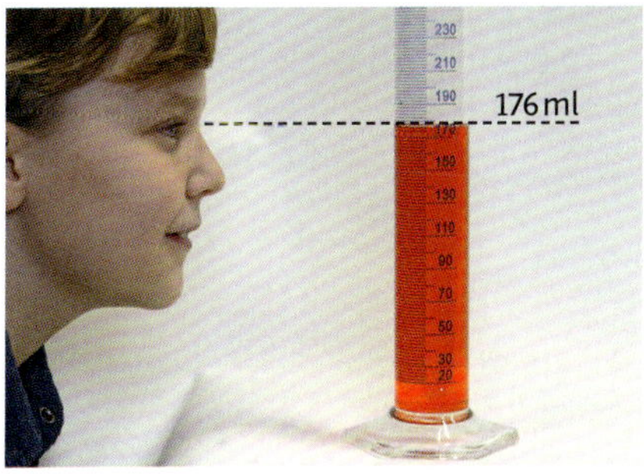

15.3 Messgläser musst du von der Seite ablesen. Der untere sichtbare Rand der Flüssigkeit gilt.

Infobox:
Die genaueste Uhr der Welt steht in London. Die Atomuhr NPL-CsF2 geht in 729 Millionen Jahren nur um eine Sekunde falsch.

15.4 In der Taschenuhr schwingt eine „Unruh".

15.5 Mit einer Sanduhr kannst du die Zeit messen.

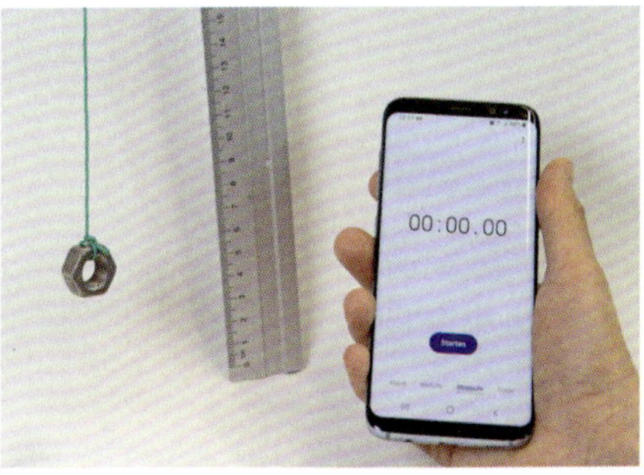

15.6 Das Sekundenpendel

Wir messen Masse

Was ist „1 Kilogramm“?

Wir spüren die Masse eines Gegenstandes als das Gewicht, das diesen Gegenstand zur Erde zieht.
Die Masse wird in **Kilogramm (kg)** oder **Gramm (g)** angegeben. Dabei gilt: 1 kg = 1000 g. Andere Massenmaße sind: **1 Tonne** (1 t = 1000 kg), **1 Dekagramm** (1 dag = 10 g), **1 Milligramm** (1 mg = 0,001 g).
1 Kilogramm ist die Masse, die **1 Liter kaltes Wasser** (bei 4 °C) besitzt. Diese Angabe eignet sich gut zum Vergleichen von Massen auf der ganzen Welt (Abb. 16.1). Damit man ein genaueres Vergleichsstück für Massen hat, wurde 1889 in Paris ein Metallzylinder hergestellt. Dieses „Urkilogramm“ wurde 2019 durch eine Kugel aus Silicium ersetzt, die genau 1 kg Masse besitzt (Abb. 16.2). Von diesem „**Kilogrammprototyp**“ werden viele Kopien gemacht. Damit können Waagen genau eingestellt („geeicht“) werden.

16.1 Diese Metallstücke haben alle eine Masse von 1 Kilogramm – wie 1 Liter Wasser.

16.2 Der neue (links) und der alte (rechts) Kilogrammprototyp

V1 Wie viel ist drin?
Auf Lebensmittelverpackungen ist die Masse des Inhalts immer angegeben.
Überprüfe mit einer Küchenwaage, ob die Angaben zB bei Reis, Mehl, Zucker, Salz … stimmen.

A1 Wie viel g sind etwa
- 1 Teelöffel Salz?
- 1 Esslöffel Zucker?
- 1 Kaffeetasse Mehl?

Warum können diese Angaben in Rezepten sehr unterschiedlich sein?

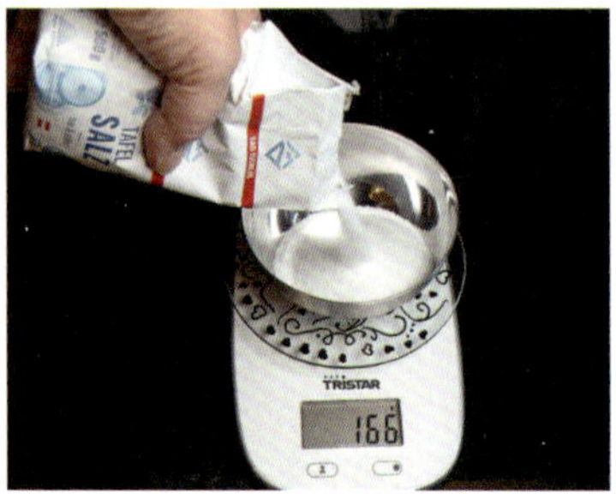

Wann messen wir daheim die Masse?

Die **Geräte** zur **Messung** der **Masse** nennen wir „**Waagen**“.
Bei den meisten üblichen Waagen wird durch das **Gewicht eines Massenstücks** eine Stahlfeder zusammengedrückt oder auseinandergezogen.
Bei einer **mechanischen Waage** wird ein Zeiger bewegt.
Bei einer **elektronischen Waage** wird eine Digitalanzeige gesteuert.
Auf einer **Personenwaage** musst du ruhig stehen, damit sie deine Masse richtig anzeigt. Bewegst du dich, so wird die Stahlfeder mehr oder weniger gedrückt.
Zu Hause verwendest du auch **Küchenwaagen** zum Abwägen von Lebensmitteln (Abb. 16.3) und vielleicht **Kofferwaagen** für das Reisegepäck.
Für wertvolle Materialien (Gold, Edelsteine …) oder Medikamente werden besonders genaue „**Feinwaagen**“ verwendet (Abb. 16.4).

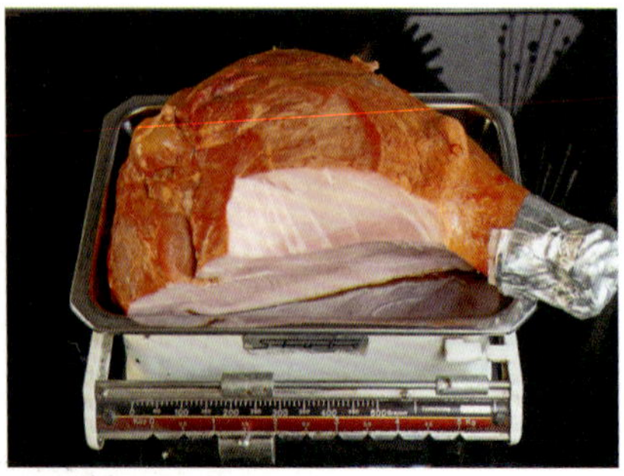

16.3 Der Schinken auf der alten Küchenwaage hat eine Masse von 1735 g.

16.4 Die Goldmünze auf der Feinwaage hat eine Masse von 13,97 g.

V2 Drück die Waage!
Miss auf einer Personenwaage deine Masse als Vergleich.
Kannst du auf andere Arten die Stahlfeder in der Waage zusammendrücken wie das Gewicht deiner Masse es kann?

A2 Vorschläge:
- Drückt zu zweit,
- mit beiden Händen,
- zwischen den Knien …

Warum ist die Angabe in kg bei diesen Messungen falsch?

→ Arbeitsheftseite 7

Was ist eine „Balkenwaage“?

Auf einer Balkenwaage liegen oder hängen **zwei Waagschalen** auf einem **Balken** (Abb. 17.1). Der Balken ist in der Mitte drehbar gelagert.
Ein **Zeiger** in der Mitte des Balkens zeigt dir an, ob der Balken **gerade steht – „in der Waage ist“**.
Auf einer Balkenwaage kannst du eine Masse mit **Wägestücken** vergleichen (Abb. 17.2). Diese Vergleichsmassen sind sehr genau hergestellt. Ihre Vorlage ist der Kilogrammprototyp (Abb. 16.2).
Wenn der Balken bei leeren Waagschalen **nicht gerade steht**, musst du die Waage „**tarieren**“ (ins Gleichgewicht bringen). Du gibst zB solange Steinchen in die höhere Waagschale, bis der Balken „in der Waage ist“. Das machst du auch, wenn du ein Gefäß benötigst.
Vergleichen von Massen mit der Balkenwaage:

- Lege den Gegenstand in die leere Waagschale.
- Lege nacheinander Wägestücke in die zweite Waagschale. Fange mit den größten Wägestücken an. Zähle die Gramm zusammen, die du aufgelegt hast.

17.1 Auf einer Balkenwaage werden Massen miteinander verglichen.

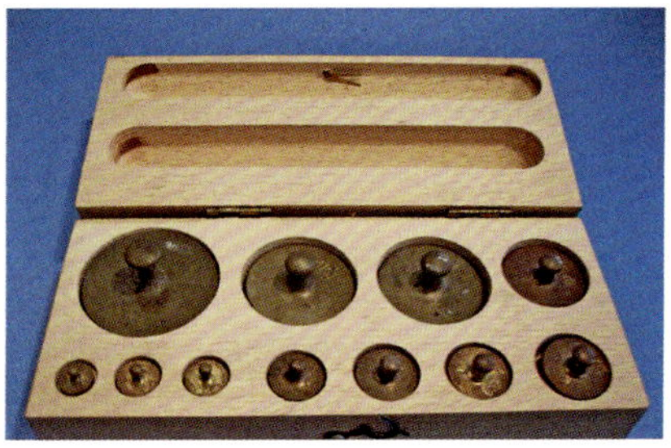

17.2 Unterschiedliche Wägestücke (1 g bis 500 g)

V3 Massen auf der Balkenwaage
Bestimme mit einer Balkenwaage die Masse von verschiedenen Gegenständen. Überprüfe dein Messergebnis mit einer Digitalwaage.

A3 Wahrscheinlich sind die Messergebnisse der Balkenwaage und der Digitalwaage nicht gleich.
Warum könnte das so sein?
Welche Ergebnisse sind deiner Ansicht nach verlässlicher?

Was bedeutet „Dichte eines Stoffes“?

Es gibt Materialien („Stoffe“) die sich schwer anfühlen, zB Blei oder Gold. Manche Materialien fühlen sich sehr leicht an, zB Schaumstoff oder Kork. Diese Materialeigenschaft nennen wir „**Dichte**“. Die Dichte wird mit dem griechischen Buchstaben ϱ (rho) abgekürzt.
Der Wert einer Dichteangabe in „**Gramm pro Kubikzentimeter**“ $\left(\frac{g}{cm^3}\right)$ sagt dir, wie viel g ein cm^3 eines Materials misst (→ Tabelle, Seite 93).
Die Dichte von Eisen beträgt zB $7{,}87\frac{g}{cm^3}$. $1\,cm^3$ Eisen hat also eine Masse von 7,87 g. Kaufst du zB etwa $1\,dm^3$ Eisennägel, so musst du mehr als 7 kg nach Hause tragen. $1\,m^3$ Eisen hat bereits eine Masse von über 7 t.

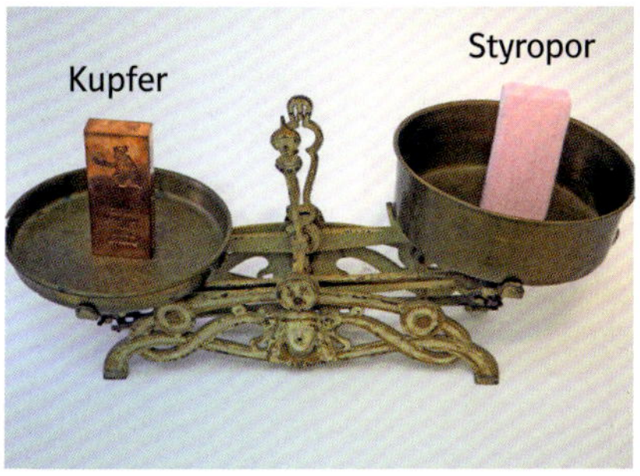

17.3 Kupfer hat eine größere Dichte als Schaumstoff („Styropor“). Die beiden Quader sind genau gleich groß.

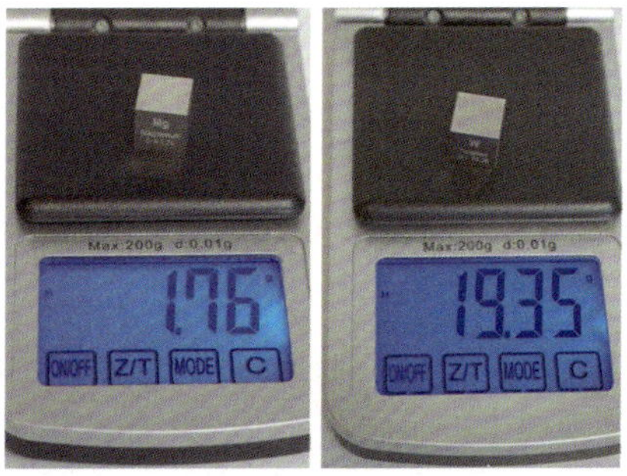

17.4 Die Masse zweier $1\,cm^3$-Würfel: Überlege, welche Metalle hier liegen. Vergleiche mit der Tabelle auf Seite 93.

V4 Die Schwimmprobe
Wasser hat eine Dichte von etwa $1\frac{g}{cm^3}$. Ein Material, das auf Wasser schwimmt, hat eine geringere Dichte. Ein Material, das sinkt, hat eine größere Dichte. Teste aus und finde fünf Materialien mit geringerer und fünf Materialien mit größerer Dichte als $1\frac{g}{cm^3}$.

A4 Warum dürfen die getesteten Gegenstände nicht aus mehreren Materialien bestehen oder Hohlräume enthalten? Erkläre.

1 Modelle helfen beim Beschreiben der Natur

18.1 Warum kann Pia das Parfum in der Flasche riechen?

18.2 Mit dem Wort „Stoff“ bezeichnen wir Materialien. Erkennst du hier Feststoffe, Flüssigkeiten und Gase?

Infobox:
Die kleinsten Teilchen werden auch „***Atome***“ genannt (von griech. *atomos* … unteilbar).

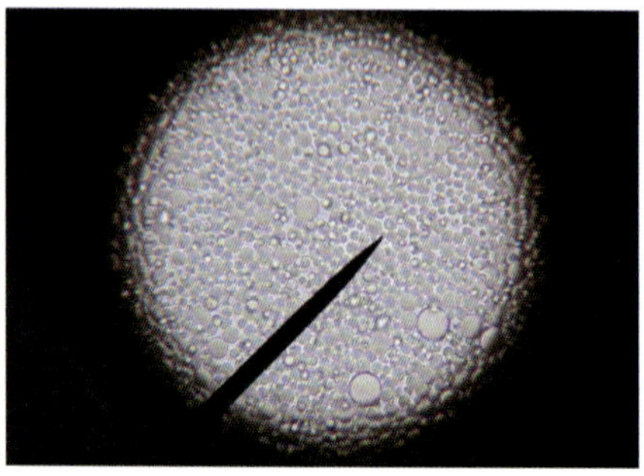

18.3 Die Fetttröpfchen im Schlagobers bewegen sich ständig. Kleinste Teilchen siehst du hier allerdings nicht.

Manchmal ist es schwierig, Vorgänge in der Welt zu verstehen. **Modelle** sind **vereinfachte Abbildungen der Wirklichkeit**. Dadurch erklären sie nicht alles, sondern nur das, was man damit gerade erklären will.

A1 Nicht nur die Physik braucht Modelle.
Findest du auch Modelle aus Bereichen in deinem Alltag?

Was beschreibt das „Teilchenmodell“?

Pia ist nicht begeistert vom Geruch des Parfums. Aber warum kann sie das Parfum überhaupt riechen? Es ist doch in der Flasche (Abb. 18.1)!
Bei der Erklärung hilft ein **einfaches Teilchenmodell**:

- **Alle Stoffe** („Materialien“, Abb. 18.2) bestehen **aus kleinsten Teilchen** (Abb. 18.6).
- Diese Teilchen sind so klein, dass wir sie **nicht sehen** können. Die Teilchen der Luft sind etwa 1 Zehnmillionstel mm groß.
- Teilchen haben **Anziehungskräfte** zueinander. Bei **Feststoffen** (zB Eisen, Holz, Gummi …) sind diese stärker als bei **Flüssigkeiten** (zB Wasser, Benzin …). Bei **Gasen** (zB Luft, Erdgas …) sind diese Anziehungskräfte fast nicht vorhanden.
- Alle Teilchen **bewegen sich ständig** (Abb. 18.3). Gasteilchen bewegen sich sehr schnell. Teilchen von Flüssigkeiten können sich besser bewegen als Teilchen von Feststoffen.
- Wird ein Stoff **erwärmt**, so bewegen sich seine Teilchen **schneller**. Deshalb schmelzen manche Feststoffe bei Erwärmung, wie zB Wachs (Abb. 18.5, Abb. 18.6). Erwärmte Flüssigkeiten verdampfen und werden zu einem Gas, zB beim Kochen von Wasser.

Pia kann das Parfum aus der Flasche deshalb riechen, weil sich Teilchen als Gas von der Flüssigkeit wegbewegen.

V1 Löst von selbst (Abb. 18.4)
Fülle einen Teller (eine flache Schale) etwa 5 mm hoch mit Wasser.
Färbe zwei Stück Würfelzucker mit flüssiger Lebensmittelfarbe.
Lege sie in den Teller. Beobachte, wie sich die Zuckerwürfel auflösen.

A2 Wie könnte der Versuch mit dem Teilchenmodell erklärt werden?
Besprecht in der Gruppe. Stellt eure Erklärung vor.

M Alle Stoffe bestehen aus **kleinsten Teilchen**.
Sie **bewegen sich ständig** und haben **Anziehungskräfte** zueinander.

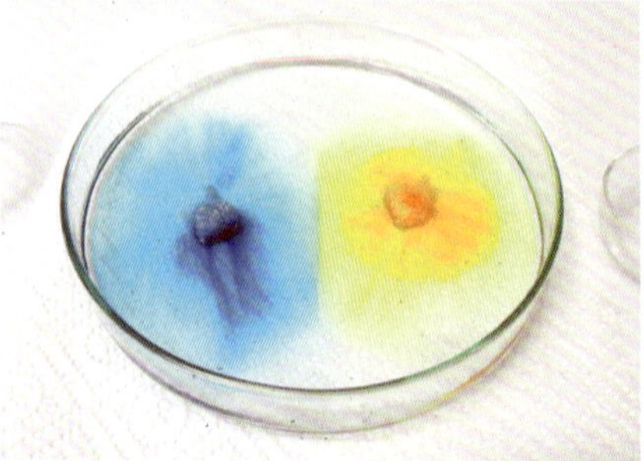

18.4 Löst von selbst

18.5 Bei einer Kerze siehst du das Wachs fest, flüssig und gasförmig.

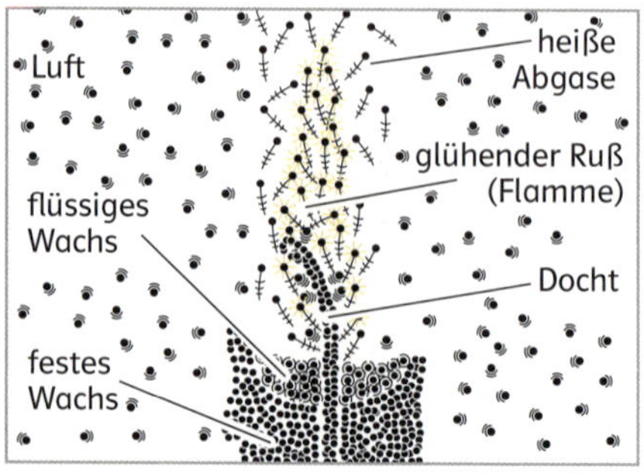

18.6 So kannst du dir das Bild 18.5 im Teilchenmodell vorstellen.

→ Arbeitsheftseiten 8–9

Was sind „Schwingungen“ und „Wellen“?

Beim **Schwingen bewegt** sich ein **Gegenstand** (der „Schwinger“) um eine „Ruhelage“ **hin** und **her**. Der Schwinger muss beweglich befestigt sein. Das kannst du zB bei einer Schaukel beobachten (Abb. 19.1). Du bildest mit dem Sitz den Schwinger. Wenn du ruhig sitzt, bist du in der Ruhelage. Durch Antauchen fängst du zu schwingen an. Die Schaukel verhält sich wie ein **Pendel** (→ Seite 12).

19.1 Eine Schaukel schwingt hin und her.

A3 Wie lange dauert einmal Hin-und-her-Schwingen auf der Schaukel? Ändert sich das beim Antauchen? Probiere es mit einem Pendel aus.

Die **Frequenz** gibt an, wie viele Schwingungen in einer Sekunde stattfinden. Wenn ein Gegenstand **in einer Sekunde einmal hin und her** schwingt, beträgt die Frequenz „**1 Hertz**“ (1 Hz).

Infobox:
Regelmäßige Schwinger werden zum Messen der Zeit in Uhren verwendet (→ Seite 15).

V2 Das Federpendel (Abb. 19.2)
Hänge einen Gegenstand an eine befestigte Spiralfeder. Ziehe ihn ein wenig nach unten und lasse ihn wieder aus.
Der Gegenstand schwingt regelmäßig hin und her.
Wie oft schwingt der Gegenstand in einer Sekunde hin und her?
Verwende eine Stoppuhr und zähle die Schwingungen in zB 10 Sekunden.
Ändert sich die Frequenz bei leichteren oder schwereren Gegenständen?

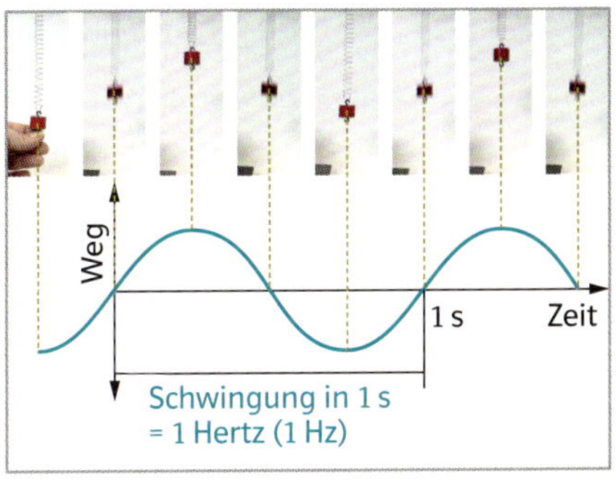

19.2 Das Federpendel – Seine Schwingung kann in einem Diagramm „wellenförmig“ dargestellt werden.

Beobachte eine Lacke bei Regen (Abb. 19.3). Die Regentropfen bringen das Wasser in der Lacke zum Schwingen. Die **Schwingungen** werden an die benachbarten Wasserteilchen in der Lacke **weitergegeben**. Es entstehen **Wellen**, die sich durch die ganze Lacke ausbreiten.
Die Wasserteilchen selbst bewegen sich aber nicht weiter. Sie schwingen nur an ihrer Stelle auf und ab.

19.3 Regentropfen erzeugen Wasserwellen in einer Lacke. Die Wellen sind auch unter der Wasseroberfläche spürbar.

V3 Die Seilwelle (Abb. 19.6)
Befestige ein nicht zu dickes Seil zB an der Türschnalle oder lass es von einer anderen Person halten. Halte das Seil am anderen Ende.
Bringe dein Seilende zum Schwingen.
Kannst du eine Seilwelle erzeugen? Wie gelingt dir das am besten?

Die Luft kann Schwingungen zB als „**Druckwellen**“ durch den Raum weitergeben. Du spürst (und hörst) zB die Luftdruckwelle, wenn neben dir ein Luftballon platzt (Abb. 19.4, Abb. 19.5).

M **Schwingungen:** Gegenstände bewegen sich regelmäßig hin und her.
Wellen: Schwingungen werden weitergegeben.

19.4 Ein Luftballon ist von leichten Bändern umgeben.

19.5 Beim Platzen bewegt die Luftdruckwelle die Bänder.

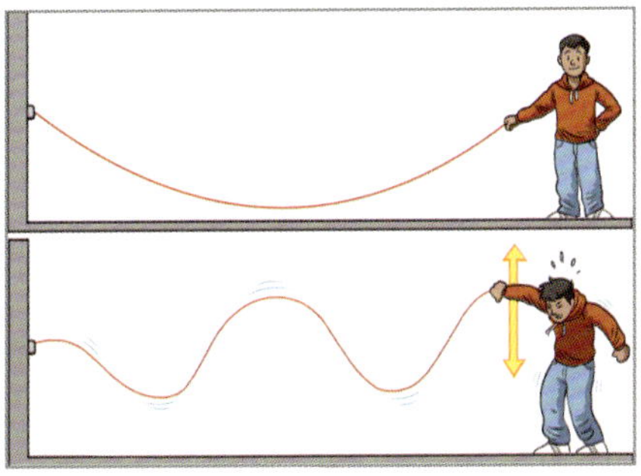

19.6 Die Seilwelle

2 Vom Schall und vom Hören

Wie wir Geräusche und Töne hören können

22.1 Wodurch kann Lisa die Musik vom Handy hören?

Wodurch kommt ein Ton zu meinen Ohren?

Lisa hört ihr Lieblingslied am Handy. Sie fragt sich: „Wodurch gelingt es mir, die Musik überhaupt zu hören?“ (Abb. 22.1).

A1 Besprecht eure Vorstellungen in der Gruppe. Stellt eure Ergebnisse der Klasse vor.

Wie könnt ihr eure Vorstellungen mithilfe eines Versuchs prüfen?

22.2 Da bewegt sich was – Wie kannst du damit zeigen, dass Musik aus dem Lautsprecher die Luft bewegt?

V1 Da bewegt sich was (Abb. 22.2)
Verwendet diese **Materialien**: Bluetooth-Lautsprecher und Handy, größere Plastikschüssel, Frischhaltefolie, Reiskörner. Plant euren Versuch und stellt ihn vor. Denkt dabei daran, was ihr auf den Seiten 8–13 gelernt habt.

Ein Lautsprecher hat bewegliche Teile. Wenn er zB Musik wiedergibt, dann bewegen sich diese beweglichen Teile.
Die Bewegungen des Lautsprechers werden durch die Luft übertragen (→ Seite 24). Andere Materialien können so ebenfalls bewegt werden. Du kannst das zB in V1 an den hüpfenden Reiskörnern auf der Frischhaltefolie erkennen.
So kommt der Ton an deine Ohren:
Der Lautsprecher („**Schallsender**“) gibt Bewegungen an die Luft weiter, die ihn umgibt. Die **Luft** überträgt die Bewegungen in alle Richtungen. Ein Teil davon gelangt an dein Ohr („**Schallempfänger**“).

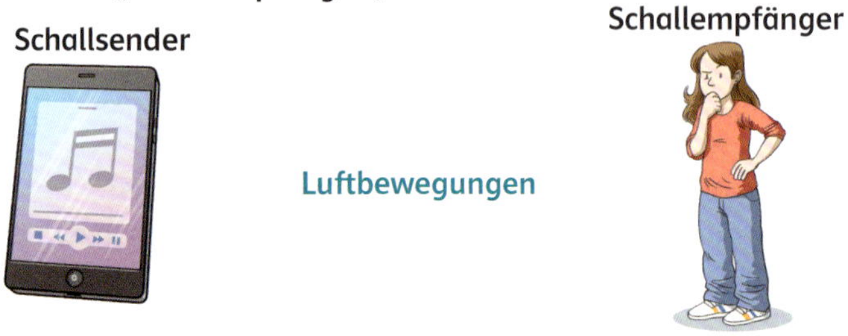

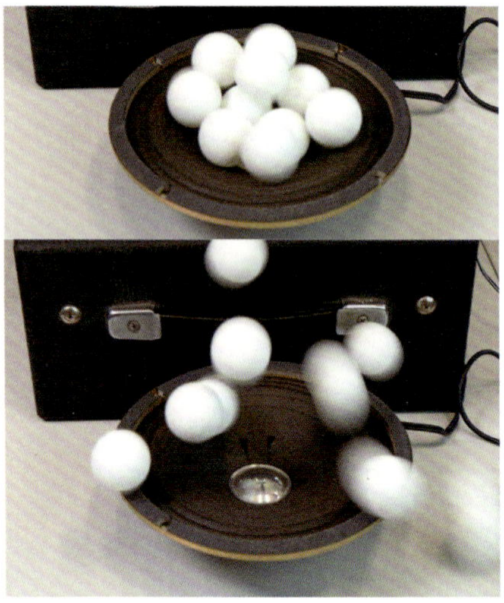

22.3 Der Lautsprecher bewegt die Luft. Die Bälle machen die Bewegung sichtbar.

M **Schallsender** bewegen die sie umgebende **Luft**. Der **Schallempfänger** nimmt einen Teil dieser Bewegungen der Luft auf. Alles, was wir mit dem Ohr wahrnehmen können, nennen wir „**Schall**“.

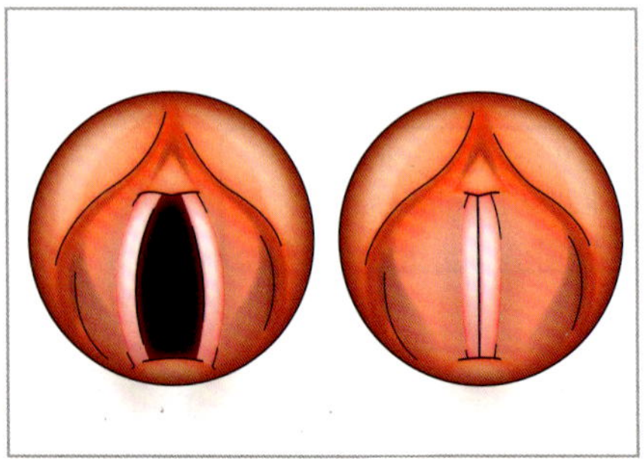

22.4 Die Stimmbänder im Kehlkopf sind Schallsender.

22.5 Der Schrei – ein langer Schallweg

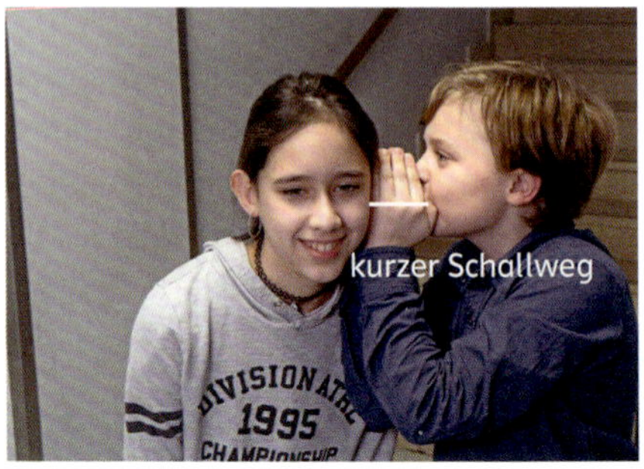

22.6 Das Flüstern – ein kurzer Schallweg

Wie erzeugen Schallsender Schall?

V2 Der spritzende Ton (Abb. 23.1)
Schlage eine Stimmgabel an einem ihrer beiden Enden kurz am Tisch an und tauche sie schnell ins Wasser. Beschreibe deine Beobachtung.

Wird die angeschlagene Stimmgabel ins Wasser getaucht, so spritzt es in alle Richtungen. Die elastischen Enden der Stimmgabel schwingen sehr schnell hin und her.

23.1 Der spritzende Ton

V3 Das tönende Glas (Abb. 23.2)
Fülle ein Weinglas halbvoll mit Wasser. Befeuchte deinen Zeigefinger ein wenig und gleite den Glasrand entlang. Was kannst du hören und spüren?

Durch die Schwingungen des Glases entsteht ein Ton. Du spürst die Schwingungen auch an der Fingerspitze.

Infobox:
Elastische Materialien
(zB manche Kunststoffe) nehmen die ursprüngliche Form wieder an, wenn sie verformt werden.

M **Schallsender** („Schallquellen") **schwingen** hin und her.
Dadurch entsteht **Schall**.

Wie empfängt das Ohr den Schall?

23.2 Das tönende Glas – Verwende ein Glas mit dünnen Wänden.

V4 Flaschentrommeln (Abb. 23.3)
Von zwei Kunststoffflaschen werden Boden und Hals entfernt.
Bespanne bei jeder Flasche eine Öffnung mit einem Gummihandschuh.
Verwende Gummiringe dafür. Stelle die zwei „Trommeln" mit den offenen Seiten nahe zueinander auf. Befestige einen Tischtennisball mit Klebeband an einer Schnur. Hänge ihn zur Gummihaut einer Trommel. Halte die andere Trommel gut fest und schlage auf ihre Gummihaut.
Erkläre, was mit dem Tischtennisball geschieht.

In deinen Ohren gibt es auch ein **Trommelfell** (Abb. 23.4). Es verhält sich ähnlich wie die Gummihaut der zweiten Flaschentrommel. Die Schwingungen des Trommelfells werden durch die winzigen **Gehörknöchelchen** (Hammer, Amboss und Steigbügel) auf die **Gehörschnecke** übertragen. Die Flüssigkeit in der Gehörschnecke bewegt kleine Härchen. Du hörst einen Ton.

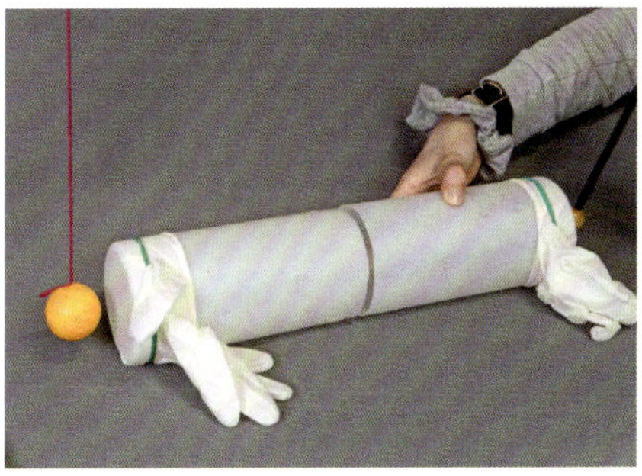
23.3 Flaschentrommeln

M **Das Ohr** empfängt den Schall (**Schallempfänger**).
Der Schall bringt das **Trommelfell** im Ohr zum Schwingen.

A2 Klaus geht in die 1. Klasse. Du möchtest ihm erklären, wie ein Lied vom Handy zu seinem Ohr gelangt. Überlege, welches Vorwissen Klaus hat. Welche Fachwörter musst du ihm erklären? Was ist wichtig? Was könnte er falsch verstehen? Schreibe die Erklärung in dein Physikheft.

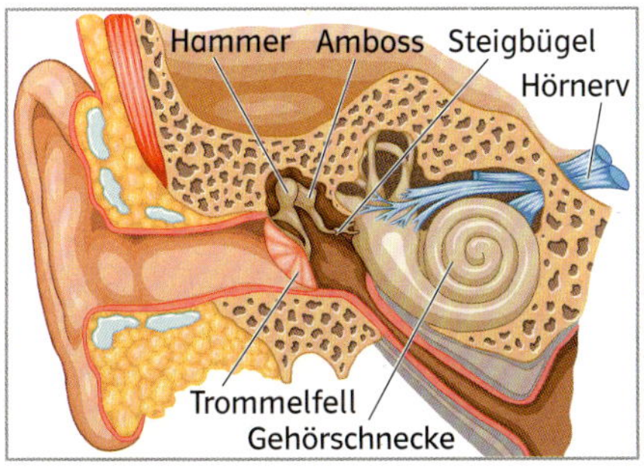

23.4 Der Aufbau des Ohres

23.5 Schallsender: Kehlkopf
Schallempfänger: Mikrofon

23.6 Deine Ohren sind Schallempfänger.
Du kannst auch das leise Rascheln von Blättern gut hören.

2 Wie sich der Schall ausbreitet

24.1 Weshalb hören Noah und Milena die Durchsage aus dem Lautsprecher? Wie leitet die Luft Schall weiter?

Wie überträgt die Luft den Schall?

Noah und Milena hören eine Lautsprecherdurchsage am Bahnsteig.
Sie überlegen: „Wie bringt die Luft den Ton zu unseren Ohren?" (Abb. 24.1).

A1 Besprecht eure Vorstellungen in der Gruppe. Stellt eure Ergebnisse einer anderen Gruppe vor.

Eure Vorstellungen könnt ihr mithilfe eines Versuchs überprüfen.

V1 Die bewegte Flamme (Abb. 24.2)
Verwendet diese **Materialien**: Kerze mit Kerzenständer (und Feuerzeug), großer Topfdeckel oder runde Backform (Torte, Pizza), Kochlöffel (Holz).
Entzündet die Kerze. Haltet den Topfdeckel gerade neben die Kerze.
Schlagt mit dem Kochlöffel mittig auf den Topfdeckel.
Was geschieht mit der Kerzenflamme?

24.2 Die bewegte Flamme

Durch den Schlag schwingt der Topfdeckel hin und her. Er ist der **Schallsender** (→ Seiten 22–23). Um den Schallsender entstehen **Verdichtungen** und **Verdünnungen** der Luft.
Im Teilchenmodell (→ Seite 18) können wir uns das so vorstellen (Abb. 24.3): Durch das hin und her Schwingen des Schallsenders haben die Luftteilchen abwechselnd mehr oder weniger Platz. Sie rücken **enger zusammen** (Verdichtung) oder **weiter auseinander** (Verdünnung). Dabei entsteht eine Druckwelle, die wir **Schallwelle** nennen. Die Schallwelle breitet sich in der Luft **in alle Richtungen** aus (Abb. 24.4). Sie gelangt zur Kerzenflamme und bewegt diese. Die Schallwelle gelangt auch zu deinem Ohr, dem **Schallempfänger**. Dort bringt sie das Trommelfell zum Schwingen, du hörst einen Ton.
Die Luftteilchen selbst bewegen sich nicht weit durch den Raum. Sie schwingen nur hin und her und geben die Schwingungen durch Stöße an benachbarte Luftteilchen weiter (→ Seite 19). Luftteilchen, die sich weit durch den Raum bewegen, würdest du als *Wind* bezeichnen.
Die Luft ist hier das ***Medium*** für die Schallwelle. Ein Medium ist ein Material, das Teilchenschwingungen weitergeben kann. Ohne Medium gibt es keine Schallwellen (Abb. 24.6)!

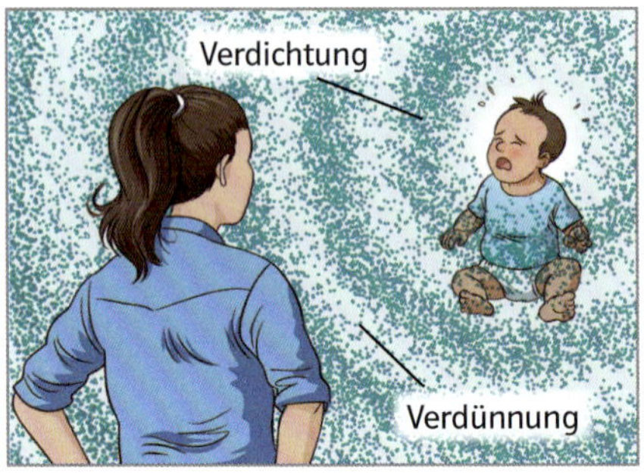

24.3 Darstellung im Teilchenmodell: Schallwellen sind Verdichtungen und Verdünnungen der Luft.
Bei Verdichtungen sind die Luftteilchen enger beieinander als bei Verdünnungen.

M Ein **Schallsender** erzeugt **Schallwellen**. Das sind **Verdichtungen und Verdünnungen der Luft**. Diese **Schwingungen der Luftteilchen** werden **in alle Richtungen** weitergegeben.

A2 Mate schaut sich einen Film an: Ein Raumschiff explodiert laut im Weltall. „So ein Blödsinn!", sagt Mate. Was meint er damit?

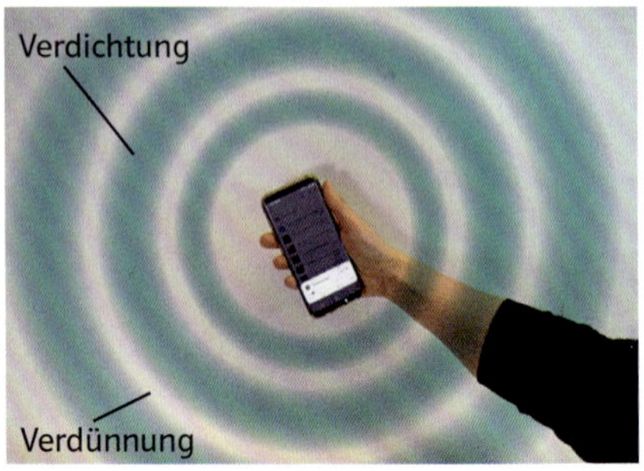

24.4 Schallwellen breiten sich in alle Richtungen aus.

24.5 Informationen an der Haltestelle sind für alle zu hören.

24.6 Ohne Luft können wir das Klingeln der Glocke nicht hören.

Wie schnell kann sich Schall ausbreiten?

V2 Schall durch den Schlauch (Abb. 25.1)
Nimm eine Schlauchrolle von 50 m Länge. Befestige an einer Öffnung einen Trichter zum Hören. Halte den Trichter an ein Ohr. Sprich in die andere Öffnung einen kräftigen kurzen Laut und horche. Kannst du die Zeitspanne zwischen Sprechen und Hören mit einer Stoppuhr messen?

25.1 Schall durch den Schlauch

Der Schall legt in der Luft bei etwa 20 °C etwa 340 Meter in einer Sekunde zurück. Du kannst bei einem Gewitter die Sekunden zwischen Blitz und Donner zählen. Drei Sekunden Unterschied entsprechen etwa 1 km Entfernung (Abb. 25.2).

25.2 Das Licht ist viel schneller als der Schall. Daher hörst du den Donner 3 Sekunden pro km später, als du den Blitz siehst.

V3 Das Schnurtelefon (Abb. 25.3)
Verbinde zwei Jogurtbecher mit einer längeren Schnur. Du kannst für die Befestigung zB Zahnstocher verwenden. Bei gespannter Schnur könnt ihr euch leise unterhalten. Erkläre, wie hier der Schall übertragen wird.

Beim Sprechen in den Becher werden die Schallschwingungen über die Schnur weitergegeben und auf den zweiten Becher übertragen. Obwohl leise gesprochen wird, ist alles gut zu verstehen.

M Die **Schallgeschwindigkeit** in der **Luft** beträgt etwa **340 Meter pro Sekunde**. In Flüssigkeiten und Feststoffen ist sie größer.

Wie kommt der Ton um die Ecke?

Amir und Dario befinden sich in zwei Zimmern, die um die Ecke liegen. Sie unterhalten sich laut. Obwohl der Schall nicht direkt zu ihren Ohren gelangt, können sie sich gut verstehen. Wie lässt sich das erklären?

25.3 Das Schnurtelefon

V4 Ein Ton ändert seine Richtung (Abb. 25.4)
Polstere einen Kübel (10 Liter) 10 cm hoch mit Küchenrollenpapier aus. Lege darauf ein Handy mit leisem Klingelton. Versuche mit einem Backblech den Ton aus dem Kübel zu anderen Personen zu lenken.

Der Ton aus dem Kübel wird vom Backblech zurückgeworfen („*reflektiert*“). In Zimmern wird der Schall zB von den Wänden reflektiert. Im Gebirge wird der Schall an Bergwänden reflektiert. Das nennen wir „**Echo**“ (Abb. 25.5). Dazu muss die Wand mehr als 34 Meter entfernt sein.

A3 Beschreibe deiner Sitznachbarin oder deinem Sitznachbarn, wie ein Echo entsteht. Achte dabei auf die Verwendung physikalischer Fachbegriffe.

M **Schall** wird von Gegenständen oder Wänden **zurückgeworfen (reflektiert)**.

Infobox:
Schallgeschwindigkeit bei 20 °C:
in Luft … 343 $\frac{m}{s}$
in Helium (Ballongas) … 981 $\frac{m}{s}$
in Wasser … 1484 $\frac{m}{s}$
in Holz … etwa 3300 $\frac{m}{s}$

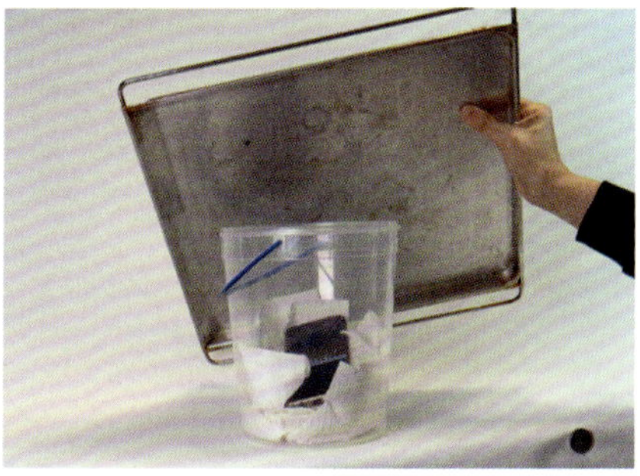
25.4 Ein Ton ändert seine Richtung

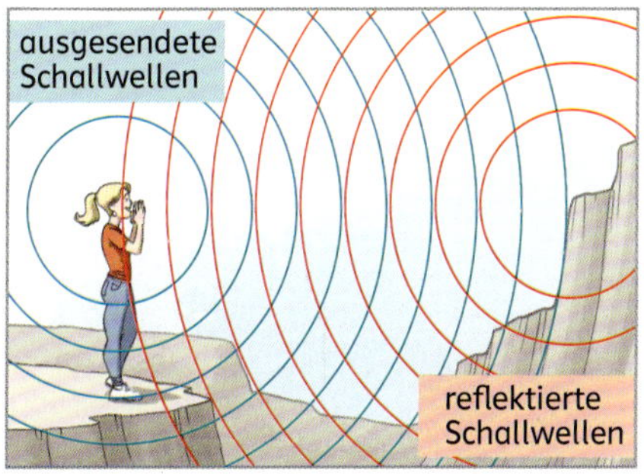

25.5 Bei einem Echo werden Schallwellen zurückgeworfen („*reflektiert*“). Die Schallwellen sind vereinfacht dargestellt.

25.6 In festen Materialien ist der Schall schneller als in Luft.

2 Wie hohe und tiefe Töne entstehen

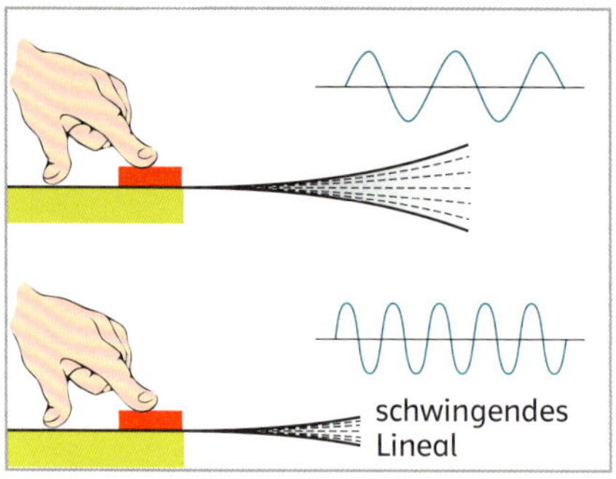

26.1 Linealophon – Der Unterschied zwischen tiefen und hohen Tönen

26.2 Beim Stimmen einer Gitarre dreht man Wirbel und spannt damit die Saite.

Infobox:
Eine Schwingung pro Sekunde = **1 Hertz (Hz)**

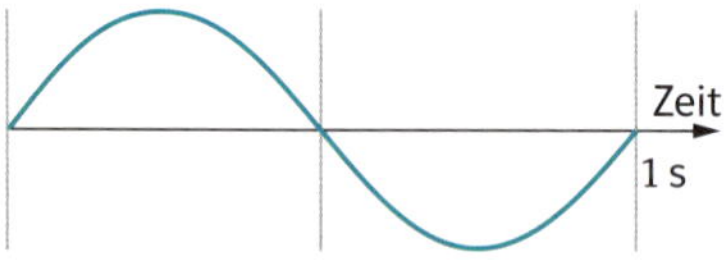

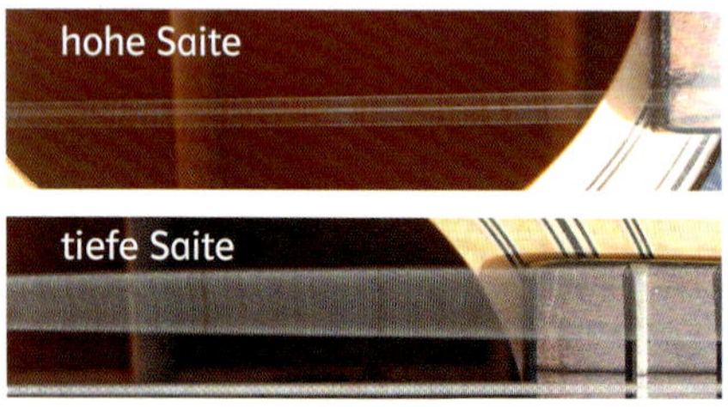

26.3 Die Saiten der Gitarre schwingen unterschiedlich bei hohen und tiefen Tönen.

Wie kannst du hohe und tiefe Töne erzeugen?

V1 Linealophon (Abb. 26.1)
Halte ein Kunststofflineal (30 cm) so am Tisch fest, dass der längere Teil über die Tischkante ragt. Bringe diesen Teil zum Schwingen und erzeuge einen Ton. Wie kannst du den Ton höher oder tiefer machen?

Die Tonhöhe hängt davon ab, wie schnell etwas (der Schallsender) schwingt (→ Seite 19). **Langsame Schwingungen** erzeugen **tiefe Töne**. **Schnelle Schwingungen** erzeugen **hohe Töne**. Das erkennst du, wenn du die **Länge** des schwingenden Lineals veränderst.
Beim Stimmen einer Gitarre wird die **Spannung einer Saite** verändert (Abb. 26.2). Unter stärkerer Spannung schwingt die Saite schneller – der Ton ist höher.
Das schnelle und langsame Schwingen kannst du auch bei den hohen und tiefen Saiten einer Gitarre beobachten (Abb. 26.3). Dickere Saiten haben eine größere **Masse** und schwingen dadurch langsamer. Du hörst einen tieferen Ton. Deshalb sind die tiefen Saiten eines Instrumentes dick, die hohen aber dünn (Abb. 26.4).

M **Langsam** schwingende Schallsender erzeugen **tiefe Töne**.
Schnell schwingende Schallsender erzeugen **hohe Töne**.
Die **Tonhöhe** hängt von der **Länge**, der **Spannung** und der **Masse** des schwingenden Schallsenders ab.

Was bedeutet der Begriff „Frequenz"?

Mit der **Frequenz** (→ Seite 19) können wir Schwingungen genauer bestimmen und messen.

M Maßeinheit der **Frequenz** f: **1 Schwingung pro Sekunde = 1 Hertz (Hz)**
Höhe Töne haben eine hohe, tiefe Töne eine niedrige Frequenz.

V2 Wasserspiele mit Tönen (Abb. 26.5, Abb. 26.6)
Lege einen eingeschalteten Bluetooth-Lautsprecher in eine Frischhaltedose. Verschließe die Frischhaltedose mit dem Deckel. Bedecke den Deckel mit Wasser. Öffne mit einem Laptop (Tablet, Smartphone …) einen Online-Tongenerator. Verändere die Tonhöhe und beobachte das Wasser auf dem Deckel.

A1 Bei welcher Tonhöhe ist die Bewegung des Wassers am stärksten? Wodurch unterscheiden sich die Wasserwellen-Muster bei hohen und bei tiefen Tönen? Beschreibe deine Beobachtung.

26.4 Geöffnetes Klavier mit unterschiedlich dicken Saiten

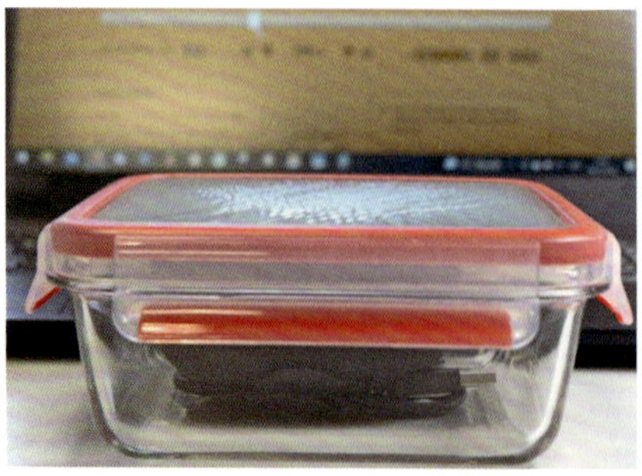

26.5 Wasserspiele mit Tönen

26.6 Wasserspiele mit Tönen

Wie werden Tonhöhen und Frequenzen dargestellt?

Aus der Musik kennst du die Darstellung von unterschiedlichen Tonhöhen durch Noten auf Notenlinien:

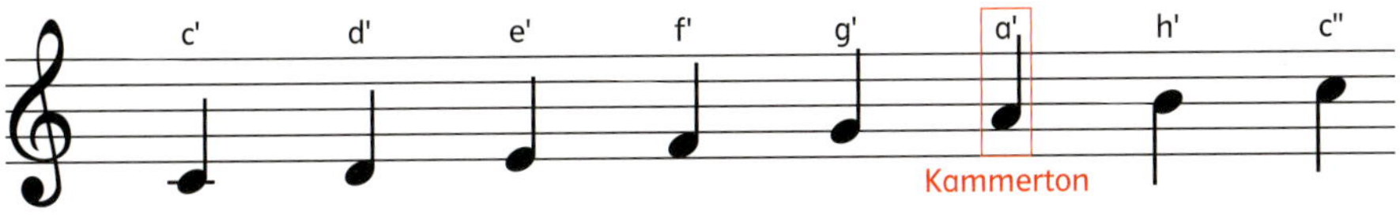

Das ist für die Physik zu ungenau. Es fehlen die Tonhöhen zwischen den Noten. Daher stellen wir Frequenzen wie in Abb. 27.1 dar.

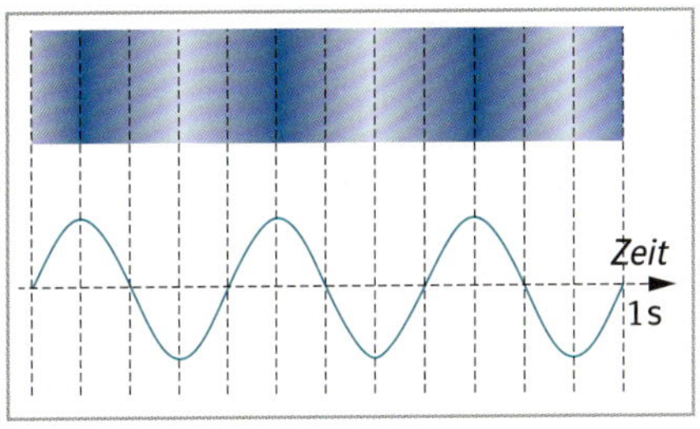

27.1 Drei Schwingungen pro Sekunde: Frequenz f = 3 Hertz.

V3 Sichtbare Töne (Abb. 27.2)
Öffne einen Online-Tongenerator mit dem Laptop. Öffne auch eine Oszilloskop-App mit dem Handy. Beobachte, wie die unterschiedlichen Töne des Tongenerators grafisch in der App am Handy dargestellt werden.

A2 Wie unterscheiden sich die Darstellungen von hohen und tiefen Tönen? Kannst du die Frequenzen der einzelnen Töne der C-Dur-Tonleiter von c1 (c') bis c2 (c'') in Hertz ablesen?

Infobox:
Die wellenförmige Darstellung wird „Sinuskurve" genannt.
Sinus ist Lateinisch und bedeutet „Bogen".

M Tonhöhen und Frequenzen werden in Diagrammen so dargestellt:

tiefe Töne: 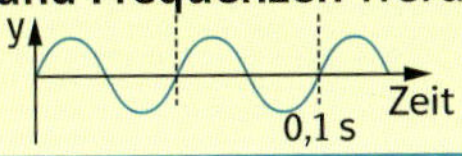

hohe Töne: 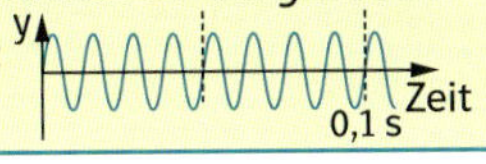

Welche Tonhöhen können wir hören?

V4 Bis nichts mehr klingt (Abb. 27.2)
Probiert mit dem Aufbau von V3 aus, welche Frequenzen ihr nicht mehr hören könnt. Beobachtet dabei die Anzeige auf der Oszilloskop-App.

A3 Welche Frequenz hat der tiefste Ton, den du hörst? Welche Frequenz hat der höchste Ton, den du hörst? Kann eure Lehrerin oder euer Lehrer diese Töne auch hören? Was könnte der Grund dafür sein?

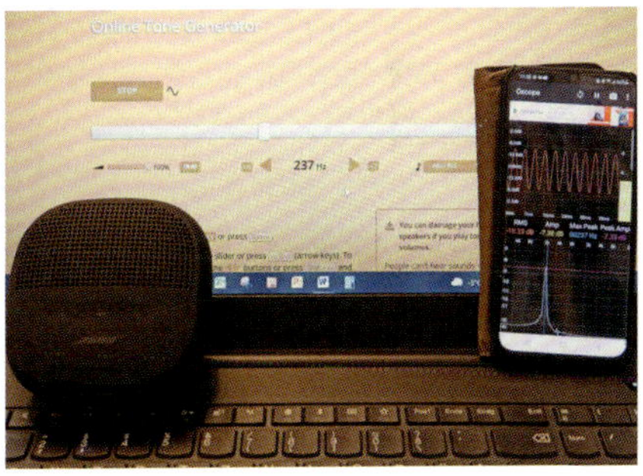

27.2 Sichtbare Töne
Bis nichts mehr klingt

Schallschwingungen unter 20 Hz (**Infraschall**) und über 20 000 Hz (**Ultraschall**) können wir nicht hören. Sie schwingen zu langsam oder zu schnell für unser Gehör (Abb. 27.4). Ältere Menschen hören hohe Töne schlechter. Die Härchen in der Gehörschnecke (Abb. 23.4) nutzen sich mit zunehmendem Alter ab.
Hunde hören Frequenzen bis etwa 50 000 Hz. Fledermäuse finden sich mit Tönen bis zu 120 000 Hz in ihrer Umgebung zurecht (→ Seite 33).
In der Medizin wird Ultraschall zur Untersuchung von zB Organen verwendet (Abb. 27.6). Die Organe werfen den Schall zurück. Ein Computer „übersetzt" den zurückgeworfenen Schall in ein sichtbares Bild.

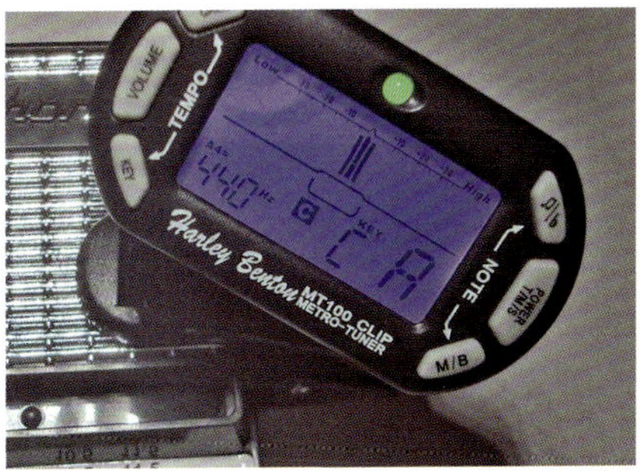

27.3 Das Stimmgerät zeigt den Kammerton a1 (440 Hertz) an.

M **Das menschliche Ohr** hört Töne, die in einem Frequenzbereich von etwa **20–20 000 Hz** liegen.

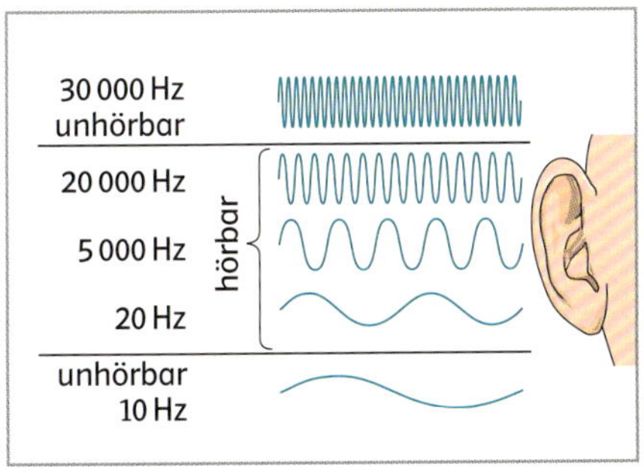

27.4 Das menschliche Gehör nimmt nur Teile der Luftschwingungen wahr.

27.5 Ein Ultraschallgenerator zur Vertreibung von Tieren, zB Mardern

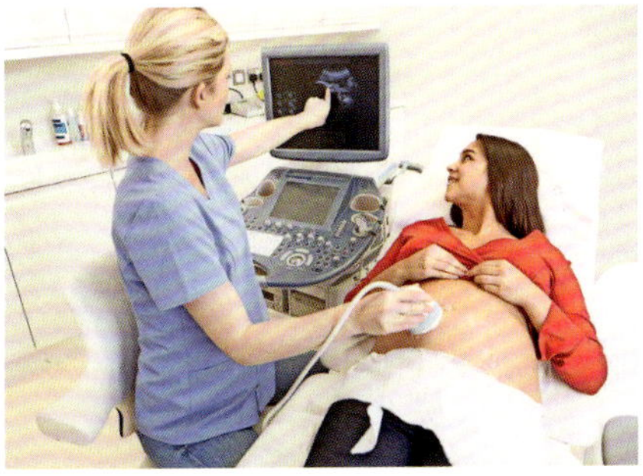

27.6 Ultraschalluntersuchung einer werdenden Mutter

2 Wie laute und leise Töne entstehen

28.1 Ein schreiendes Baby kann so laut wie ein Motorrad sein.

Infobox:
Babys schreien, um auf sich aufmerksam zu machen. Dabei können sie „Schalldruckpegel" von bis zu 120 dB erreichen.

Warum ist ein Ton laut oder leise?

Jennifer hört ihren kleinen Bruder Max schreien (Abb. 28.1). „Der schreit so laut, dass einem die Ohren wackeln!", meint sie. „Da hast du nicht ganz unrecht!", sagt ihre Mutter. „Allerdings wackeln nicht die ganzen Ohren. Aber dein Trommelfell schwingt durch die lauten Töne stärker hin und her." Laute Schallsender bringen die Luft heftig zum Schwingen. Diese **starken Druckschwankungen der Luft** lassen auch dein Trommelfell stark schwingen. Du hörst einen **lauten Ton**.

V1 Die schreibende Stimmgabel (Abb. 28.2)
Befestige einen Filzstift an einer Schreibstimmgabel. Schlage sie an und ziehe sie gleichmäßig schnell über ein Blatt Papier.
Was fällt dir auf?

Anfangs schwingt die Stimmgabel heftiger. Ihr Ton ist laut. Werden ihre Schwingungen schwächer, wird ihr Ton leiser.

M **Starke Druckschwankungen der Luft** empfinden wir als **laut**.
Schwache Druckschwankungen der Luft empfinden wir als **leise**.

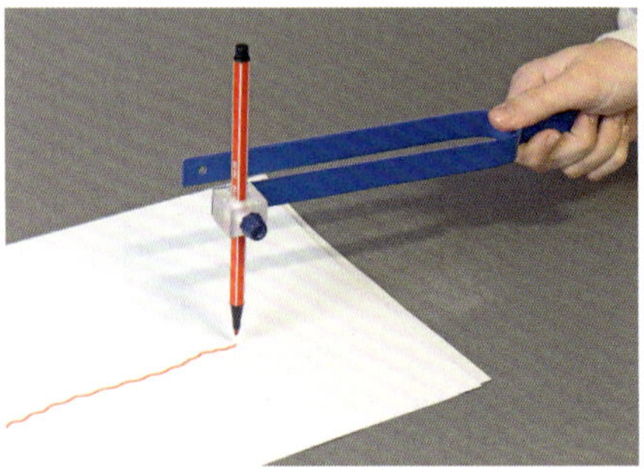

28.2 Die schreibende Stimmgabel

Wie wird die „Lautstärke" angegeben?

Der sogenannte **Schalldruckpegel** (die „Lautstärke") wird in **„Dezibel"** (dB) angegeben. Unterhalb der **Hörschwelle** von 0 dB können wir keinen Schall wahrnehmen. Diese sehr geringen Druckschwankungen der Luft können unser Trommelfell nicht zum Schwingen bringen.
Geräusche und Töne bis 30 dB empfinden wir als **leise**, ab 60 dB als **laut**.
Bei etwa 90 dB empfinden wir den Schall als **unerträglich** und ab 120 dB sogar als **schmerzhaft** (Abb. 28.3 und Seite 94).

V2 Wie laut ist laut? (Abb. 28.4)
Verwendet für diesen Versuch eine App zur Schallmessung.
Geht durch das Schulhaus und findet die leisesten und lautesten Orte.
A1 Wie laut ist es, wenn eine Person spricht?
Wird es doppelt so laut, wenn zwei Personen miteinander sprechen?
Wie laut ist es in der Klasse während des Unterrichts, der Pause …?
Wie laut ist es am Gang während der Pause?
Notiert eure Messergebnisse und vergleicht sie mit Abb. 28.3.

M Bei **Lautstärkemessgeräten** wird der **Schalldruckpegel** in **Dezibel (dB)** angegeben.

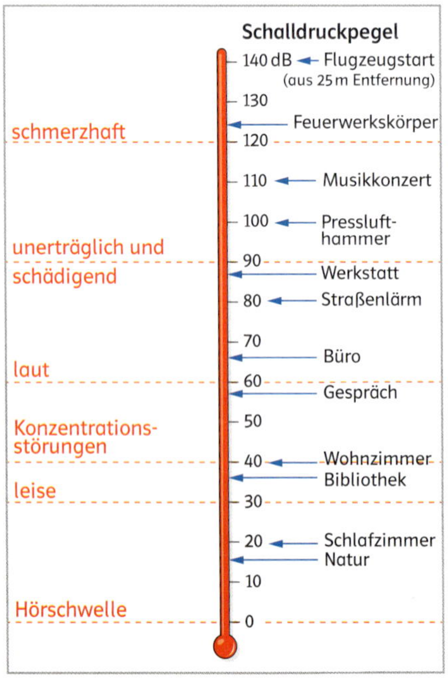

28.3 Die Stärke von Schalleindrücken wird in dB angegeben.

28.4 Wie laut ist laut?

28.5 Beim Lernen soll der Schalldruckpegel weniger als 45 dB betragen.

Was ist „Lärm"?

Als **Lärm** bezeichnen wir **Töne** und **Geräusche**, die uns **stören** (Abb. 29.1). Lärm kann uns so stark belasten, dass wir uns **krank** fühlen. Das hängt nicht nur von der Lautstärke ab. **Hohe Töne** werden oft unangenehmer empfunden als tiefe. Geräusche, die du magst, hörst du auch gerne bei **hoher Lautstärke**. Deshalb kannst du deine Lieblingsmusik auch sehr laut anhören. Andere Personen empfinden das vielleicht als störend.

A2 Überlege und notiere, wo du im Alltag Lärm ausgesetzt bist.
Was kannst du gegen diesen Lärm unternehmen? Notiere Maßnahmen.

29.1 Was für dich schön klingt, kann für andere Personen Lärm sein.

Starker Lärm mit über 90 dB kann auf Dauer die Knöchelchen im Ohr schädigen und zu **Schwerhörigkeit** führen. Bei Arbeiten unter starker Lärmeinwirkung sollte man daher einen **Gehörschutz** tragen (Abb. 29.2).
Lärm stört deinen Schlaf und deine Konzentrationsfähigkeit. Deshalb kannst du bei Lärm nicht gut lernen. Du wirst unaufmerksam. Das kann auch zu Unfällen führen. Dauerhafte Lärmbelästigung kann deiner **Gesundheit schaden**.

29.2 Bei besonders lauten Arbeiten muss ein Gehörschutz getragen werden.

M Als **Lärm** bezeichnen wir **störende Geräusche und Töne**, die sich auch **schädigend auf die Gesundheit** auswirken können.

Was unterscheidet Töne von Geräuschen?

Bei **Arten von Schall** wird zwischen Ton, Klang, Geräusch, Rauschen und Knall unterschieden.
Töne sind Schwingungen mit nur einer Frequenz. Sie werden zB von einer Stimmgabel erzeugt.
Instrumente erzeugen **Klänge** (Abb. 29.4). Dabei erklingen mehrere Töne gleichzeitig und überlagern sich.
Bei einem **Geräusch** überlagern sich viele verschiedene Frequenzen.
Die am stärksten vorkommenden Frequenzen bestimmen die Art des Geräuschs.
Beim **Rauschen** kannst du keine Frequenz genau hören.
Einen **Knall** hörst du, wenn plötzlich eine Schallwelle dein Ohr erreicht.
Das passiert zB bei einer Explosion, beim Klatschen oder Fingerschnippen.

Infobox:
„**Knalltrauma**": Nach einem lauten Knall hörst du oft nur mehr ein hohes Pfeifen. Der Schall ist direkt auf die feinen Härchen im Innenohr getroffen.

V3 Ton, Klang, Geräusch, Rauschen und Knall (Abb. 29.5)
Verwendet eine Oszilloskop-App. Erzeugt in der Klasse auf verschiedene Arten einzelne Töne, Klänge, Geräusche, Rauschen und Knalle.
Beobachtet die Anzeigen auf den Displays eurer Smartphones oder Tablets.
Welche Arten von Schall habt ihr erzeugt?

A3 Macht Schall zB mit
- dem Mund: Singen, Pfeifen, Reden …
- dem Körper: Klatschen, Stampfen, Schnippen, Gehen …
- Gegenständen: Gläser, Lineale, Bleche, Topfdeckel …

29.3 Warnsignale sind hoch und sehr laut.

29.4 Alle Teile der Geige erzeugen ihren Klang.

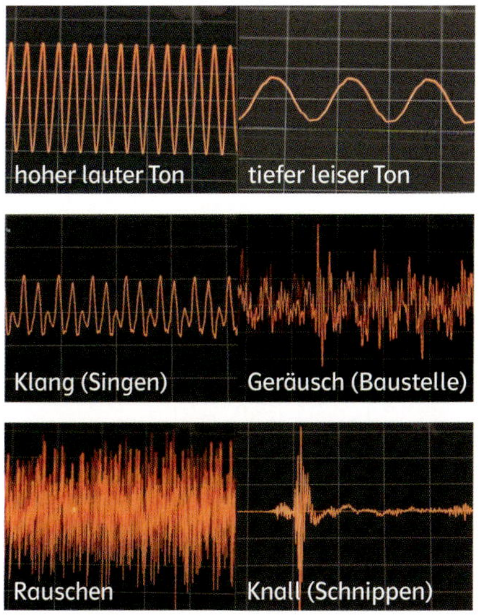

29.5 Ton, Klang, Geräusch, Rauschen und Knall

2 Physik im Alltag

Musikinstrumente sind besondere Schallsender

Welche Arten von Musikinstrumenten gibt es?

Auf der ganzen Welt gibt es Musik. Menschen musizieren und hören Musik, weil sie sich dabei wohlfühlen. Dazu verwenden sie besondere Schallsender – die Musikinstrumente.

Wir unterscheiden **5 Arten von Musikinstrumenten:**

- **Saitenklinger („Chordophone"**, von griech. chorde … „Saite", phone … „Klang"): Bei diesen Instrumenten werden Saiten durch Zupfen (Gitarre), Streichen (Geige, Abb. 30.1) oder Schlagen (Klavier) zum Schwingen gebracht.
- **Fellklinger („Membranophone"):** Eine Haut („Membran") wird auf einen hohlen Gegenstand gespannt. Dieser hohle Gegenstand zB einer Trommel verstärkt den Ton (Abb. 30.2).
- **Luftklinger („Aerophone"):** Sie bringen Luft in den Instrumenten zum Schwingen. Bei diesen Instrumenten, wie zB Pfeifen, Trompeten, Flöten (Abb. 30.3), sind auch ihre Materialien stark für den Klang verantwortlich.
- **Selbstklinger („Idiophone"):** Bei diesen Instrumenten, wie zB Xylophon oder Glocke (Abb. 30.4), schwingt das ganze Instrument und erzeugt den Ton.
- **Elektrische Instrumente („Elektrophone"):** Hier werden Schwingungen des elektrischen Stroms verändert. Ein Lautsprecher wandelt die Stromschwankungen in Schallwellen um. Reine elektrische Instrumente sind zB Keyboards und Synthesizer (Abb. 30.5). Bei zB Elektrogitarren werden die Klänge der Saiten in einem Verstärker elektrisch verändert.

30.1 Der Bogen lässt die Saiten der Geige schwingen.

30.2 Die Trommeln des Schlagzeugs sind Fellklinger.

30.3 Bei einer Flöte schwingt die Luft in ihr. Sie ist ein Luftklinger.

30.4 Eine Kirchenglocke ist ein Selbstklinger.

30.5 Synthesizer erzeugen Klänge durch schwingenden elektrischen Strom.

Was bedeutet „Resonanz"?

Musikinstrumente brauchen einen sogenannten „**Resonanzkörper**". Das sind oft hohle Gegenstände („Körper"), die beim Spielen des Instruments **mitschwingen**. Sie verstärken den Ton und erzeugen den Klang eines Instruments. Das Mitschwingen – die „**Resonanz**" – muss bei jedem gespielten Ton gleich gut sein.

V1 Musik mit Essstäbchen
Halte ein Essstäbchen aus Bambus an Kästen, Töpfe, Regale, Türen, Wände … Bringe den überstehenden Teil durch Anschlagen zum Schwingen. Hältst du das Stäbchen an einen guten Resonanzkörper, so hörst du einen lauteren und schöneren Ton.

A1 Stelle zuerst eine Vermutung an, welche Gegenstände gute Resonanzkörper für dein Essstäbchen sind. Überprüfe sie anschließend.

→ Arbeitsheftseite 18

Kann ich auch selber Instrumente bauen?

Auf dieser Seite findest du Anleitungen zum Bau eigener Instrumente.

V2 Der Pfiff aus dem Gefrierbeutel
Schneide von einem Gefrierbeutel einen etwa 1 cm breiten Streifen aus. Klemme ihn zwischen die Daumen beider Hände ein und spanne ihn. Blase kräftig in den Zwischenraum der beiden Daumen auf die gespannte Kunststofffolie. Erzeuge damit Pfeiftöne.

A2 Überlege, wie du die Tonhöhe der Pfeiftöne verändern kannst. Überprüfe deine Vermutung.

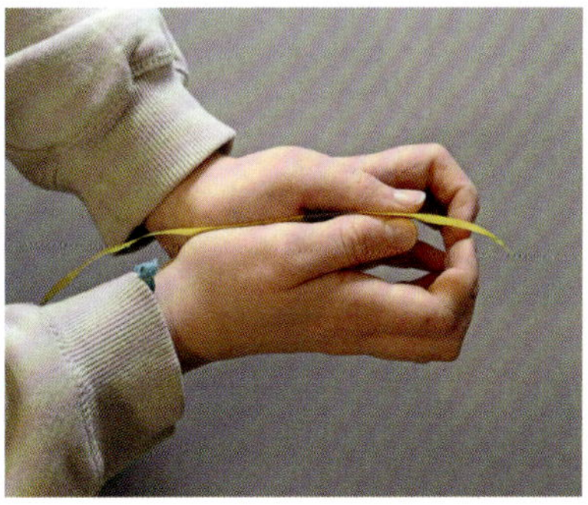

Die Pfeiftöne können recht laut werden. Deine Hände bilden dabei einen Resonanzkörper. Sie verstärken die Pfeiftöne.

V3 Die Schlauchtrompete
Befestige einen Trichter an einem Schlauch von etwa 2 m Länge. Blase beim anderen Schlauchende Luft durch deine aufeinandergepressten und gespannten Lippen. Versuche dadurch, die Luft im Schlauch erklingen zu lassen.

A3 Beschreibe, wie du die Tonhöhe der Schlauchtrompete verändern kannst.

Der Trichter am Schlauchende verstärkt den Schall. Bei Trompeten und Oboen bestimmt die Form des Trichters auch den Klang.

V4 Das singende Alu-Rohr
Material: Aluminium-Rohr (1 m lang, 1 cm Durchmesser), Permanentstift, Maßband, Kolophonium-Pulver (Geigenharz)
Markiere die Hälfte des Rohres mit dem Permanentstift. Halte das Rohr an der Markierung mit zwei Fingern. Reibe Daumen und Zeigefinger der anderen Hand mit Kolophonium ein. Klemme das Rohr zwischen die bestaubten Finger und ziehe die Hand nach unten. Dadurch bringst du den unteren Teil des Rohres zum Schwingen.

A4 Kannst du das Rohr auch noch an anderen Stellen halten? Notiere deine Beobachtung.

Alle Selbstklinger (zB Glocken) werden an ihren „Schwingungsknoten" (Abb. 31.1) befestigt. Diese Stellen bewegen sich beim Schwingen nicht.

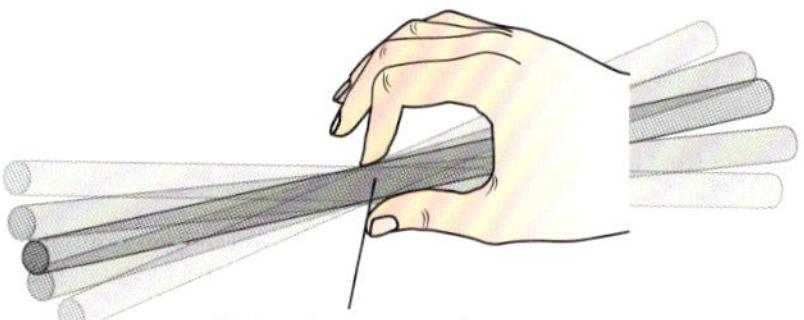

31.1 Am „Schwingungsknoten" bleibt das schwingende Rohr von V4 in Ruhe.

V5 Die Dosenglocke
Mach in den Boden einer leeren und ausgewaschenen Konservendose ein Loch mit einem Nagel und einem Hammer. Befestige in diesem Loch eine etwa 1 m lange Gewindestange (Größe M4) mit Schraubenmuttern. Halte die Dose am oberen Rand und schlage die Gewindestange an.

A5 Erkläre, welche Aufgabe die Dose bei der „Dosenglocke" hat.

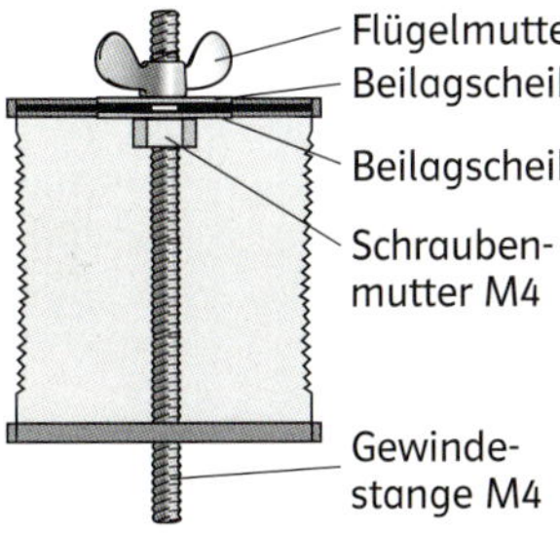

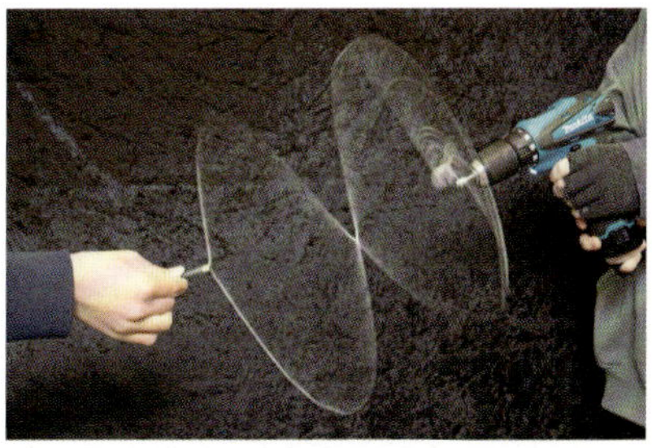

31.2 „Stehende Welle" mit Schwingungsknoten an einem gedrehten Seil

2 Physik im Alltag

Wissenswertes über Schall

Wie ändert sich die Tonhöhe in unterschiedlichen Gasen?

Manche Ballons sind mit dem sehr leichten Gas **Helium** gefüllt. Sie steigen in der Luft auf. Du hast vielleicht schon probiert dieses Gas einzuatmen, um eine hohe Piepsstimme zu bekommen. Doch **Achtung**! Das ungiftige Heliumgas verdrängt in der Lunge das zum Atmen wichtige Sauerstoffgas! Das kann zu Bewusstlosigkeit führen, wenn du Helium zu oft hintereinander oder zu lange einatmest (Abb. 32.1). Atme niemals Helium aus einer Gasflasche ein! Der hohe Druck kann deine Lunge schädigen.
In Gasen, die leichter als Luft sind, ist die **Schallgeschwindigkeit größer**. Dadurch bekommst du eine **höhere Stimme**. Umgekehrt wäre deine Stimme bei schwereren Gasen (zB Kohlenstoffdioxid, Abb. 32.2) tiefer. Kohlenstoffdioxid zB aus Sodawasserbereitern darfst du **auf keinen Fall einatmen**! Im Versuch V1 kannst du trotzdem hören, wie das schwere Gas den Ton tiefer macht.

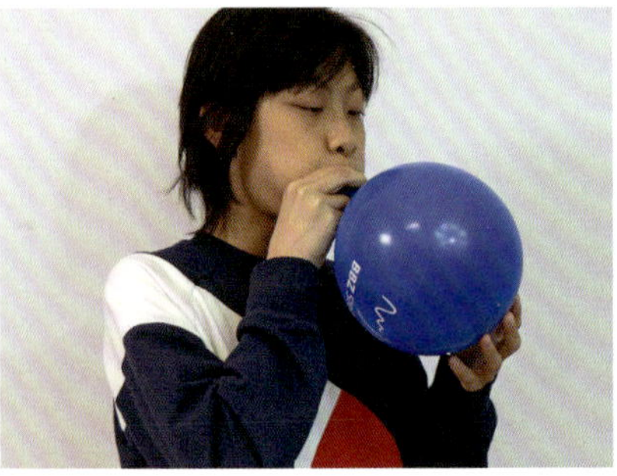

32.1 Obwohl Helium ungiftig ist, kann das Einatmen lebensgefährlich sein.

32.2 Kohlenstoffdioxid ist schwerer als Luft. Am Boden der Glaswanne lässt es eine Seifenblase schweben.

V1 Der Ton wird tiefer

Material: 2 gleiche Flaschen (zB 1,5 oder 0,7 Liter), Sodawasserbereiter

a) Fülle eine leere Flasche mit Kohlenstoffdioxid aus dem Sodawasserbereiter. Das Zischen des Gases wird immer tiefer, je voller die Flasche damit gefüllt ist.

b) Blase über die Flaschenöffnungen der beiden Flaschen und erzeuge einen Ton. Die mit Kohlenstoffdioxid gefüllte Flasche klingt tiefer.

A1 Bestimme mit einer Stimmgeräte-App die Tonhöhe und Frequenz beim Anblasen der Flaschen.

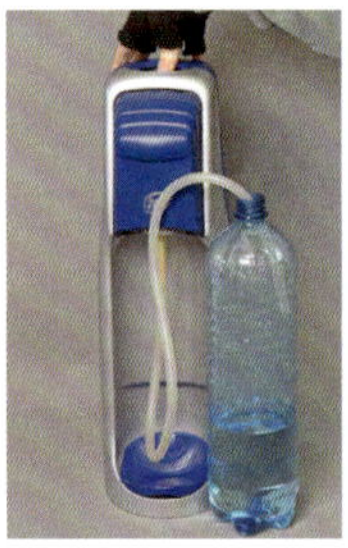

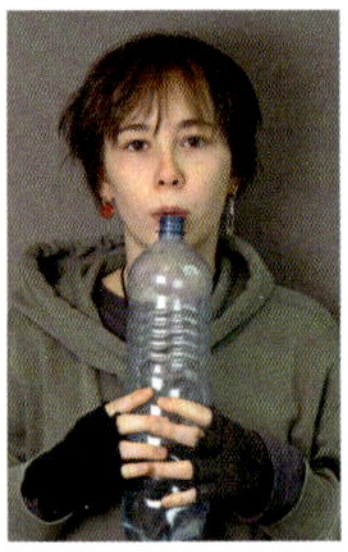

Wie funktionieren Hörhilfen?

Schwerhörige Menschen hören **Schall nur dumpf** und hohe Töne gar nicht. Häufig wurde bei Schwerhörigkeit das Mittelohr (Trommelfell und Gehörknöchelchen, Abb. 23.4) geschädigt. Dies passiert zB durch Alter, Lärm und Krankheiten. **Hörgeräte** haben ein kleines Mikrofon, das oft auf der Ohrmuschel sitzt (Abb. 32.3). Der Schall wird durch einen kleinen Schlauch fast bis zum Trommelfell geleitet.
Gehörlose Menschen können **keinen Schall** mehr wahrnehmen. Bei diesen Menschen ist häufig die Gehörschnecke („Cochlea") geschädigt.
Ein **Cochlea-Implantat** wandelt Schall in elektrische Signale um (Abb. 32.4). Die elektrischen Signale werden direkt auf den Hörnerv übertragen. Dadurch können auch gehörlose Menschen wieder hören.

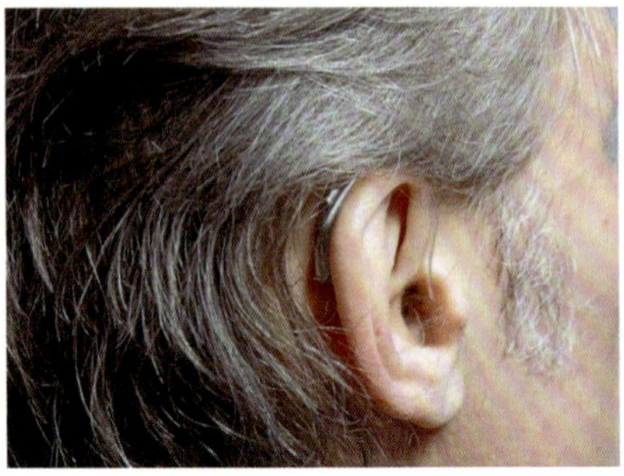

32.3 Hörgerät

32.4 Cochlea-Implantat

V2 Die Flüstertüte

Rolle ein A4-Blatt zu einem Trichter. Halte die kleine Öffnung an dein Ohr.
Du kannst jetzt auch sehr leise Geräusche deutlich wahrnehmen.
Früher wurden Trichter als Hörrohre verwendet, um besser zu hören. Der Trichter macht den Schall, der in dein Ohr gelangt, lauter.

→ Arbeitsheftseite 19

Wie wird der Schall zur Entfernungsmessung verwendet?

Tischlerinnen, Maurer und andere Handwerkerinnen und Handwerker vermessen Zimmer auch mit **Ultraschall-Entfernungsmessern**. Diese Geräte **senden** einen für uns unhörbaren **Ultraschallton aus**. Der Ultraschallton wird von der **Wand zurückgeworfen** („*reflektiert*“, → Seite 25) und von einem **Mikrofon empfangen**. Der Ultraschall-Entfernungsmesser errechnet aus der **Zeitspanne** zwischen Sendung und Empfang des Ultraschalltons die **Entfernung** der Wand.
Die **Echoortung einer Fledermaus** funktioniert genauso (Abb. 33.1). Anhand des Echos können Fledermäuse die Größe und Art ihrer Beute feststellen. Sie können dadurch auch in der Dunkelheit gut Hindernissen ausweichen. Das sogenannte **Echolot** eines Schiffes hilft bei der Bestimmung der Wassertiefe (Abb. 33.2). Fischerinnen und Fischer verwenden das Echolot auch zum Erkennen von Fischschwärmen.

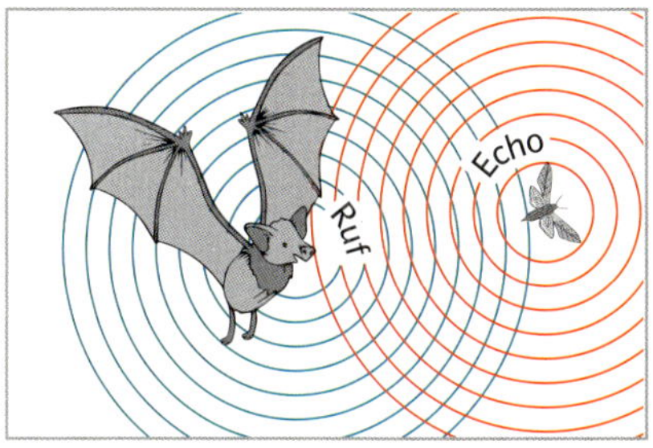

33.1 Die Fledermaus sendet Ultraschalltöne aus, die am Insekt zurückgeworfen werden. Die Schallwellen sind vereinfacht dargestellt.

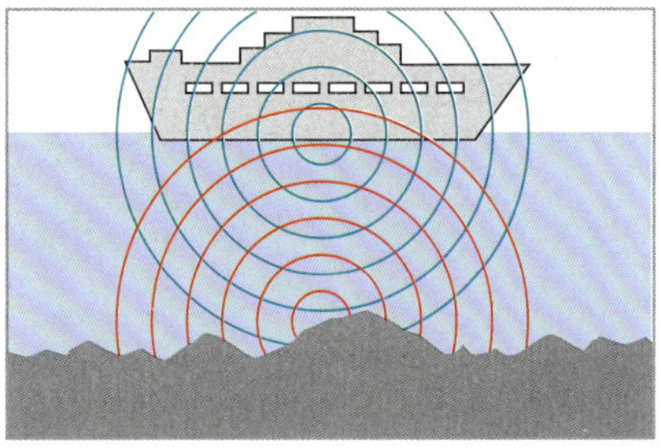

33.2 Echolot zur Bestimmung der Wassertiefe – Die Schallwellen sind vereinfacht dargestellt.

V3 Längenmessen mit Schall
Verwendet einen Ultraschall-Entfernungsmesser aus dem Baumarkt.
Messt die Länge, Breite und Höhe eines Zimmers aus.

A2 Überlegt, worauf ihr dabei achten müsst. Was kann die Messungen stören?

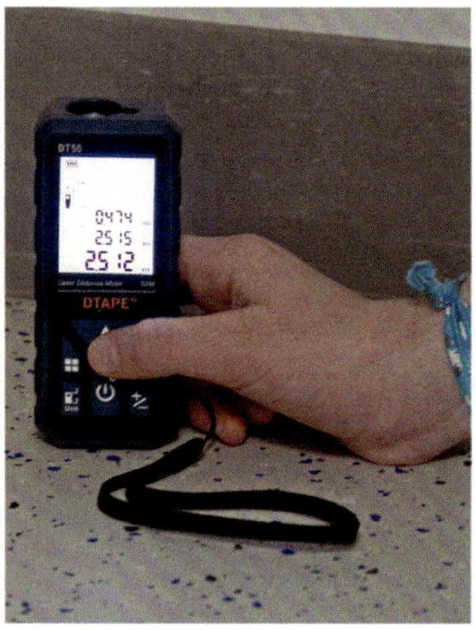

Wie wirkt Infraschall?

Marina fühlt sich nicht gut. Sie wohnt in einem älteren Haus im vierten Stock. Der Boden unter ihren Füßen hat sich bewegt. „Ein Erdbeben hat stattgefunden.“, hört sie im Radio. Ist das der Grund, warum sie sich schlecht fühlt?
Bei einem **Erdbeben** entsteht **Infraschall**. Dieser Schall von 0 bis etwa 16 Hz ist für **uns nicht hörbar**. Dein Körper kann ihn bei hohen Lautstärken dennoch wahrnehmen. Er tritt auch bei Windkraftwerken, Maschinen und im Straßenverkehr auf (Abb. 33.3). Auch zB Kühlschränke und Waschmaschinen im Schleudergang erzeugen Infraschall.
Bei hohen Wellen verursacht er auf schwankenden Schiffen **Seekrankheit**.
Elefanten können sich mit Infraschall verständigen. Halten sie den Rüssel dabei auf den Boden, breitet sich die Information etwa 10 km weit über den Boden aus. Über den Rüssel und die Füße nehmen andere Elefanten den Infraschall wahr (Abb. 33.4). Auch Nilpferde und Giraffen können sich mit Infraschall verständigen.
Im Meer geben zB **Blauwale** Infraschall ab (Abb. 33.5). Ihre Lautstärke ist etwa so hoch wie die einer startenden Rakete. Mit diesen weit reichenden Lauten informieren sie andere Wale über Gefahren und Futterstellen.
Die Laute helfen ihnen auch beim Zusammenhalt der Gruppe.

33.3 In Großstädten wird besonders viel störender Infraschall erzeugt.

33.4 Elefanten können Infraschall über die Fußsohlen empfangen.

33.5 Ein Blauwal erzeugt Infraschall, der etwa 1000 km weit reicht.

2 Physik im Alltag

Über das Hören im Straßenverkehr

Welche akustischen Signale helfen im Straßenverkehr?

Mit dem Begriff „**akustische Signale**“ sind Signale gemeint, die man hört. Sie sind im Straßenverkehr sehr wichtig. Sie warnen Personen vor Gefahren und helfen sehbehinderten Menschen bei der Orientierung.
Hier sind einige Beispiele für akustische Signale im Straßenverkehr:

- **Hupen** dürfen im Ortsgebiet nur eingesetzt werden, um Personen vor Gefahren zu warnen.
- **Warnsignale von Einsatzfahrzeugen** der Feuerwehr, Polizei und Rettung zeigen dir an, dass sie so schnell wie möglich zu einem Einsatzort kommen müssen. Die Verkehrsteilnehmerinnen und Verkehrsteilnehmer müssen darauf achten, die Einsatzfahrzeuge vorbeifahren zu lassen.
- **Fahrradklingeln** sollen Personen vor der Anwesenheit eines Fahrrades warnen (Abb. 34.1). Besonders wichtig ist das auf gemeinsamen Fuß- und Radwegen.
- **Auffindesignale bei Fußgängerampeln** sollen sehbehinderten Menschen helfen, den Fußgängerübergang zu finden und darüber geleitet zu werden (Abb. 34.2). Ein Ticken im Sekundentakt zeigt an, wo sich die Person zum Übergang bereit machen kann. Ein dreimal schnelleres Ticken zeigt an, dass die Ampel grün ist. **Überkopflautsprecher** verstärken das Ticken bei längeren Fußgängerübergängen (Abb. 34.3).

34.1 Fahrradklingeln warnen Personen vor Fahrrädern.

34.2 Auffindesignal eines Fußgängerübergangs

34.3 Überkopflautsprecher einer Ampelanlage

Welche anderen Geräusche warnen dich im Straßenverkehr?

Der Schall breitet sich in alle Richtungen aus und wird von Gegenständen reflektiert (→ Seiten 24–25). Deshalb kannst du mit deinem Gehörsinn gefährliche Situationen im Straßenverkehr erkennen, auch wenn du sie nicht siehst.
Laute **Motorengeräusche** von Autos und Motorrädern zeigen dir an, dass sich ein Fahrzeug mit hoher Geschwindigkeit nähert. Du erkennst das auch, wenn du das Fahrzeug noch nicht sehen kannst.
Elektroautos kannst du bei normalem Straßenlärm kaum hören. Sie müssen deshalb mit einem **akustischen Warnsignal** bei geringem Tempo bis 20 $\frac{km}{h}$ sowie beim Rückwärtsfahren ausgestattet sein.
Zurückschiebende LKWs oder Busse erzeugen einen piependen Ton (Abb. 34.4). Diese **Rückfahrwarner** sollen verhindern, dass Personen hinter dem Fahrzeug verletzt werden.
Akustische Signale bei **Bahnübergängen** warnen vor durchfahrenden Zügen (Abb. 34.5).
Straßenbahnen können im Notfall nicht sofort stehenbleiben. Sie geben einen Glockenton ab, um Personen vor dem Betreten der Gleise zu warnen (Abb. 34.6).

34.4 Busse und LKWs haben akustische Rückfahrwarner.

34.5 Bahnübergänge haben auch ein akustisches Warnsignal.

34.6 Straßenbahnen warnen mit einem Glockenton.

Gefährdet mich Musikhören im Straßenverkehr?

Tine hört beim Joggen gerne Musik. Da stört sie der Lärm der Straße nicht so sehr und sie kann dabei völlig entspannen (Abb. 35.1).
David telefoniert beim Radfahren mit seinen Freunden. Er trägt dabei Kopfhörer, damit er die Unterhaltung besser hört (Abb. 35.2).

A1 Was meinst du dazu? Warum könnte das Verhalten von Tine und David gefährlich sein?

Hörst du zB Musik über **Kopfhörer**, so kannst du Geräusche der Umgebung schlechter wahrnehmen.
Beim Hören von Musik oder beim Telefonieren **sinkt** außerdem deine **Aufmerksamkeit** für die Umgebung. Deine Gedanken schweifen ab.
Die **Gefahr für einen Unfall steigt**, weil du deine Umgebung und warnende Signale und Geräusche nicht mehr wahrnehmen kannst.
Im Straßenverkehr solltest du daher auf das **Tragen von Kopfhörern verzichten!** Besonders auf solche, die das Ohr vollständig abdecken. Sie können Außengeräusche stark abschwächen.
Auch auf In-Ear-Kopfhörer solltest du im Straßenverkehr verzichten. Trage sie zB nicht unter deinem Fahrradhelm, da sie – wie bei einem Schlag auf das Ohr – zu Verletzungen führen können.

A2 Mit dem Roller braucht Bence nur fünf Minuten in die Volksschule. Dabei hört er über Kopfhörer laut Musik. Schreibe eine Nachricht an Bence, warum das gefährlich sein könnte. Überlege, welches Vorwissen Bence hat. Welche Fachwörter, die du kennst, musst du ihm erklären?

35.1 Kann Tine ein herannahendes Auto rechtzeitig wahrnehmen?

35.2 Achtet David wirklich auf den Straßenverkehr?

A4 Chatbots mit *„künstlicher Intelligenz"* (siehe Infobox) sind Computerprogramme, die aus mehreren Schlagworten oder einer Frage einen Text verfassen können. Lass einen Chatbot einen **Artikel in einfacher Sprache** über das Thema *„Sicherheit im Straßenverkehr"* verfassen. Frage deine Lehrerin oder deinen Lehrer, welchen Chatbot du verwenden sollst. **Benutze dabei zB folgende Schlagworte:** *Sicherheit, Straßenverkehr, Hören, akustische Signale, Kopfhörer, Smartphone, Fußgänger, Radfahren, Verhaltensregeln, Reaktionszeit, Unfälle, Gefahr, Wahrnehmung …*
Vergleiche die Informationen aus dem verfassten Artikel mit den Informationen auf dieser Doppelseite.
- Weist dich der Artikel noch auf **weitere Gefahren** hin?
- Gibt dir der Artikel **Tipps zum Verhalten im Straßenverkehr**, an die du noch nicht gedacht hast?
- **Befolgst du diese Tipps** zB am Schulweg?
- Befinden sich in dem Artikel auch **falsche Informationen**?

V1 Entspannt durch Musik?
Führt diesen Versuch auf dem Sportplatz der Schule durch. Die Versuchsperson hört Musik oder telefoniert über Kopfhörer. Sie muss einen vorgegebenen Weg über den Sportplatz gehen. Auf ihrem Weg wird sie zB durch laufende, roller- oder radfahrende Personen, vorbeirollende Bälle … behindert. Bemerkt die Versuchsperson alle Ereignisse? Kann sie allem rechtzeitig ausweichen?

A3 Notiert, welche Hindernisse die Versuchsperson nicht bemerkt hat.

Infobox:
Chatbots sind Computerprogramme, die sich mit Menschen unterhalten können. Durch ihre ***„künstliche Intelligenz"*** **(KI)** können sie zB auf Fragen einer Person antworten. Sie suchen anhand von Schlüsselwörtern Informationen aus großen Datenbanken. Einfache Chatbots werden zB von Firmen im Kundenservice eingesetzt.

35.3 Dieser Junge bekommt von seiner Umgebung nur wenig mit.

2 Das kann ich!

A1 Schreibe die Begriffe aus dem Kasten neben die passende Angabe in der Tabelle.

hoher Ton	
tiefer Ton	
lauter Ton	
leiser Ton	
gibt die Tonhöhe in Hertz an	
gibt die Lautstärke in Dezibel an	
Verdichtungen und Verdünnungen der Luft	
wird durch die Luft zum Schwingen gebracht	
bringt die Luft zum Schwingen	

Schallsender schwingt stark
Frequenz
Schallsender
Schallsender schwingt schnell
Schallwellen
Schallsender schwingt langsam
Schallsender schwingt schwach
Schalldruckpegel
Schallempfänger

A2 Esther stellt sich vor, wie sie den Ton ihres Weckers hört. Sie zeichnet ihre Vorstellung auf.
Was ist an ihrer Zeichnung nicht ganz richtig? Erkläre. Kannst du die Zeichnung richtigstellen?

A3 Der Schall kommt in der Luft in einer Sekunde etwa ____________ Meter weit.
Im Wasser ist der Schall ☐ schneller, ☐ langsamer als in der Luft.

A4 Bei einem Gewitter erzeugt der Blitz einen lauten Knall, den Donner.
Durch die große Hitze des Blitzes dehnt sich die Luft schnell aus.
Peter zählt zwischen Blitz und Donner 10 Sekunden.
„Das Gewitter ist zum Glück noch 10 Kilometer weit weg!", meint er.
Seine Schwester Tamara meint: „Ich glaube, du irrst dich! Es sind nur etwa 3 Kilometer."
Wer von den beiden hat recht? Begründe deine Entscheidung.

A5 Hörst du zu laut Musik? Gehe mit einer zweiten Person deinen Schulweg entlang. Höre dabei Musik in gewohnter Lautstärke über deine Kopfhörer. Die zweite Person soll ohne Kopfhörer mitgehen. Notiert dabei alle Umgebungsgeräusche, die euch auffallen. Welche davon konntest du nicht wahrnehmen? Vergleicht eure Notizen.
Welche Schlüsse ziehst du daraus? Solltest du dein Verhalten anpassen?

A6 Welcher Ton oder welches Geräusch passt zu den Schallaufzeichnungen? Ordne die Buchstaben den Bildern zu.

A leiser, tiefer Ton B lauter, tiefer Ton C leiser, hoher Ton D lauter, hoher Ton E leiser werdender Ton
F lauter werdender Ton G Geräusch

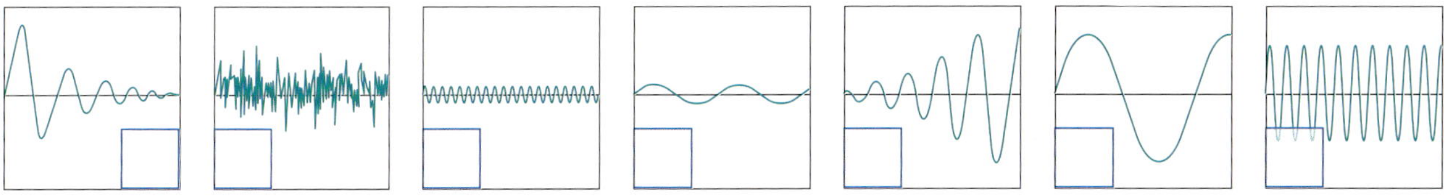

A7 a) Wie viele Schwingungen zeigen diese Tonaufzeichnungen pro Sekunde?
Gib die Frequenz der Töne in Hertz an.

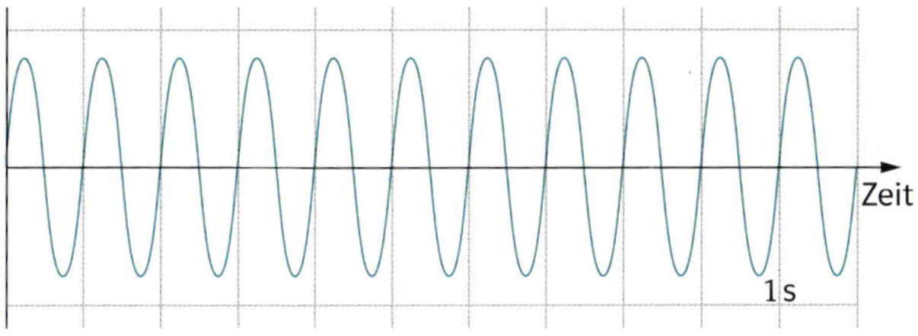

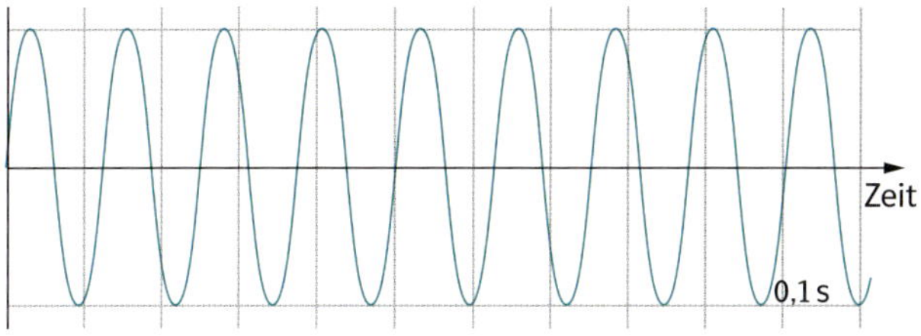

Dieser Ton hat eine Frequenz von ________ Hz. Dieser Ton hat eine Frequenz von ________ Hz.

Welcher der beiden Töne ist für Menschen hörbar? Erkläre.

____

b) Frequenz-Quiz: Zeichne in die leeren Diagramme je ein Schaubild eines Tones ein.
Kann deine Sitznachbarin oder dein Sitznachbar erkennen, welche Frequenzen du gezeichnet hast?
Vergiss nicht auf der Zeit-Achse eine Zeiteinheit (1 s, 0,1 s, 0,01 s …) anzugeben.

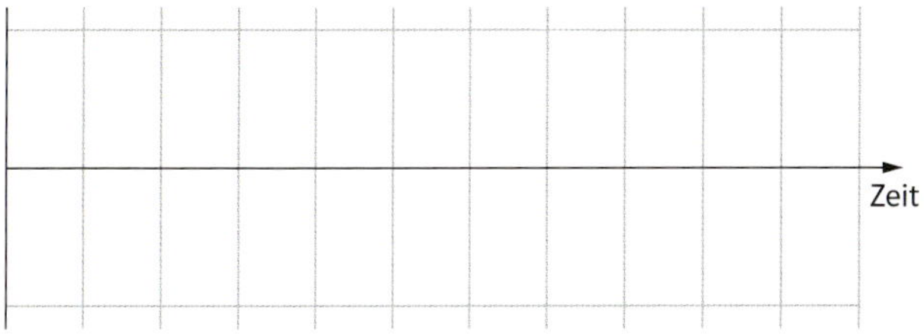

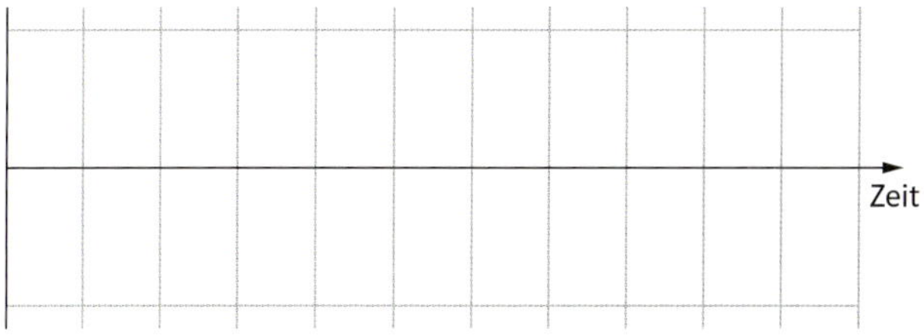

V1 Das mitschwingende Glas

Material: 2 gleiche Gläser mit dünnen Glaswänden und Stiel (zB Weingläser), gerades dünnes Drahtstück (zB aufgebogene Büroklammer), Wasserglas, Messbecher, 20-ml-Spritze (aus der Apotheke)
Fülle eines der beiden Gläser mit 100 ml Wasser. Bringe es zum Klingen wie bei V3 auf Seite 23 (Das tönende Glas).
Lege den Draht über den Rand des zweiten (leeren) Glases. Stelle dieses Glas im Abstand von etwa 5 mm zum ersten Glas. Schwingt es mit, wenn du das erste Glas zum Klingen bringst?
Du erkennst das Mitschwingen des Glases, wenn sich der Draht auf dem Glas bewegt.
Fülle das zweite Glas nacheinander mit je 10 ml Wasser (Spritze).
Bei welchen Füllmengen kann es besonders gut mitschwingen?

Schwingt bei folgenden Füllmengen gut mit:

____

____

Was schließt du aus deinem Versuchsergebnis?

____

____

____

3 Vom Licht und vom Sehen

Licht macht Vieles sichtbar

38.1 Eine Bushaltestelle am Abend. Vorsicht! Bei schlechter Beleuchtung bist auch du nicht gut zu sehen!

38.2 Sichtbar oder nicht?

38.3 Die physikalische Vorstellung vom Sehen: Licht muss in das Auge gelangen.

Infobox:
reflektieren … zurückwerfen
absorbieren … aufnehmen

Wann werden Gegenstände sichtbar?

Lise und Victor gehen abends zu einer beleuchteten Bushaltestelle. Bei der Bushaltestelle ist alles gut zu sehen. Daneben erkennen sie nur wenig (Abb. 38.1).

V1 Sichtbar oder nicht? (Abb. 38.2)
Material: Kerze (und Feuerzeug), verschiedenfarbige Gegenstände mit matter oder glänzender Oberfläche
Sicherheitshinweis: Achte beim Umgang mit Feuer immer auf deine Sicherheit! Es besteht Verbrennungs- und Verletzungsgefahr!
Arbeitet in einem dunklen Zimmer und findet in der Gruppe heraus:
Welche Gegenstände sind gut, welche schlecht erkennbar?
Wovon könnte das abhängen? Von der Farbe des Gegenstandes, der Flammengröße, deiner Blickrichtung, der Zimmertemperatur …?
Wann ist ein Gegenstand gar nicht mehr sichtbar? Denkt daran, dass ihr bei eurem Versuch immer nur eine Variable ändert (→ Seite 12).

A1 Wie kannst du die Gegenstände sehen? Sicherlich hast du dir schon einmal Gedanken dazu gemacht. Zeichne Abb. 38.3 ab. Zeichne anschließend den Weg des Lichts mit Pfeilen ein. Woher kommt das Licht? Wie gelangt es zu dir? Stellt eure Ergebnisse der Klasse vor.

A2 Findet den richtigen Weg des Lichts heraus. Zeichnet ihn in Abb. 38.3 ein oder macht eine Skizze in euer Physikheft.

Du kannst die Kerzenflamme sehen, weil sie **selbst Licht aussendet**.
Nicht selbst leuchtende Gegenstände kannst du sehen, wenn sie das Licht der Kerze in das Auge zurückwerfen. Helle und glänzende Gegenstände siehst du besser, weil sie mehr Licht zurückwerfen („***reflektieren***").
Von dunklen und matten Gegenständen wird nur wenig Licht reflektiert und viel Licht aufgenommen („***absorbiert***"). Sie sind daher schlechter sichtbar.
Gelangt von einem Gegenstand **kein Licht in unsere Augen**, so sehen wir ihn **nicht**.

M **Augen** sind **Empfänger für Licht.**
Wir **sehen einen Gegenstand**, wenn er **selbst Licht erzeugt** oder **reflektiert** und dieses Licht in **unsere Augen** gelangt.

A3 Luisa trägt gerne schwarze Kleidung. Sie arbeitet in einem Hotel, oft bis spät in die Nacht. Meistens ist Luisa zu Fuß unterwegs, dabei geht sie auch am Rand einer nicht beleuchteten Straße. Schreibe eine Nachricht an Luisa, warum die Farbe ihrer Kleidung nicht gut gewählt ist.

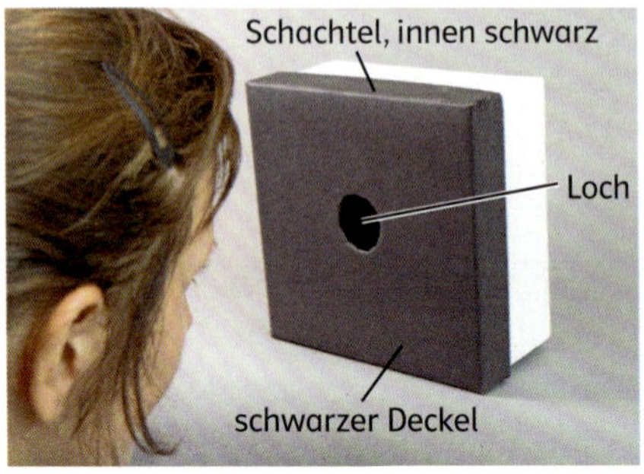

38.4 Nichts zu sehen!

38.5 Durch die Beleuchtung ist die Sängerin Katrin Navessi gut zu sehen.

38.6 Durch reflektierende Kleidung bist du in der Dunkelheit sichtbarer.

Was sind Lichtsender und Zwischensender?

Ein **Lichtsender** (eine „**Lichtquelle**“) ist etwas, von dem **Licht ausgeht**.

LV1 Mehr Licht! – „Plus lucis!“ (Abb. 39.1)
Material: Gasbrenner (und Feuerzeug), Stricknadel aus Eisen, Flachzange zum Halten der Stricknadel, Schutzbrille, feuerfeste Unterlage
Vorsicht beim Umgang mit offenen Flammen!
Die Spitze der Stricknadel wird in der Brennerflamme erhitzt, bis sie hell glüht. Der Versuch wird in einem dunklen Zimmer durchgeführt.

Glühende Materialien senden Licht aus – sie sind **Lichtsender**. Sie sind umso heller, je heißer sie sind.

A4 Führt Versuch LV1 noch einmal durch. Vergleicht die Glühfarbe der Stricknadel mit der Abbildung auf Seite 94. Könnt ihr die verschiedenen Temperaturen der zum Glühen gebrachten Stricknadel abschätzen?

Wir unterscheiden natürliche und künstliche – vom Menschen hergestellte – Lichtsender. Die **Sonne** ist unser wichtigster **natürlicher Lichtsender** (Abb. 39.2). Schau auch mit einer Sonnenbrille nie in direktes Sonnenlicht, es schädigt deine Augen (→ Seite 88)!
In der Nacht und in Zimmern brauchen wir zur Beleuchtung **künstliche Lichtsender**, wie zB Kerzen (Abb. 39.3). **Künstliche elektrische Lichtsender** werden durch elektrischen Strom zum Leuchten gebracht (Abb. 39.6). Sie senden **jeden Moment die gleiche Menge Licht aus**. Wenn du zB bei dir zu Hause eine elektrische Lampe einschaltest, dann leuchtet diese gleichmäßig hell. Drehst du sie wieder ab, dann hört die Lampe auf zu leuchten. Du kannst das zB mit einem Gartenschlauch vergleichen: Wenn du einen Gartenschlauch aufdrehst, dann kommt so lange die gleiche Menge an Wasser heraus, bis du ihn wieder abdrehst.
Es gibt viele Materialien, die **Licht weitersenden** können. Diese sogenannten **Zwischensender geben selbst kein Licht ab**. Sie senden nur das Licht des Lichtsenders weiter (→ Seite 57).

A5 In Abb. 39.5 siehst du die Erde, den Mond und die Sonne. Woran erkennst du, ob Erde, Mond und Sonne Lichtsender oder Zwischensender sind? Schau dich in der Klasse um. Wird die Klasse hauptsächlich durch Lichtsender oder durch Zwischensender erhellt?

M **Lichtsender** („Lichtquellen“) können **selbst Licht erzeugen**.
Natürliche Lichtsender: Sonne (Sterne), Blitze …
Künstliche Lichtsender: Kerze, Glühlampe, LED-Lampe …
Zwischensender senden das **Licht** des **Lichtsenders weiter**. Beispiele dafür sind Wände, verschiedene Gegenstände, Wolken, der Mond …

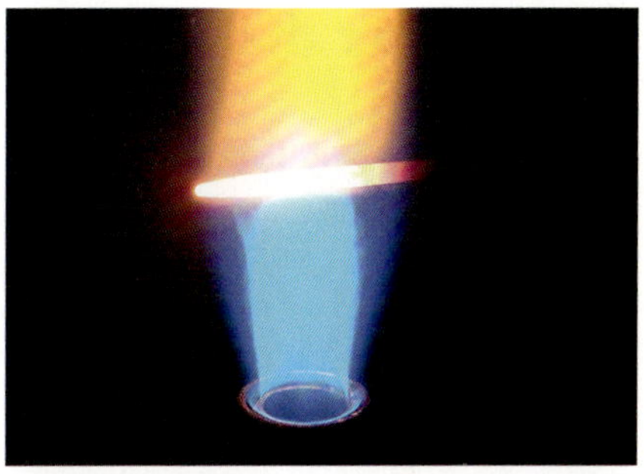
39.1 Mehr Licht! – „Plus lucis!“

39.2 Die Sonne ist unser wichtigster natürlicher Lichtsender.

39.3 Künstliche Lichtsender mit Flammen: Kienspan, Kerze, Öllampe

Infobox:
Glühlampe: Licht entsteht durch heiß glühende Metalldrähte (bis 2500 °C)
LED-Lampe: Licht entsteht durch nicht heiß leuchtende Kristalle

39.4 Verschiedene LED-Lampen, die du im Haushalt finden kannst.

39.5 Lichtsender oder Zwischensender?

39.6 Künstliche elektrische Lichtsender: Glühlampe, Leuchtstoffröhre, LED-Lampe

3 Über die Lichtausbreitung

40.1 Vom hellen in das dunkle Zimmer

40.2 Geradlinig – Die Ausbreitung des Lichts

40.3 In alle Richtungen

Wie breitet sich Licht aus?

Es ist dunkel geworden. Larissa schaltet das Licht im Zimmer ein. Sie öffnet die Tür zum nächsten Zimmer (Abb. 40.1). Sie überlegt: „Wieso wird es nicht auch hier heller? Nur der Türbereich ist beleuchtet. Die Lampe leuchtet doch recht stark."

A1 Wieso reicht das Licht einer Lampe nicht für mehrere Zimmer aus? Präsentiert eure Überlegungen der Klasse.

V1 Geradlinig (Abb. 40.2)
Falte einen schwarzen A4-Fotokarton, sodass er von selbst steht. Schneide in den mittleren Teil unten mehrere gleich breite parallele Schlitze. Beleuchte diesen Teil mit einer Lampe. Was kannst du erkennen?

Du kannst gerade Lichtstreifen auf der Unterlage erkennen. Das Licht strömt von der Lampe „**geradlinig**" durch die Schlitze im Papier.

V2 In alle Richtungen (Abb. 40.3)
Schneide den oberen Teil eines Getränkekartons ab. Mache in den Boden und die Seitenwände mit einem Nagel viele kleine Löcher.
Stülpe den Karton zB über eine Halogenlampe (zB 12 V/16 W).

A2 Beschreibe, was du im Zimmer erkennen kannst.
Wie kannst du das Licht, das aus dem Karton dringt, sichtbar machen?

Von der Lampe strömt jeden Moment die **gleiche Menge Licht aus** (→ Seite 39). Das Licht strömt **geradlinig in alle Richtungen** (Abb. 40.4). Durch Schlitze und Löcher im Karton fällt ein Teil davon als **Lichtbündel** in das Zimmer. In der Luft kannst du ein Lichtbündel **nicht** erkennen. Es wird aber sichtbar, wenn es am Boden entlang leuchtet (Abb. 40.2) oder wenn Nebeltröpfchen oder Staubteilchen das Licht in deine Augen weitersenden (Abb. 40.5).
An zB der Zimmerwand siehst du **Lichtflecken**. Die Lichtflecken sind umso lichtschwächer, je weiter die Wand entfernt ist. Die von der Lampe abgegebene Lichtmenge verteilt sich auf eine größere Fläche (Abb. 40.6).
Zur Darstellung des Lichtweges in Zeichnungen verwenden wir manchmal **„Lichtstrahlen" als Stellvertreter für Lichtbündel**. Lichtstrahlen sind sehr dünne Lichtbündel, die es in Wirklichkeit nicht gibt. Du kannst dir aber vorstellen, dass ein Lichtbündel aus vielen Lichtstrahlen besteht. Mit dem **Modell** Lichtstrahl können wir die Beschreibung der Wirklichkeit vereinfachen.

Infobox:
Kegelförmig abgestrahltes Licht, zB eines Scheinwerfers, nennen wir „**Lichtkegel**". Dieses Lichtbündel wird breiter, je weiter es leuchtet.

M **Licht** strömt vom **Lichtsender** aus **geradlinig in alle Richtungen. Lichtbündel in der Luft** werden sichtbar, wenn **Nebel oder Staub** das Licht **in die Augen weitersenden.**

40.4 Von der Lampe breitet sich Licht geradlinig in alle Richtungen aus.

40.5 Der Nebel einer Nebelmaschine macht die Lichtkegel sichtbar.

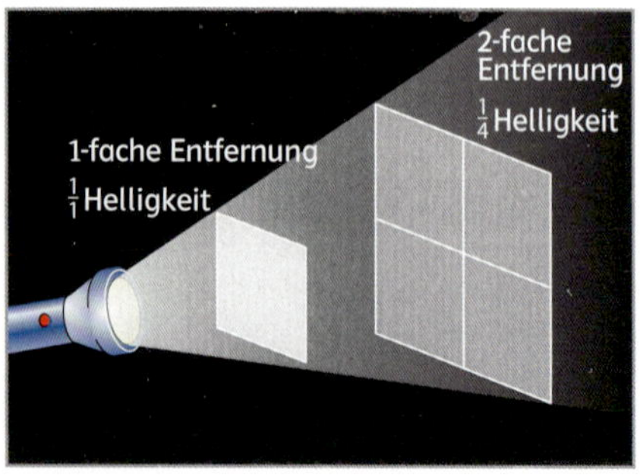

40.6 Der Lichtkegel einer Lampe mit zunehmender Entfernung

Wie schnell strömt das Licht?

Licht strömt besonders schnell. Am schnellsten strömt das Licht im luftleeren Raum (Vakuum). Da legt es **in einer Sekunde** etwa **300 000 Kilometer** zurück. Nichts anderes kann so schnell sein!
Die Sonne – unser Heimatstern – ist 150 000 000 Kilometer von der Erde entfernt. Für diese Entfernung benötigt das Licht etwa 500 Sekunden, also ungefähr 8 Minuten.
Die Entfernungen zwischen Sternen im Weltall sind riesig. Sie werden in „**Lichtjahren**" angegeben. Ein Lichtjahr ist die **Entfernung**, die das Licht in einem Jahr zurücklegt.

41.1 Der Zwischensender Mond sendet das Licht des Lichtsenders Sonne weiter. Das Sonnenlicht braucht etwa 1,28 Sekunden vom Mond bis zur Erde. Der Mond ist daher 384 400 km von der Erde entfernt.

A3 Unser nächster Nachbarstern ist „Proxima Centauri". Wie weit ist er von uns entfernt? Suche nach Informationen aus dem Internet.

M Die **Lichtgeschwindigkeit** beträgt im luftleeren Raum (Vakuum) etwa **300 000 Kilometer pro Sekunde.**
Ein **Lichtjahr** ist die **Entfernung**, die das Licht in einem Jahr zurücklegt.

Infobox:
Der Stern Icarus ist 9 Milliarden Lichtjahre entfernt. Sein Licht braucht viel länger zu uns, als die Erde alt ist (4,6 Milliarden Jahre).

Bei jedem **Gewitter** kannst du bemerken, dass das Licht sehr schnell ist.
Bei einem **Blitz** wird die Luft schnell erwärmt und sie dehnt sich aus.
Dadurch entsteht eine Schallwelle, die du als **Donner** hörst.
Das Licht des Blitzes siehst du viel früher (Abb. 41.2). Der Schall des Donners benötigt für jeden Kilometer Entfernung etwa 3 Sekunden (→ Seite 25).

41.2 Du siehst einen Blitz viel früher als du seinen Schall – den Donner – hörst.

V3 Halt' die Klappe! (Abb. 41.3)
Veranstaltet einen 100-Meter-Lauf. Das Startsignal wird bei der Startlinie mit einer Startklappe angegeben. Beim Ziel befinden sich zwei Stoppuhren. Die Person mit der ersten Stoppuhr startet die Messung, sobald sie die Klappe schließen sieht. Die Person mit der zweiten Stoppuhr startet, sobald sie die Startklappe hört. Beide stoppen die Messung beim Zieleinlauf der Laufenden.

A4 Notiert die Messergebnisse jedes Laufes. Berechnet die Zeitunterschiede der beiden Messungen. Überlegt: Warum kann es zu den Zeitunterschieden der beiden Messungen kommen?
Welcher Zeitunterschied müsste bei den beiden Messungen zu erwarten sein, wenn sich der Schall mit etwa 340 Metern pro Sekunde ausbreitet?

41.3 Halt' die Klappe!

Mithilfe eines Laser-Lichtblitzes wird die **Entfernung des Mondes zur Erde** auf Zentimeter genau gemessen (Abb. 41.4). Der Lichtblitz wird von der Erde ausgesendet. Auf dem Mond stehen Spiegel, die den Lichtblitz zur Erde zurücksenden (Abb. 41.5). Nach etwa 2,56 Sekunden kann das Lichtsignal wieder auf der Erde empfangen werden. Das Licht hat dabei eine Strecke von 768 800 km zurückgelegt.

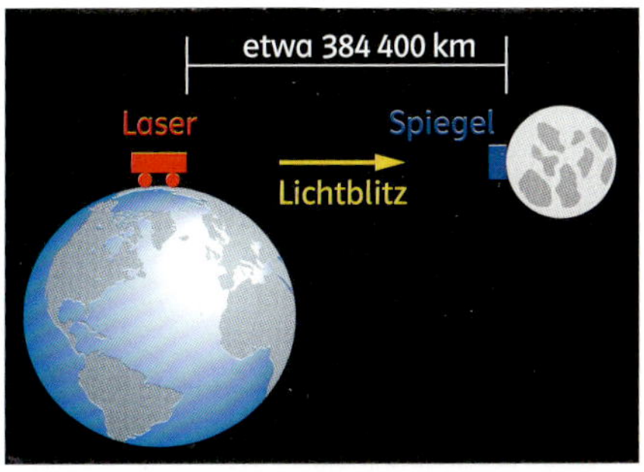

41.4 Mithilfe eines Laser-Lichtblitzes wird die Entfernung Erde-Mond gemessen.

41.5 Der Spiegel auf dem Mond sendet den Lichtblitz zur Erde zurück.

41.6 Der Mond entfernt sich etwa 3,5 cm pro Jahr von der Erde.

3 Geradlinige Lichtausbreitung – Die Lochkamera

42.1 Beeinflussen sich Lichter, wenn sie sich kreuzen?

42.2 Die kreuzenden Lichter

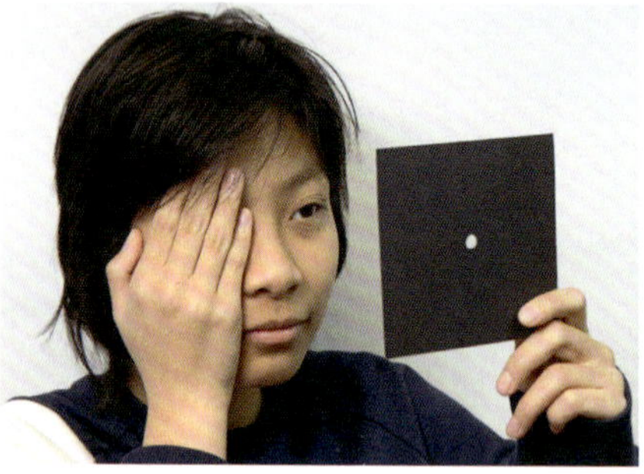

42.3 Der Blick durch ein Loch

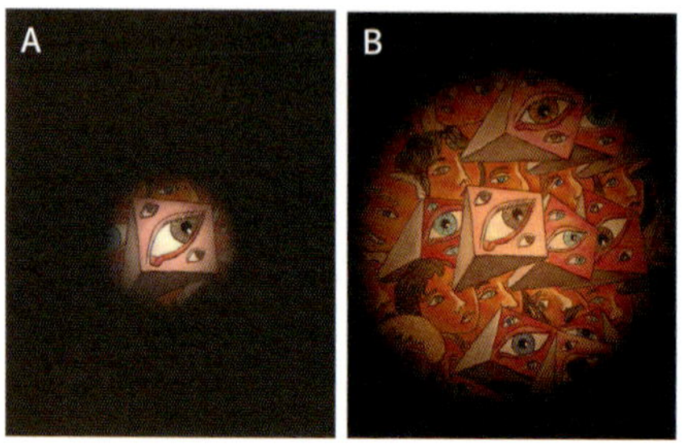

42.4 Der Blick durch ein Loch – Bei welchem Bild ist das Loch nah beim Auge?

Infobox:
Ein „**Türspion**" ist ein Loch in der Wohnungstür. Wenn du nahe mit dem Auge durch dieses Loch schaust, dann kannst du erkennen, wer vor der Tür steht. Meist wird der Effekt durch eine Zerstreuungslinse (→ Seite 71) verstärkt.

Was geschieht, wenn Lichter einander kreuzen?

Jan und Emilia leuchten mit Taschenlampen durch das dunkle Zimmer. Sie wackeln wild mit den Lampen umher und wollen die Lichtflecken an der Wand stören (Abb. 42.1).

V1 Die kreuzenden Lichter (Abb. 42.2)
Verdunkle das Zimmer. Schalte zwei Taschenlampen ein und lege sie auf einen Tisch. Lass ihre Lichtkegel kreuzen.
Verändern sich die Lichtkegel, nachdem sie sich gekreuzt haben?

A1 Mach das Licht der Lampen farbig. Klebe unterschiedlich farbige Folien (zB Hefteinbände) mit Klebeband über die Lampen. Welche Farben haben die Lichtkegel, nachdem sie sich gekreuzt haben? Was vermutest du?

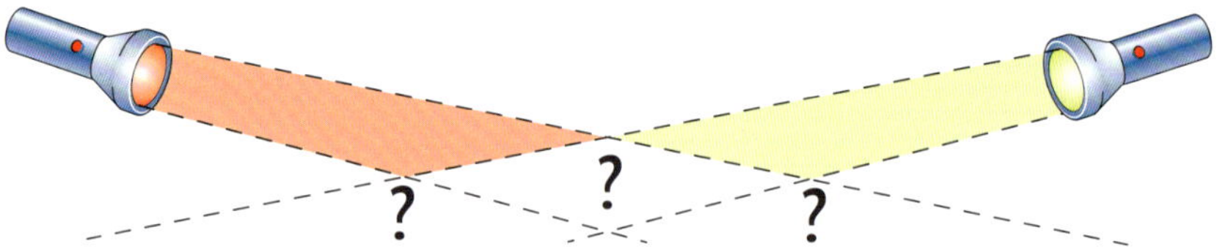

M Wenn **Lichter** einander **kreuzen**, dann können sie sich **nicht stören**. Am **Kreuzungspunkt** ist es **heller**, weil dort mehr Licht hinfällt.

Was geschieht, wenn du durch ein Loch schaust?

Olivia ist neugierig. Was ist wohl hinter dem blickdichten Bretterzaun? Sie entdeckt ein kleines Loch und ist enttäuscht – nur eine Baustelle! Und davon kann sie nicht viel erkennen.

V2 Der Blick durch ein Loch (Abb. 42.3, Abb. 42.4)
Mach in ein Stück Naturpapier ein Loch von etwa 5 mm Durchmesser. Halte dir das Loch vor ein Auge, das andere Auge halte geschlossen. Was kannst du durch das Loch erkennen?

A2 Ändere den Abstand vom Loch zu deinem Auge. Was siehst du? Wie musst du das Papier halten, damit du durch das Loch möglichst viel erkennen kannst? Beschreibe deine Beobachtungen.

Wenn du durch ein Loch schaust, kannst du nur einen **Teil deiner Umgebung** sehen (Abb. 42.5, Abb. 42.6).

M Beim Blick durch ein **Loch** siehst du mehr von deiner Umgebung, wenn sich das Loch näher bei deinem Auge befindet.

42.5 Wie viele ganze Blumen kann Mila durch das Loch in der Wand sehen?

42.6 Wie viele Blumen sieht sie jetzt? Zeichne mit Lineal und Bleistift ein.

→ Arbeitsheftseiten 24–25

Was ist eine Lochkamera?

Eine **Lochkamera** ist ein einfaches Gerät, mit dem man von einem Gegenstand ein **Lichtbild** erzeugen kann. Sie besteht aus einer **lichtdichten Kammer**, in die durch ein **kleines Loch** das Licht eines Gegenstandes fällt. Auf einem **Bildschirm** entsteht ein **Lichtbild**. Die Entstehung des Lichtbildes kannst du dir so **vorstellen**: Ein sichtbarer Gegenstand besteht aus vielen kleinen „**Leuchtpunkten**". Von jedem Leuchtpunkt geht ein **Lichtkegel** aus. Der Lichtkegel gelangt durch das Loch auf den Bildschirm. Dort erzeugt jeder Lichtkegel einen **Bildfleck**. Alle Bildflecken setzen sich zu einem **Lichtbild** zusammen (Abb. 43.1).

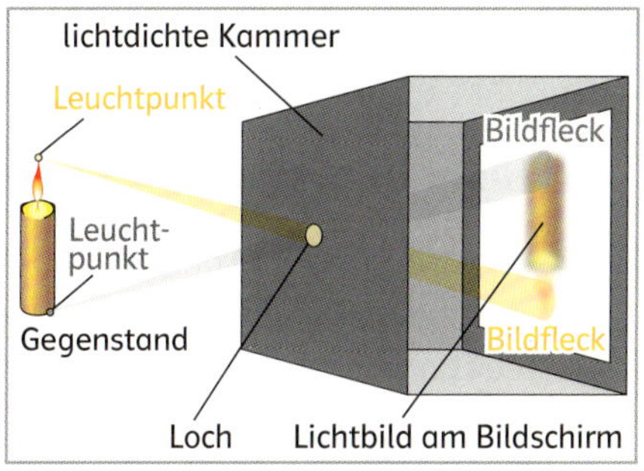

43.1 So entsteht das Lichtbild in der Lochkamera: Jeder „Leuchtpunkt" des Gegenstandes erzeugt einen Bildfleck am Bildschirm. Alle Bildflecken zusammen ergeben das Lichtbild. Durch die geradlinige Ausbreitung des Lichts entsteht ein auf dem Kopf stehendes Lichtbild.

V3 Ein Loch im Schuhkarton (Abb. 43.2)
Schneide ein Loch von etwa 3 cm Durchmesser in den Boden eines Schuhkartons. Befestige statt des Deckels ein Stück Seidenpapier als „Bildschirm". Lass das Licht von drei farbigen Lampen gleichzeitig durch das Loch leuchten. Was erkennst du auf dem Bildschirm?

A3 Halte Kartonstücke vor das Loch und mach es dadurch kleiner. Beschreibe, wie sich das Lichtbild auf dem Bildschirm ändert.

Jede der drei Lampen sendet Licht durch das Loch. Bei einem kleineren Loch kommt weniger Licht auf den Bildschirm. Das Lichtbild wird dunkler. Dafür kannst du die Umrisse der Lampen deutlicher erkennen.

43.2 Ein Loch im Schuhkarton – Im Loch kreuzen sich die Lichtkegel. Dadurch siehst du am Bildschirm eine verkehrte Reihenfolge der Lampenlichter.

V4 Ein Lichtbild in der Dose (Abb. 43.3)
Schlage mit einem Nagel und einem Hammer ein Loch von etwa 2 mm in den Boden einer Konservendose. Bespanne die Dosenöffnung mit Seidenpapier. Verdunkle das Zimmer. Stelle eine Kerze vor das kleine Loch der Dose. Du kannst am Seidenpapier die Kerzenflamme sehen.

A4 Was fällt dir am Lichtbild auf? Wie ändert sich das Lichtbild, wenn du den Abstand zur Kerze änderst? Beschreibe deine Beobachtungen.

43.3 Ein Lichtbild in der Dose

M Bei einer **Lochkamera** entsteht ein **verkehrtes Lichtbild**.

Wobei wird der Lochkamera-Effekt verwendet?

V5 Die Lochlupe (Abb. 43.4, Abb. 43.5)
Stich mit einer Nadel ein Loch durch ein Stück Naturpapier (= Lochlupe). Versuche den Text über die Lochlupe in Abb. 43.5 aus etwa 4 cm Entfernung zu lesen. Der Text ist unleserlich und verschwommen. Halte dir das kleine Loch vor das Auge. Warum kannst du den Text jetzt lesen? Schreibe ihn ab.

Manche Personen tragen nach Augenoperationen eine „**Rasterbrille**" (Abb. 43.6). Sie hat statt Brillengläser viele kleine Löcher. Durch den Lochkamera-Effekt entstehen schärfere Bilder im Auge. So können die Augen entspannen.

Infobox:
Manche Tiere haben Lochkameras als Augen (→ Seite 45).

43.4 Die Lochlupe – Der Text soll gut beleuchtet sein.

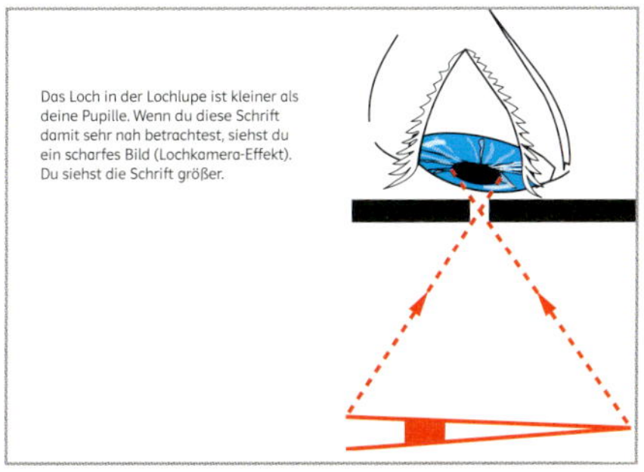

43.5 Die Lochlupe – Lies diesen Text ohne und mit der Lochlupe.

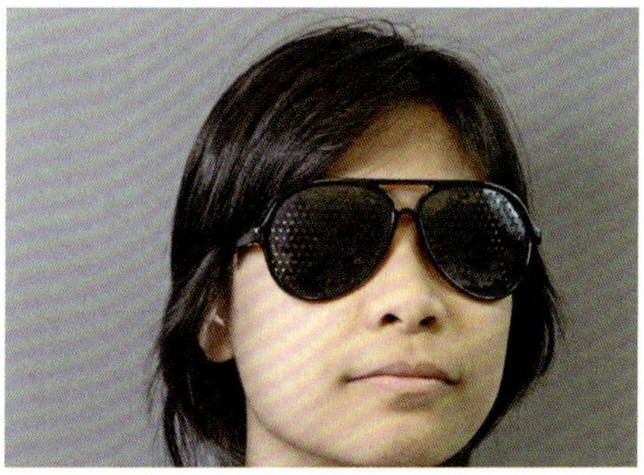

43.6 Eine Rasterbrille ist kein Sonnenschutz!

3 Das kann ich!

A1 Warum siehst du einen Gegenstand? Welche Aussagen sind richtig?

- ☐ Ich sehe einen Gegenstand, wenn er Licht erzeugt.
- ☐ Ich sehe einen Gegenstand, wenn er Licht zurückwirft und dieses Licht in meine Augen kommt.
- ☐ Ich sehe einen Gegenstand, wenn es im Zimmer hell ist.
- ☐ Ich sehe einen Gegenstand, wenn er Licht erzeugt und sein Licht in meine Augen kommt.
- ☐ Ich sehe einen Gegenstand, wenn er Licht zurückwirft.
- ☐ Ich sehe einen Gegenstand, wenn er gut beleuchtet ist.

A2 Mara hat Geburtstag. Welche Geschenke kann sie nicht sehen? Warum?

____

____

____

____

A3 Wie heißen diese elektrischen Lichtsender? Suche im Internet, wenn du dir unsicher bist.

1 ______________________________

2 ______________________________

3 ______________________________

A4 Cora und Valentino sehen sich einen Sonnenuntergang an.
„Schau wie schön die Sonne jetzt scheint!", meint Cora.
„Woher willst du wissen, ob sie JETZT leuchtet? Die Sonne ist doch so weit weg!", antwortet Valentino. Was meint Valentino damit?

____

____

____

A5 Das Bild rechts zeigt die Zerstörung eines Satelliten durch einen Laserstrahl. Weshalb ist die Darstellung physikalisch nicht richtig? Weshalb werden solche Darstellungen trotzdem angefertigt?

____

____

____

____

A6 Eine Lampe (⊗) leuchtet in einer Kiste. Durch die Löcher in der Kiste strömt Licht nach außen.
Welche Punkte (A bis F) werden vom Licht der Lampe L beleuchtet?
Zeichne die Lichtkegel vom Lampenmittelpunkt aus. Verwende Lineal und Bleistift.

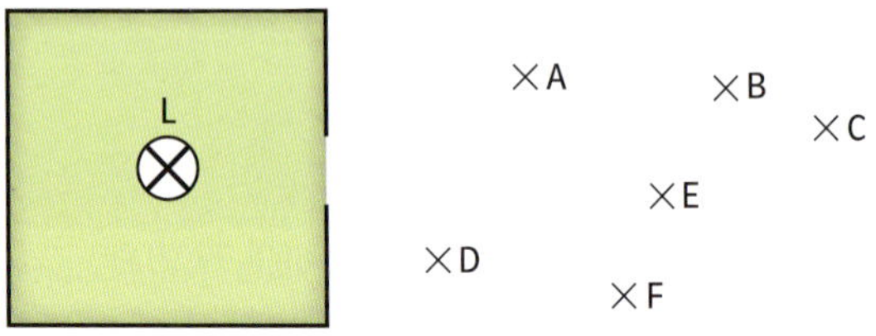

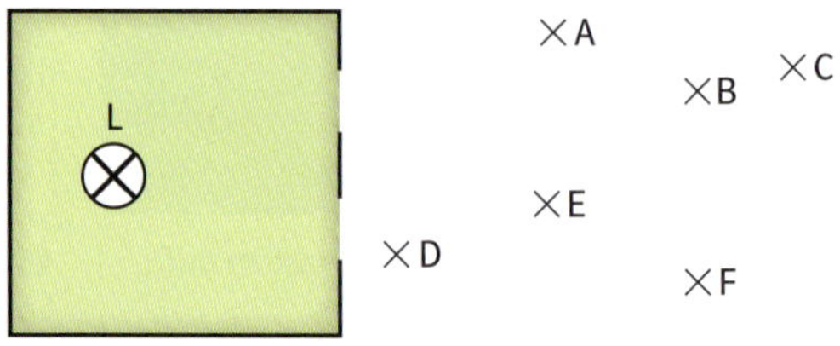

A7 Die Lochkamera: Welches Bild (A, B, C) zeigt das richtige Lichtbild der Kerze auf dem Bildschirm?

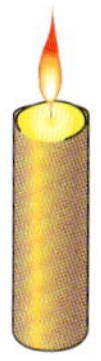

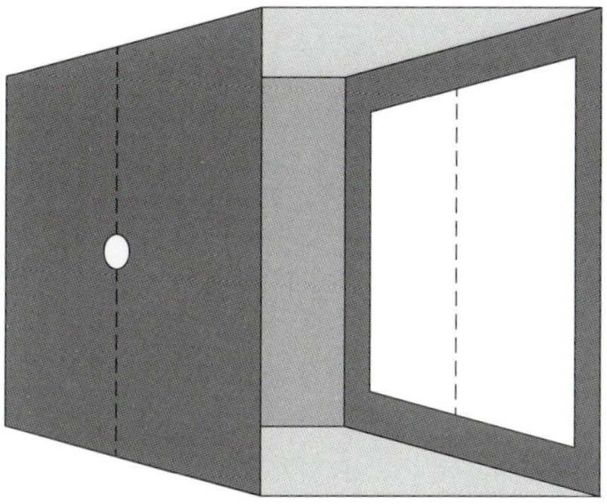

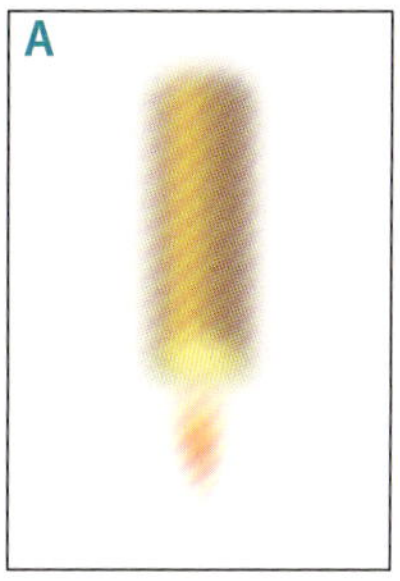

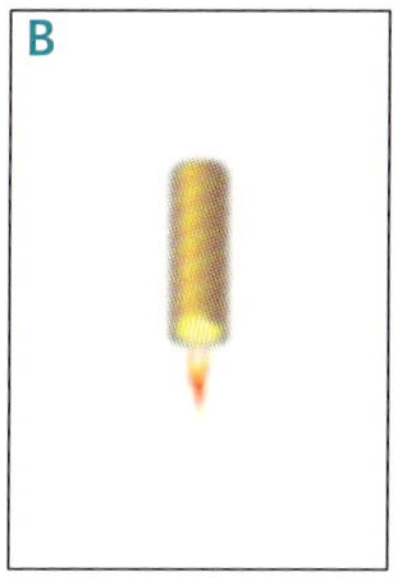

☐ A, ☐ B, ☐ C zeigt das richtige Lichtbild der Kerze auf dem Bildschirm.

Warum sind die anderen Darstellungen falsch? Begründe auch durch ungefähres Einzeichnen der Lichtkegel. Wähle dafür zwei geeignete Leuchtpunkte auf der Kerze.

Darstellung __________ ist falsch, weil ____________________

____

Darstellung __________ ist falsch, weil ____________________

____

A8 Was bewirkt „Lichtverschmutzung"?
Im nebenstehenden Bild siehst du Europa bei Nacht. Besonders Gebiete um Großstädte sind ständig beleuchtet. Diese dauernde Abwesenheit von Dunkelheit wird Lichtverschmutzung genannt und ist eine Art der Umweltverschmutzung.
Wie wirkt sich Lichtverschmutzung auf Lebewesen (Pflanzen, Tiere, Menschen) aus?
Suche Informationen aus dem Internet und notiere dir hier Stichworte dazu. Gib deine Quellen an und überlege, wie verlässlich die erhaltenen Informationen sind.
Suchbegriff: „Lichtverschmutzung, Auswirkungen auf …".
Schreibe anschließend einen kurzen Merktext darüber in dein Physikheft.

Pflanzen: ____________________

Tiere: ____________________

Menschen: ____________________

A9 Die superhelle Taschenlampe
Maya, Boris und Hannah machen einen Spaziergang in der Nacht. Boris hat seine besonders helle Taschenlampe mit. Er richtet den Lichtkegel in den Nachthimmel. Wie weit wird das Licht reichen?
Boris meint: *„Die Lampe ist zu schwach. Das Licht kommt von der Erde sicher nicht weg."*
Maya behauptet: *„Das Licht breitet sich bis ins Weltall und noch weiter aus, wir können es nur nicht sehen."*
Hannah findet: *„Das Licht wird doch von der Luft aufgehalten und zur Erde zurückgeworfen."*

Was meinst du zu den Aussagen von Boris, Maya und Hannah? Wer hat recht? Begründe.

____

____

____

____

3 Licht und Schatten

48.1 Drei Gegenstände und ihre unterschiedlichen Schatten

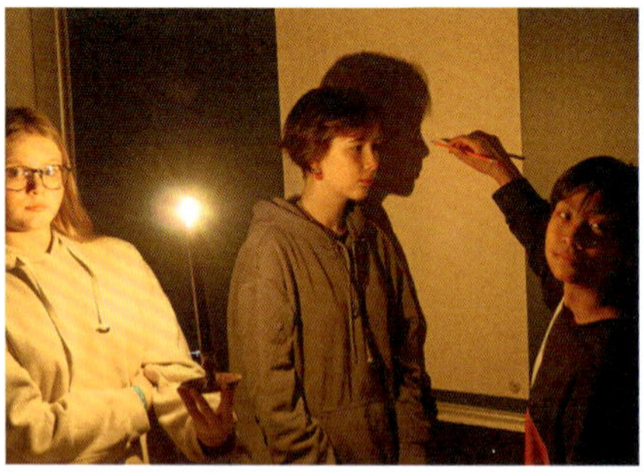
48.2 Dein Schattenbild

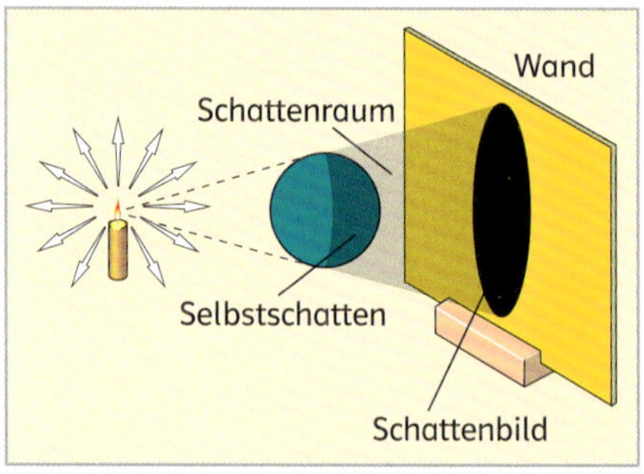

48.3 Entstehung des Schattens bei einer kleinen Kerzenflamme (kleiner Lichtsender)

Infobox:
Das Sonnenlicht enthält auch **unsichtbare Lichtarten**. Manche davon spüren wir als Wärmestrahlung. Ultraviolettstrahlung kann Sonnenbrand erzeugen.

Wie entstehen Schatten?

Amira sitzt an einem sonnigen Tag an einem Tisch. Vor ihr stehen drei Gegenstände, die unterschiedliche Schatten werfen (Abb. 48.1).

A1 Wieso unterscheiden sich die Schatten voneinander? Wodurch entstehen Schatten? Überlegt in Gruppen, macht euch Notizen und Skizzen. Erklärt eure Überlegungen einer anderen Gruppe.

Du hast bereits gelernt, dass sich Licht **geradlinig in alle Richtungen** ausbreitet (→ Seite 40). Die Gegenstände bilden unterschiedliche **Hindernisse** für das **Licht** des **Lichtsenders (Sonne)**. Dadurch entstehen unterschiedliche Schattenformen.

M **Schatten** entstehen durch die **geradlinige Ausbreitung** des Lichts.

Welche Schatten erzeugt ein kleiner Lichtsender?

V1 **Dein Schattenbild (Abb. 48.2)**
Befestige an der Wand einen Bogen Packpapier. Stelle dich seitlich knapp vor das Papier. Lass deinen Kopf mit einer Kerze beleuchten. Verdunkelt das Zimmer. Eine Mitschülerin oder ein Mitschüler zieht die Umrisse deines Schattenbilds mit einem Bleistift nach.

A2 Wie kann das Schattenbild am Packpapier verändert werden? Macht Versuche mit unterschiedlichen Abständen, Winkeln, Lichtsendern … Ändert dabei immer nur eine Variable (→ Seite 12).

Die Kerzenflamme von V1 ist ein **kleiner Lichtsender**. Dein Körper ist ein **Hindernis** für ihr Licht. Auf dem Packpapier entsteht eine dunkle Fläche, das **Schattenbild**. Es wird umso kleiner, je weiter der Lichtsender entfernt ist. Wahrscheinlich ist dir nicht bewusst, dass zwischen dir und dem Schattenbild ein dreidimensionaler **Schattenraum** entsteht (Abb. 48.3). Alles, was sich im Schattenraum befindet, wird verdunkelt (Abb. 48.4). Das Schattenbild und der Schattenraum sind nur **selten ganz dunkel**. Zwar kann das Licht des Lichtsenders nicht direkt in diesen Bereich gelangen, aber die Umgebung kann als **Zwischensender** Licht in den Schattenraum senden. Deswegen kannst du auch unter einem Sonnenschirm einen Sonnenbrand bekommen. Auf der dem Licht abgewandten Seite des Gegenstandes siehst du den **Selbstschatten** (Abb. 48.3).

M **Beleuchtet** ein **kleiner Lichtsender** einen **Gegenstand**, entstehen:
- ein **Selbstschatten auf dem Gegenstand**,
- ein dreidimensionaler **Schattenraum hinter dem Gegenstand** und
- ein zweidimensionales **Schattenbild an zB Boden oder Wand**.

48.4 Alles, was sich im Schattenraum befindet, wird verdunkelt.

48.5 Schatten bei verschiedenen Tageszeiten: morgens um 9 Uhr …

48.6 … nachmittags um 14 Uhr

Welche Schatten entstehen bei mehreren kleinen oder einem großen Lichtsender?

V2 Vielschattiges (Abb. 49.1)
Arbeitet zu zweit. Haltet eine Hand unter das Licht von zwei oder mehreren kleinen Lampen. Lasst die Schatten der Hand auf ein großes Blatt weißes Papier fallen. Wie viele Schatten könnt ihr erkennen?

A3 Versucht, die unterschiedlichen Schatten mit Bleistiften nachzuzeichnen und die Abstufungen der Dunkelheit auszumalen.

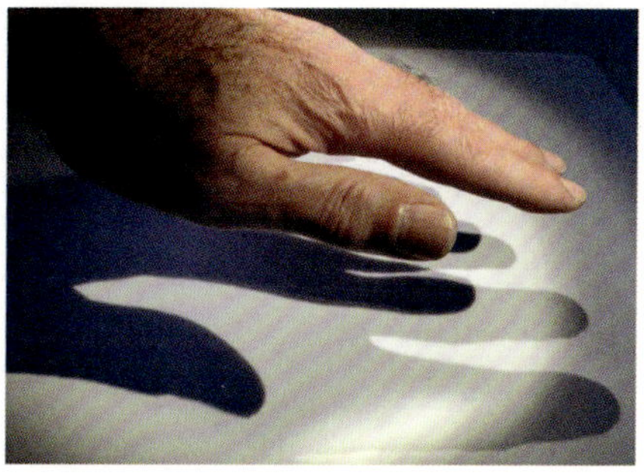

49.1 Vielschattiges

Durch die Beleuchtung mit **mehreren Lampen** entstehen zwei Arten von Schatten. Den **dunkleren** Schatten nennen wir **Kernschatten**.
Die helleren, **teilweise beleuchteten Schatten** nennen wir **Halbschatten** (Abb. 49.2). Änderst du den Abstand zu den Lampen, so ändert sich auch die Form des Kernschattens. Er kann dabei auch komplett verschwinden.
Bei **großen Lichtsendern**, zB einer Leuchtstoffröhre, gehen Kern- und Halbschatten ineinander über.

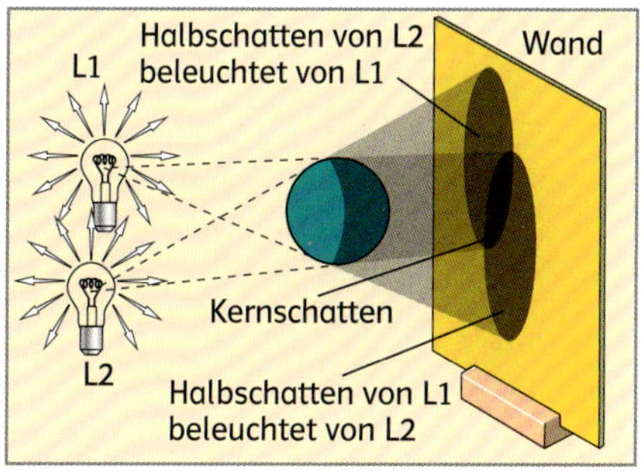

49.2 Die Entstehung von Kern- und Halbschatten

M **Mehrere kleine Lichtsender** oder ein **großer Lichtsender** erzeugen hinter einem beleuchteten Gegenstand **Kernschatten** und **Halbschatten**.

A4 Bei einem nächtlichen Fußballspiel im Stadion entstehen auf dem Spielfeld fast keine erkennbaren Schatten (Abb. 49.3).
Wie und warum wird das gemacht? Was vermutet ihr?

Infobox:
Zur besseren Sichtbarkeit ist das Licht in Zeichnungen oft gelblich dargestellt. Die Lichtfarbe ist in Wirklichkeit vom Lichtsender abhängig.

Wo nutzen wir den dreidimensionalen Schattenraum?

An einem kühlen Tag freust du dich vielleicht über das wärmende Sonnenlicht. An einem heißen Sommertag suchst du gerne Schattenplätze auf. Du schützt dich vor der Hitze und dem hellen Licht.

A5 Welche Auswirkungen hat zu starkes Sonnenlicht auf Pflanzen, Tiere und Menschen? Wie können wir Menschen uns davor schützen? Notiert eure Überlegungen.

49.3 Ein Fußballspiel in der Nacht im beleuchteten Stadion

Durch verschiedene Arten von **Abschattungen** werden **Schattenräume** erzeugt. Im Schattenraum von Schirmen oder Markisen (ausrollbare Stoffbahnen, Abb. 49.4) blendet das Sonnenlicht nicht so stark. Ein Teil der Sonnenwärme wird ebenfalls aufgehalten.
Auch im Verkehr ist eine gute Sicht ohne Blendung durch störendes Licht sehr wichtig. Die **Sonnenblenden** in Autos können unsere Augen gegen das Sonnenlicht schützen.
Durch das Tragen von **breiten Sonnenhüten** oder **Schirmkappen** entsteht ebenso Schatten auf unserem Gesicht oder unseren Augen.

49.4 Die Liege befindet sich im Schattenraum der Markise.

49.5 Ist dieser Parkplatz wirklich angenehm schattig?

49.6 Ein 3D-Effekt entsteht durch gezeichnete Schatten.

3 Physik im Alltag

Schatten im Weltall

Wie entstehen Tag und Nacht?

Unser wichtigster Lichtsender ist die **Sonne**. Sie ist einer von vielen Sternen im Weltall. Andere Sterne können wir nur bei Nacht am Himmel erkennen. Von ihnen kommt nur wenig Licht zu uns, weil sie so weit weg sind.
Die Sonne hat acht große Begleiter, die um sie kreisen: die **Planeten** Merkur, Venus, Erde, Mars, Jupiter, Saturn, Uranus und Neptun (Abb. 50.1). Sie leuchten nicht selbst, sondern werden von der Sonne beschienen. Die beleuchtete Hälfte eines Planeten nennen wir „**Tag**“, den Selbstschatten „**Nacht**“ (Abb. 50.2). Der **Wechsel von Tag und Nacht** entsteht durch die **Drehung des Planeten**. Auf der Erde dauert das 23 h 56 min und 4,1 s, also etwa 24 Stunden.

50.1 Die Planeten unseres Sonnensystems leuchten nicht selbst. Sie werden von der Sonne beschienen. (nicht maßstabsgetreu)

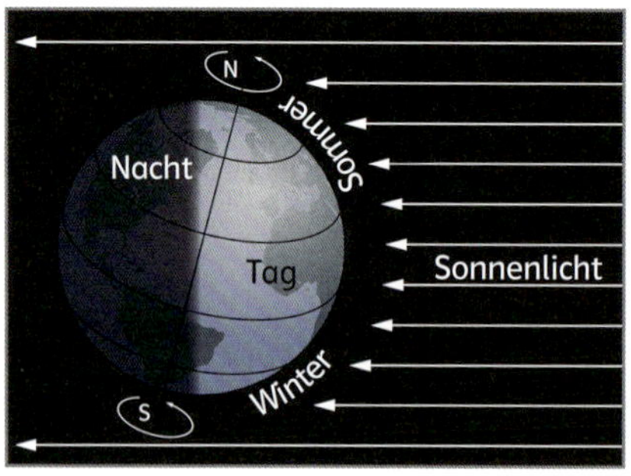

50.2 Tag und Nacht auf der Erde

Wie entstehen die Jahreszeiten?

Ein **Jahr** vergeht, wenn sich die **Erde** auf ihrer Umlaufbahn einmal **um die Sonne herum bewegt**. Das dauert etwa **365 Tage** (365 d 6 h 9 min 9,54 s).
Die **Erdachse** ist ein wenig **geneigt** (Abb. 50.2). Du kannst das bei einem Globus gut erkennen. Dadurch wird die Nordhalbkugel der Erde ein halbes Jahr lang (21. März bis 23. September) stärker von der Sonne erwärmt (Abb. 50.3). In diesem **Sommerhalbjahr** (Frühling und Sommer) sind die Tage länger als die Nächte. Auf der Südhalbkugel ist es zu dieser Zeit genau umgekehrt. Dort herrscht das **Winterhalbjahr** (Herbst und Winter).
Im Winter ist es kalt. Das Sonnenlicht kann die Erde nicht so kräftig erwärmen wie im Sommer. Das liegt an der Tageslänge und auch daran, dass das Sonnenlicht im Winter flacher auf die Erdoberfläche trifft als im Sommer.
Die Gebiete um den **Äquator** werden während des ganzen Jahres sehr stark von der Sonne beschienen. Diese Gebiete haben keinen Jahreszeitenwechsel, wie er zB in Europa auftritt.

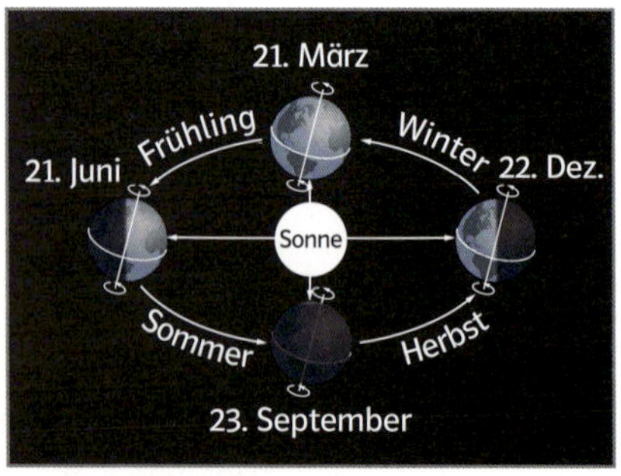

50.3 Die Jahreszeiten entstehen durch die Neigung der Erdachse. (nicht maßstabsgetreu)

50.4 Polartag („Mitternachtssonne“) am Nordkap in Norwegen

V1 Wie Tag und Nacht
Verdunkle das Zimmer. Beleuchte einen Globus von der Seite mit einer Lampe (= Sonne). Drehe den Globus so, dass in Europa „Tag“ ist.

A1 Auf welchen Ländern der Erdkugel ist Nacht, wo ist Tag? Woran erkennst du den Bereich der „Morgendämmerung“ oder „Abenddämmerung“?

Infobox:
So kannst du dir die Reihenfolge der Planeten merken: „**M**ein **V**ater **e**rzählt **M**ama **j**eden **S**amstag **u**ralte **N**euigkeiten.“

V2 Um die Sonne herum
Stellt eine Lampe (= Sonne) in die Mitte eines dunklen Zimmers. Umkreist mit einem Globus diese „Sonne“ wie in Abb. 50.3. Die Erdachse darf dabei ihre Richtung nicht ändern.

A2 Wie müsst ihr den Globus aufstellen, dass in Europa Sommer ist? Wo auf der Erde ist zu dieser Zeit Winter? Beobachtet den Nordpol und den Südpol. Was fällt euch beim Drehen der Erdkugel auf?

A3 Was bedeutet „Polartag“ und „Polarnacht“? Sucht diese Begriffe im Internet.

Wie entstehen die „Mondphasen"?

Monde sind **Begleiter** („Trabanten"), die Planeten umkreisen.
Die meisten Monde in unserem Sonnensystem hat der Planet Saturn.
Die Erde hat nur einen Mond. Er umkreist die Erde in **29,4 Tagen**. Die Sonne beleuchtet dabei immer eine Hälfte des Mondes. Je nach seiner Stellung zur Erde sehen wir verschieden große Teile der beleuchteten Hälfte – die **Mondphasen**: Neumond, Sichelmond, Halbmond, Dreiviertelmond und Vollmond.
Bei Vollmond siehst du eine voll beleuchtete Hälfte des Mondes.
Bei Neumond blickst du auf seine Schattenseite (Abb. 51.1)!

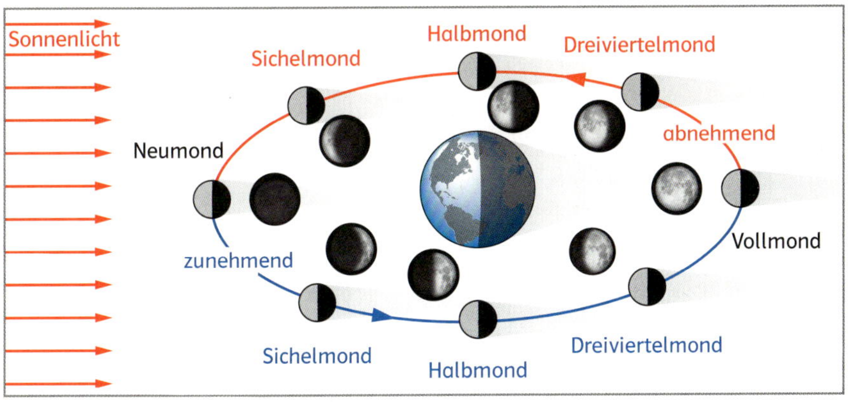

51.1 Die Entstehung der Mondphasen (nicht maßstabsgetreu)

V3 Der Tennisball-Mond
Stecke einen Tennisball (= Mond) auf eine Stricknadel. Halte den Mond mit ausgestrecktem Arm vor dein Gesicht. Du bist die Erde und blickst zum Mond. Lass dich von der Seite mit einer Lampe (= Sonne) beleuchten.
Wenn du dich mit deinem Mond auf dem Platz drehst, erkennst du alle Mondphasen.

A4 Warum kannst du den Neumond nicht sehen? Probiere aus.

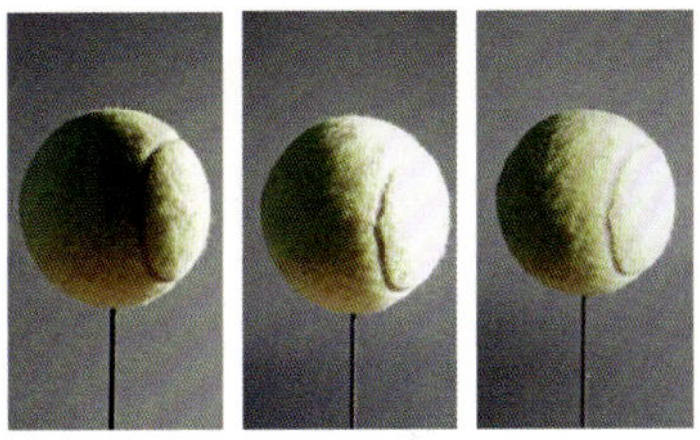

Wie entstehen Sonnen- und Mondfinsternis?

Bei einer **Sonnenfinsternis** wirft der **Neumond einen Schatten auf die Erde** und verdeckt die Sonne (Abb. 51.2). Bei einer „totalen" Sonnenfinsternis befinden wir uns im Kernschatten des Mondes. Die Sonne wird komplett vom Neumond verdeckt. Verdeckt der Mond die Sonne nicht ganz, befinden wir uns im Halbschatten des Mondes. Das nennen wir eine „teilweise" („partielle") Sonnenfinsternis.

Bei einer totalen **Mondfinsternis** tritt der **Vollmond in den Kernschatten der Erde** (Abb. 51.3). Durch die Ablenkung des Sonnenlichts durch die Lufthülle der Erde sieht der Vollmond rötlich aus („Blutmond").
Sonnen- und Mondfinsternisse treten nur sehr selten auf. Das liegt daran, dass die Mondumlaufbahn etwas schräg auf die Umlaufbahn der Erde um die Sonne steht.
Einen Überblick über die nächsten in Österreich sichtbaren Sonnen- und Mondfinsternisse findest du auf Seite 94.

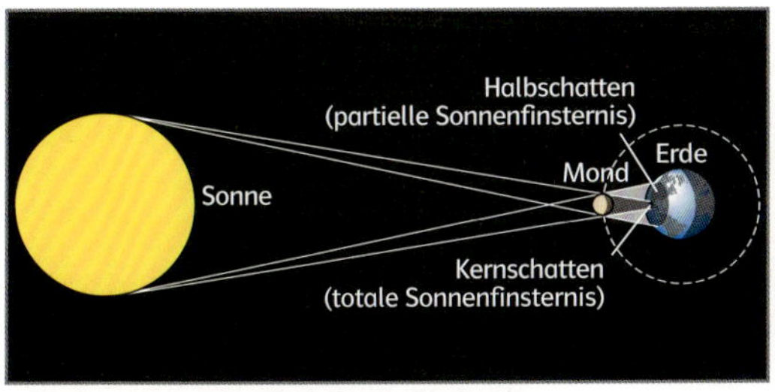

51.2 Zeichnerische Darstellung einer Sonnenfinsternis (nicht maßstabsgetreu)

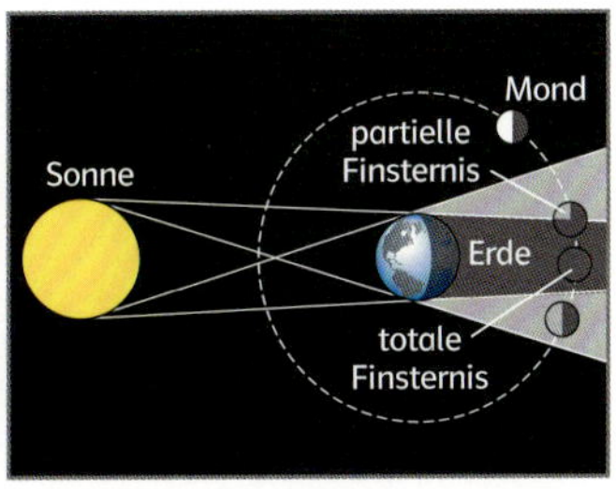

51.3 Zeichnerische Darstellung einer Mondfinsternis (nicht maßstabsgetreu)

V4 Dunkle Sonne, dunkler Mond
Stecke eine große Styroporkugel (=Erde) und eine kleine Styroporkugel (=Mond) auf je eine Stricknadel.
Stecke diese Modelle in je eine Styroporplatte und stelle sie nebeneinander auf.

A5 Beleuchte „Erde" und „Mond" mit einer Lampe.
Wie kannst du damit die Entstehung von Sonnen- und Mondfinsternis darstellen?
Hilf dir mit der Darstellung in Abb. 51.2 und Abb. 51.3.

Berufe, die sich mit Lichtausbreitung beschäftigen

Welche Leuchtenform ist die passende?

Geeignete **Formen** von Leuchten zu schaffen ist eine Aufgabe für **Leuchtendesignerinnen** und **Leuchtendesigner**. Als **Leuchte** bezeichnen wir den Aufbau (zB Halterung, Lampenschirm …) um einen Lichtsender herum (Abb. 52.1, Abb. 52.2). Mit der Verwendung von elektrischem Strom zur Beleuchtung entstanden viele unterschiedliche Gestaltungen (Designs) von Leuchten. Die Designerinnen und Designer nutzen oft verschiedenste **Formen** und unterschiedliche **Materialien**, wie beispielsweise Metall, Holz, Kunststoff oder Keramik. So können Leuchten in den unterschiedlichsten Bereichen eingesetzt werden. Sie sollen einfach in der Verwendung und im Tausch der Lichtsender sein.
Vielleicht hast du schon Leuchten mit **LED-Lampen** genauer betrachtet. Durch kleine LED-Lampen oder große LED-Flächen sind neue Lampenformen – und damit neue Leuchtenformen – möglich geworden.

52.1 Die Stehleuchte im Wohnzimmer

52.2 Die Milchglaskugelleuchte – Ein Klassiker der Innenraumbeleuchtung.

V1 Die Handy-Design-Leuchte

Mache zB aus stabilem Kupferdraht (Durchmesser 2–3 mm), Kartonrollen oder leeren Konservendosen … eine Halterung für dein Handy in etwa 20 cm Höhe.
Bastle aus Papier, Karton, Stoff, Aluminiumfolie … einen Lampenschirm. Er soll das Licht der Handy-Lampe reflektieren.
Hier siehst du ein Beispiel für eine Handy-Design-Leuchte:

Wo brauchen wir welches Licht?

Welches Licht passt zum Lesezimmer eines Hotels (Abb. 52.3)? Wie muss das Licht im Operationssaal eines Spitals gestaltet sein (Abb. 52.4)?
Mit diesen Fragen beschäftigen sich **Lichtplanerinnen** (Lichtdesignerinnen) und **Lichtplaner** (Lichtdesigner). Die richtige Beleuchtung eines Hauseingangs ist genauso wichtig wie eine gute Ausleuchtung eines Bahnhofes oder einer Haltestelle eines öffentlichen Verkehrsmittels.
Lichtplanerinnen und Lichtplaner kombinieren **Lichtfarbe** und **Lichtstärke** und den geeigneten **Platz für die Leuchten**. Sie gestalten zB das Licht für den Arbeitsplatz oder gemütlicheres Licht für das Wohnzimmer.
Durch die Jahreszeiten ist es unterschiedlich lang hell oder dunkel. Unser Bedürfnis nach künstlicher Beleuchtung ist dadurch auch unterschiedlich.

52.3 Im Lesezimmer eines Hotels

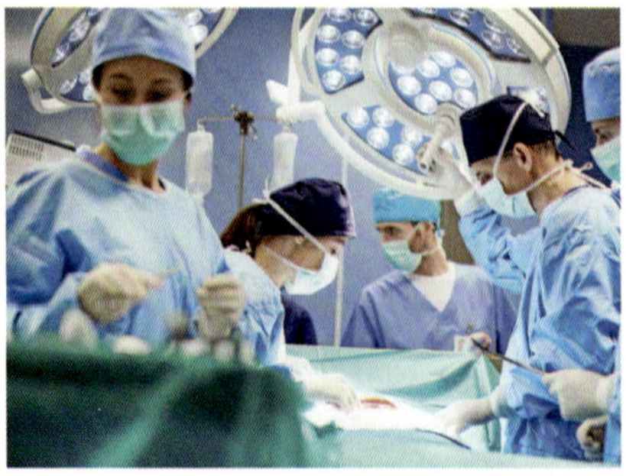

52.4 Im Operationssaal eines Spitals

A1 Direkt oder indirekt?

Bei ***„direkter Beleuchtung“*** strahlt das Licht einer Lampe direkt auf den Gegenstand.
Bei ***„indirekter Beleuchtung“*** wird das Licht der Lampe von einer Wand in das Zimmer verteilt.
Beobachte das Licht in einem Zimmer und die Schatten bei direkter und indirekter Beleuchtung. Welche Vorteile, welche Nachteile könnten die Beleuchtungsarten haben? Notiere deine Überlegungen.

Welche Fensterform ist gut geeignet? Wo sollen Fenster sein?

Architektinnen und **Architekten** achten schon bei der **Planung** eines Gebäudes darauf, dass **Licht** und **Raum** gut zusammenwirken. So ist es zB bei Gebäuden wichtig, dass die **Raumanordnung** und die **Form der Fenster** zusammenpassen. Die Fensterfläche sollte etwa 20 bis 25% der Raumfläche betragen. Architektinnen und Architekten wissen über den **Ort** des zu bauenden Gebäudes und seine **Lichtverhältnisse** (Himmelsrichtung, Sonnenaufgang und Sonnenuntergang ...) Bescheid. Sie können durch ihren Bauplan einen großen Einfluss auf das Wohlbefinden der Bewohnerinnen und Bewohner haben. Passende Lichtverhältnisse helfen uns auch beim „Energiesparen". Durch eine gute Planung der Fenster ist es im Zimmer durch Tageslicht länger hell.

53.1 Der Ort und seine Lichtverhältnisse bestimmen die Hausplanung.

53.2 Verschiedene Fensterformen

A2 Zu wenig oder zu viel Licht?

Wie viel Fensterfläche habt ihr in der Klasse?
Bestimmt die Raumfläche der Klasse (Länge mal Breite).
Rechnet die m^2 des Klassenzimmers mal 0,25 (25%). So groß soll die Fensterfläche etwa sein.
Vergleicht diesen Wert mit der tatsächlichen Fensterfläche.
Stimmen die Werte überein?

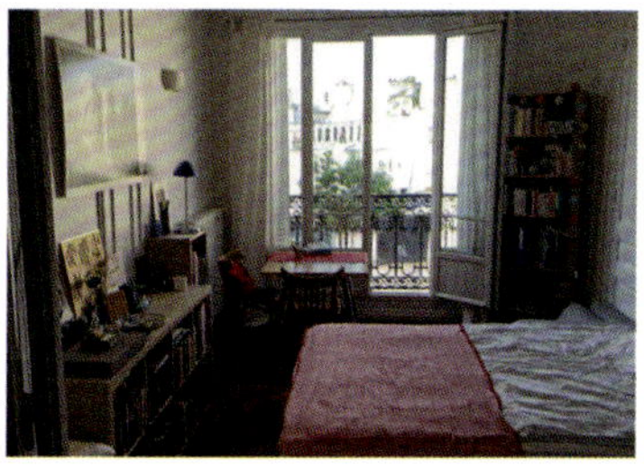

Wer sorgt für passendes Licht bei Konzerten und Theaterstücken?

Beleuchterinnen und **Beleuchter** sorgen bei Konzerten und Theaterstücken für die gewünschten **Lichteinstellungen** auf der Bühne. Sie steuern mithilfe von Computern die Lichtanlagen, bestimmen die Position des Lichts und montieren die Bühnenscheinwerfer. Dabei werden unterschiedliche Pläne für zB Lichtrichtung, Lichtwechsel, Lichtfarben und Lichtstärken erarbeitet. Bei zB Filmdreharbeiten ist das Ausleuchten eines Drehortes für die Aufnahmen mit der Filmkamera sehr wichtig (Abb. 53.3). Damit alle Künstlerinnen und Künstler gut gesehen werden können, brauchen auch sie eine gute Ausleuchtung. Die Künstlerinnen und Künstler dürfen dabei aber nicht geblendet werden.
Mit der Position des Lichts können Stimmungen erzeugt werden.
So erzeugt zum Beispiel eine Beleuchtung von unten eine bedrohliche Stimmung (Abb. 53.4).

53.3 Beleuchtung bei Dreharbeiten einer Filmszene

53.4 Die Position des Lichts verändert die Erscheinung des Gesichts.

V2 Auf der Bühne

Stellt eine offene Schuhschachtel als Bühne für Spielzeugfiguren auf.
Beleuchtet die Figuren mit Taschenlampen.

A3 Wie müsst ihr beleuchten, damit möglichst wenig störende Schatten entstehen?
Wie könnt ihr effektvolle Schatten der Figuren erzeugen?
Macht mit euren Handys Fotos der besten Bühnenbeleuchtungen.

3 Das kann ich!

A1 Komische Vögel

Tetjana, Tim und Lino lassen eine Taschenlampe auf die Wand leuchten. Sie halten ihre Hände in den Lichtkegel und erzeugen damit Schattenbilder auf der Wand.

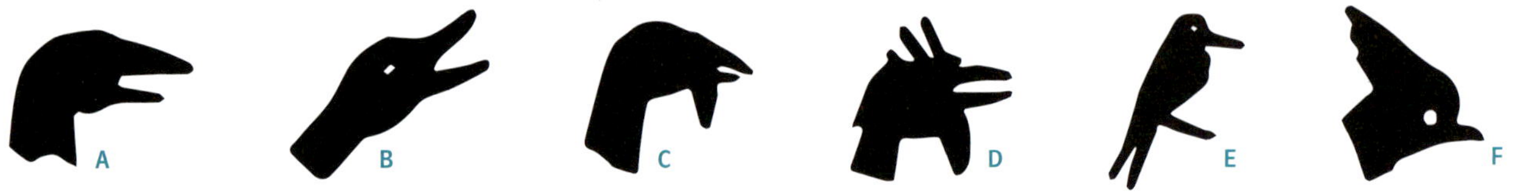

a) Wie haben die drei ihre Hände gehalten? Schreibe die Buchstaben der Schattenbilder zu den passenden Händen.

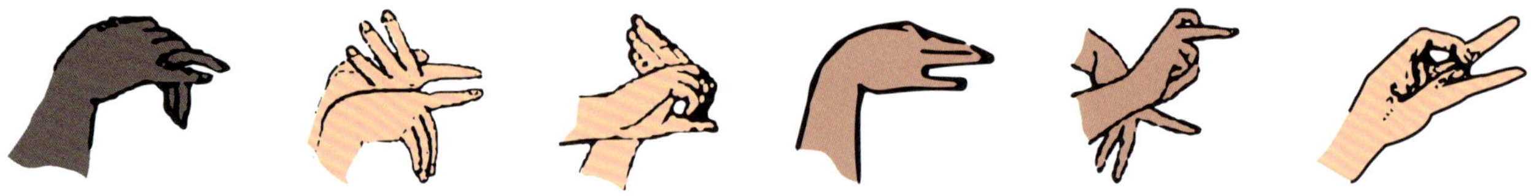

b) Welche Vögel stellen die Schattenbilder dar?

A: ____________, B: ____________, C: ____________, D: ____________, E: ____________, F: ____________

c) Probiert selbst Schattenbilder mit den Händen aus und versucht sie zu erraten.
Fotografiert eure besten Ergebnisse und die dazu passenden Handhaltungen. Stellt sie der Klasse vor.

V1 Kein Kernschatten

Material: A4-Blatt, Dosenspitzer, 4 Teelichter (und Feuerzeug)

Führe den Versuch in einem dunklen Zimmer durch.
Stelle den Dosenspitzer in die Mitte des A4-Blattes.
Wie musst du 2, 3 oder 4 Teelichter aufstellen, damit der Dosenspitzer keinen Kernschatten auf das Papier wirft?
Zeichne deine Ergebnisse in die Versuchsskizzen ein.

2 Teelichter

A4-Blatt

Spitzer

3 Teelichter

A4-Blatt

Spitzer

4 Teelichter

A4-Blatt

Spitzer

A2 Jonas geht an einem heißen Sommertag mit seinen beiden Müttern Daniela und Maria ins Freibad. Am Himmel ist keine einzige Wolke zu sehen. Maria stellt einen Sonnenschirm auf. „Sehr gut!“, meint Jonas. „Dann brauch’ ich mich nicht mit Sonnencreme einschmieren! Ich bleib einfach unter’m Schirm.“
„Nein,“ meint Daniela. „Du musst dich trotzdem einschmieren! Auch unter dem Schirm kannst du einen Sonnenbrand bekommen!“ „Wie soll das gehen?“, fragt Jonas. „Hier kommt ja gar keine Sonne hin!“
Was könnte Daniela ihrem 8-jährigen Sohn antworten? Berücksichtige bei deiner Erklärung das Alter von Jonas. Welches Wissen hat er bereits? Welche Fachwörter kennt er nicht? Notiere in deinem Physikheft.

A3 Nio hat ein Bild von sich auf einer Wiese gezeichnet. Er ist aber nicht zufrieden. Irgendetwas stimmt bei seinem Schatten nicht.

a) Findest du den Fehler? Was hat Nio falsch gemacht?

____

____

____

____

____

____

____

b) Zeichne hier Nios richtigen Schatten auf der Wiese ein.

A4 Wissenswertes über die Erde: Kreuze die richtigen Aussagen an.

Die Erde dreht sich einmal um ihre Achse in ☐ 24 h. ☐ 23 h 56 min 4,1 s. ☐ 24 h 15 min 3,2 s.
Wenn in Österreich Frühling ist, dann ist in Südafrika ☐ Winter. ☐ Frühling. ☐ Sommer. ☐ Herbst.
Die Jahreszeiten entstehen durch die ☐ Drehung, ☐ Neigung, ☐ Mondphasen der Erdachse.
Wenn sich das ganze Jahr die Jahreszeiten nicht ändern, befindest du dich
☐ auf der Nordhalbkugel der Erde. ☐ am Südpol. ☐ am Äquator. ☐ am Meer. ☐ in Australien.

A5 Britneys Tante Angela lebt in Los Angeles. Sie hat Geburtstag und Britney will sie anrufen, bevor sie in der Früh zur Schule geht.
Ist das eine gute Idee? Woran hat Britney nicht gedacht?

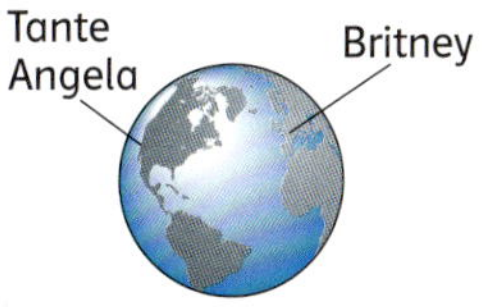

____

Schau im Internet nach: Wie spät ist es in Los Angeles, wenn es in Österreich 7:00 Uhr morgens ist? ____________

A6 Zeichne auf der strichlierten Mondumlaufbahn ein: Wo steht der Mond bei …

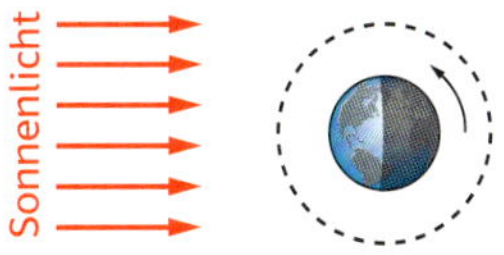

Vollmond,

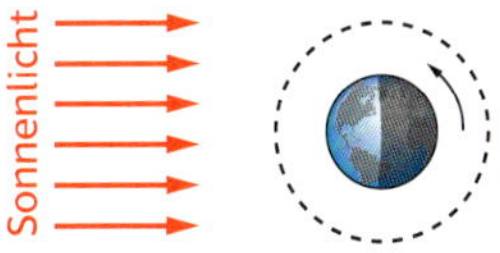

zunehmendem Halbmond,

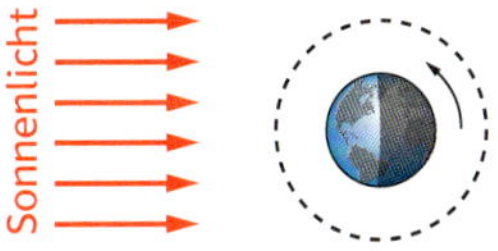

abnehmendem $\frac{3}{4}$-Mond,

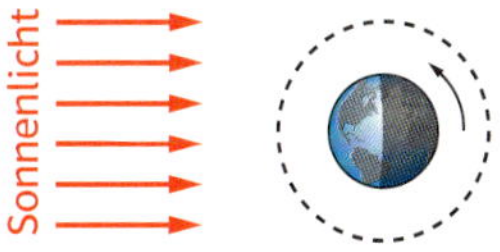

einer Sonnenfinsternis?

V2 Die Sonne in der Kiste – eine Lochkamera zur Sonnenbeobachtung

Auch bei einer Sonnenfinsternis darfst du nicht direkt in die Sonne schauen! Das direkte Sonnenlicht schädigt deine Augen. Mit dieser Kiste kannst du gefahrlos eine Sonnenfinsternis beobachten.
Schneide in den **Boden** einer **großen länglichen Kiste** aus Karton (zB Übersiedlungskarton) ein Loch für deinen Kopf.
Das Kopfloch soll nahe bei der Rückwand der Kiste sein.
In die **Rückwand** schneidest du oben ein kleines Loch. Klebe über dieses Loch ein Stück Bastelfolie, in das du mit einem dünnen Nagel ein kleines Loch stichst.
Klebe innen auf die **Vorderwand** ein weißes Blatt Papier.
Klebe alle anderen (unerwünschten) Löcher in der Kiste zB mit Textilklebeband zu.
So beobachtest du mit der Sonnenkiste die Sonne: Drehe dich mit dem Rücken zur Sonne und setze dir die Kiste auf den Kopf. Auf dem weißen Papier kannst du ein Lochkamerabild der Sonne sehen.

4 Der Lichtweg wird verändert

Wenn Licht abgelenkt wird

56.1 Ein Fettfleck macht das Papier durchscheinend.

Was sind „transparente“ Materialien?

Clarissa hat unabsichtlich Speiseöl auf ein Blatt Papier getropft. Sie wischt das Öl weg und entdeckt etwas Erstaunliches – sie kann den Tisch durch den Fettfleck sehen! Das Papier ist fast **durchsichtig** (= „**transparent**“) geworden.
Zum Test legt sie das Papier auf ein Foto. Auch hier lässt der Fettfleck das Licht so gut durch, dass Clarissa das Foto unter dem Papier erkennen kann (Abb. 56.1).

> **M** **Transparente Materialien** lassen einen großen Teil des Lichts durch. Sie sind **durchsichtig**, wie zB Glas, Luft, Wasser, Speiseöl …

Infobox:
Papier ist durch die Luft zwischen den Papierfasern meist schlecht durchlässig für Licht: Es wird in alle Richtungen abgelenkt. Durch zB Öle oder starkes Pressen kann die Luft verdrängt werden. Es entsteht „**Transparentpapier**“.

V1 Das Fettfleck-Photometer (Abb. 56.2, Abb. 56.3)
Lege ein weißes Blatt Papier auf ein Stück Küchenrollenpapier. Gib einen Tropfen Speiseöl oder Babyöl darauf. Verreibe den Tropfen mit dem Finger. Entferne dann das überschüssige Öl mit einem Stück Küchenrollenpapier.

A1 Leuchte zuerst mit einer Taschenlampe von vorne auf das Papier. Danach leuchte von hinten durch das Papier. Betrachte den Fettfleck. Beschreibe den Unterschied.

A2 Stelle zwei gleiche Lampen im Abstand von etwa 2 m zueinander auf. Halte das Papier mit dem Fettfleck zwischen die beiden Lampen. An welcher Stelle kannst du den Fettfleck nicht mehr erkennen? Was passiert, wenn du zwei unterschiedlich helle Lampen verwendest? Wie könntest du damit die Helligkeit einer Lampe abschätzen?

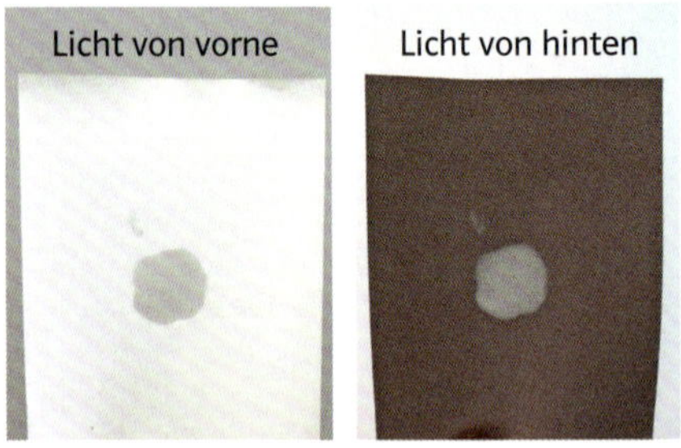

56.2 Das Fettfleck-Photometer – A1

56.3 Das Fettfleck-Photometer – A2

Kann Licht durch transparente Materialien abgelenkt werden?

Sieh dir verschiedene durchsichtige Gegenstände, zB Flaschen oder Trinkgläser, genauer an. Obwohl sie das Licht gut durchlassen, siehst du die Umgebung dahinter verzerrt (Abb. 56.4). Hier verläuft das Licht durch unterschiedliche transparente Materialien (Luft – Glas – Wasser – Glas – Luft). Es wird dabei abgelenkt. Diese **Ablenkung** des **Lichts** nennen wir „**Lichtbrechung**“ (Abb. 56.5).
Auch unterschiedlich erwärmte Luft kann Licht durch Lichtbrechung ablenken:

V2 Sichtbare Abgase (Abb. 56.6)
Halte eine Gasbrennerflamme in den Lichtkegel eines Beamers. Erkennst du die strömenden heißen Abgase über dem Schatten des Brenners?

> **M** Die **Ablenkung** des **Lichts** beim **Durchgang** durch verschiedene **transparente Materialien** nennen wir **Lichtbrechung**.

Mehr über die Lichtbrechung erfährst du auf den Seiten 66 und 67.

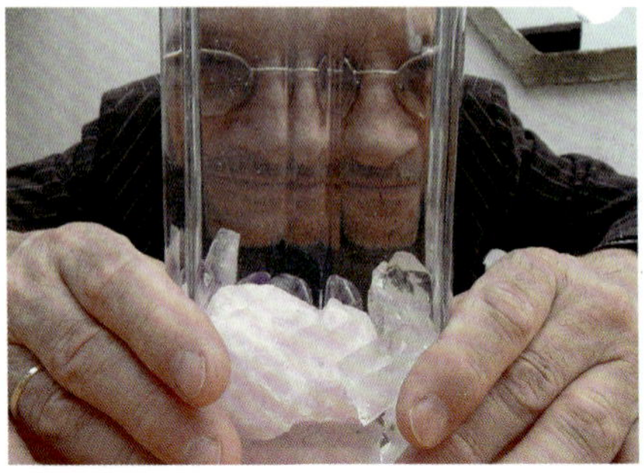

56.4 Das Licht wird durch den Wasserkrug abgelenkt.

56.5 Durch die Lichtbrechung an der Luft wirkt die Sonne verzerrt.

56.6 Sichtbare Abgase

Wie kann Licht „gestreut" werden?

Karim geht mit seiner Taschenlampe durch ein dunkles Zimmer.
Er leuchtet auf den Boden, um auf seinem Weg nicht zu stürzen. Da fällt ihm auf, dass das ganze Zimmer ein wenig beleuchtet ist.

A3 Wie könnte die auf den Boden leuchtende Taschenlampe das ganze Zimmer erhellen? Sucht in der Gruppe nach möglichen Erklärungen.

Licht „**streut**" sich auf **rauen Oberflächen**. Es wird von einigen **Zwischensendern** (zB Boden, Wand, Möbel …) **in alle Richtungen zurückgeworfen („*reflektiert*")**. Deshalb kannst du auch nicht direkt beleuchtete Gegenstände sehen.
Diese „**Licht-Streuung**" wird auch gerne in Wohnräumen verwendet (→ Seite 52).
Wenn Licht staubige Luft, Nebel oder trübes Wasser durchstrahlt, wird es auch gestreut. An den kleinen Staubteilchen, Tröpfchen und Schwebstoffen verteilt sich das Licht in alle Richtungen (Abb. 57.1).
Das lichtdurchlässige „**Milchglas**" wird häufig für Lampengläser verwendet (Abb. 57.3). Mineralien im Glas streuen das Licht sehr stark (Abb. 57.6).

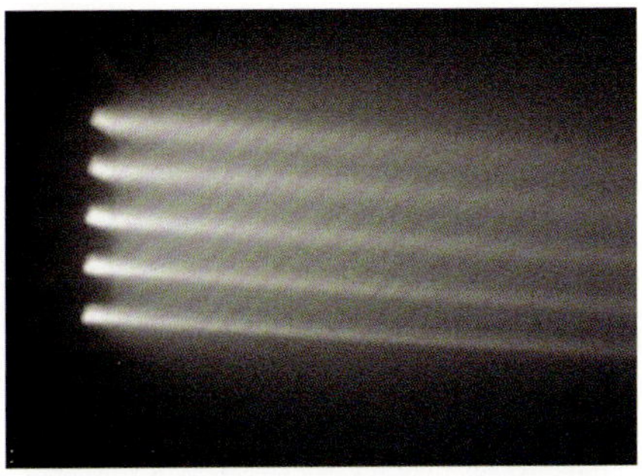

57.1 An den kleinen Tröpfchen des Nebels wird das Licht gestreut.

Infobox:
Gestreutes Licht ist für die Augen angenehmer.
Es blendet nicht und erzeugt keine scharf umrissenen Schatten.
Dafür werden Lampenschirme und matte Lichtsender eingesetzt.

M Die **Ablenkung** des Lichts an **rauen Oberflächen** oder **Teilchen** nennen wir **Streuung**. Das Licht wird dabei **in alle Richtungen gestreut**.

V3 Erhellende Oberflächen (Abb. 57.2)
Lege verschiedene Oberflächen (Spiegel, Aluminiumfolie, Papier …) vor einen weißen Hintergrund (Wand, Packpapier …). Beleuchte die Flächen mit einem schmalen Lichtkegel (Stabtaschenlampe, Laserpointer …).
Achtung! Schaue niemals direkt in das Licht eines Lasers!

A4 Welche Flächen streuen das Licht besonders gut in alle Richtungen?
Wie könnte diese Eigenschaft verwendet werden?

Mehr über die **Streuung** des Lichts an **glatten Flächen** – die „**Reflexion**" – erfährst du auf den Seiten 58 und 59.

57.2 Erhellende Oberflächen

V4 Licht im Schatten (Abb. 57.4, Abb. 57.5)
Arbeitet in Gruppen. Beleuchtet in einem dunklen Zimmer buntes Papier mit dem Licht einer Taschenlampe.
Stellt einen Gegenstand in den Lichtkegel der Taschenlampe.
Das Schattenbild soll das bunte Papier komplett abdecken.

Obwohl das Papier im Schatten ist, kannst du die Farben erkennen.
Das Licht der Taschenlampe wird an den Gegenständen im Zimmer gestreut und erhellt das Schattenbild auf dem Papier.

A5 Probiert das Streulicht aufzuhalten. Gelingt euch das?
Dringt noch weiteres Licht in das Zimmer, das Streulicht erzeugen kann?

57.3 Das Milchglas der Lampe streut das Licht.

57.4 und 57.5 Licht im Schatten – Das Streulicht lässt die Farben des Papiers auch im Schatten erkennen.

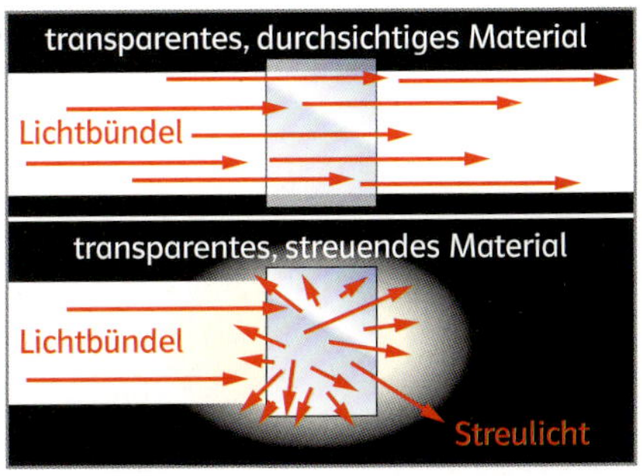

57.6 Streuung – Das Licht wird an Teilchen im Material abgelenkt.

4

Das Reflexionsgesetz an glatten Flächen

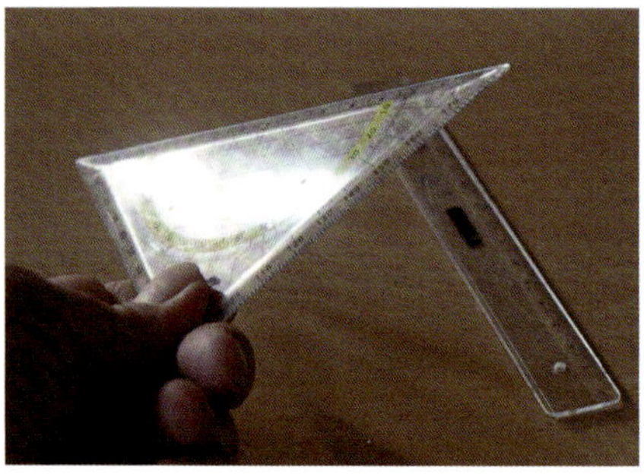

58.1 Mit einem Geodreieck kannst du einen Lichtfleck an die Wand reflektieren.

Wie wird Licht an glatten Flächen reflektiert?

Malik hält an einem sonnigen Tag sein Kunststofflineal in das Sonnenlicht, das auf seinen Schultisch scheint. Er bewegt es langsam.
Da fällt ihm auf, dass sich ein Lichtfleck an der Wand des Klassenzimmers hin und her bewegt. Sein Sitznachbar Leon versucht mit seinem Geodreieck auch einen Lichtfleck auf die Wand zu bringen (Abb. 58.1).

A1 Arbeitet in Gruppen. Versucht mit einer Skizze den Lichtweg darzustellen. Findet ihr eine Erklärung zur Entstehung des Lichtflecks? Erklärt eure Ergebnisse einer anderen Gruppe.

58.2 Lichtreflexion an einer Wasseroberfläche

Vielleicht bist du schon von starkem Sonnenlicht geblendet worden.
Glatte Metallflächen, Glasscheiben oder Wasseroberflächen werfen das Licht zu deinen Augen zurück. Sie **reflektieren** das Licht besonders gut und können dich sogar blenden (Abb. 58.2, Abb. 58.5, Abb. 58.6).
Spiegel können fast alles Licht, das auf sie fällt, **in eine Richtung zurückwerfen.**

M **Glatte Flächen reflektieren Licht in eine Richtung.**

A2 Überlegt gemeinsam in Gruppen: In welchen Situationen ist es gefährlich, wenn man geblendet wird? Was kann man dagegen unternehmen?

58.3 Der Spiegel und der Lichtweg

Wie wird Licht von einem ebenen (flachen) Spiegel reflektiert?

V1 **Der Spiegel und der Lichtweg (Abb. 58.3)**
Lege einen ebenen (flachen) Spiegel im verdunkelten Zimmer auf den Tisch.
Leuchte mit einer Taschenlampe auf den Spiegel.
Kannst du einen Lichtfleck genau in eine Ecke zwischen Zimmerdecke und Wand bringen?
Vernebelt das Zimmer mit einer Nebelmaschine.

A3 Versucht den Lichtweg von der Lampe zum Spiegel und zum Lichtfleck in der Ecke zu zeichnen. Könnt ihr Besonderheiten feststellen? Findet eine Erklärung.

Infobox:
Ein **Lot** ist eine **gedachte Linie**, die **im rechten Winkel auf einen Spiegel** oder auf eine andere Fläche steht.

Von der Taschenlampe fällt ein Lichtbündel schräg auf den Spiegel. Das am Spiegel reflektierte Lichtbündel hat die **gleiche Neigung** zur Spiegelfläche. Mithilfe eines Geodreiecks kannst du das gut erkennen. Stelle dazu das Geodreieck mit seiner längsten Seite so auf die Spiegelfläche, dass es parallel zu den Lichtbündeln steht.
Seine 90°-Linie soll genau beim Punkt sein, wo der Spiegel das Licht umlenkt. Diese Linie bildet das **senkrechte Lot** auf die Spiegelfläche (Abb. 58.4).

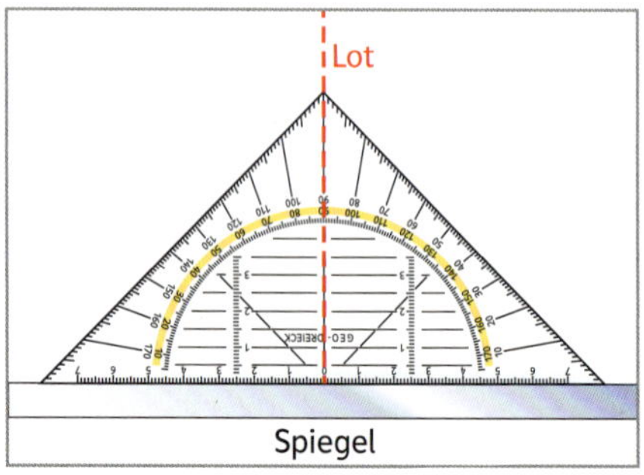

58.4 Die 90°-Linie des Geodreiecks zeigt das Lot auf eine Spiegelfläche.

58.5 Die Reflexion des Sonnenlichts am Fenster blendet im Straßenverkehr.

58.6 Reflexionen an glatten Oberflächen

Was geschieht, wenn sich der Einfallswinkel des Lichts ändert?

V2 Winkeländerungen (Abb. 59.1)
Lege eine leuchtende Taschenlampe mit schmalem Lichtkegel auf den Tisch. Leuchte auf eine senkrecht aufgestellte Spiegelfliese. Lege ein Geodreieck so vor die Spiegelfliese, wie du es in Abb. 59.1 siehst. Verändere nun die Stellung der Spiegelfliese. Drehe die Fliese zusammen mit dem Geodreieck. Beobachte die Änderung des reflektierten Lichts.

A4 Lege die 90°-Linie des Geodreiecks zB an den Rand des Lichtkegels, den du am Tisch siehst. Dokumentiere deinen Versuch mit Fotos.

Ändert sich die Stellung des Spiegels, so ändern sich auch die Wege des Lichts. Fällt einfallendes Licht zB flacher auf den Spiegel so wird es auch flacher reflektiert.
Zur deutlicheren Beschreibung verwenden wir nun diese Begriffe:
Der **Einfallswinkel α** ist der **Winkel zwischen einfallendem Lichtbündel und** dem **Lot**. Der **Reflexionswinkel β** ist der **Winkel** zwischen **Lot und reflektiertem Lichtbündel** (Abb. 59.2).

M Ändert sich der **Einfallswinkel α** des Lichts beim ebenen Spiegel, so ändert sich auch der **Reflexionswinkel β** des Lichts.

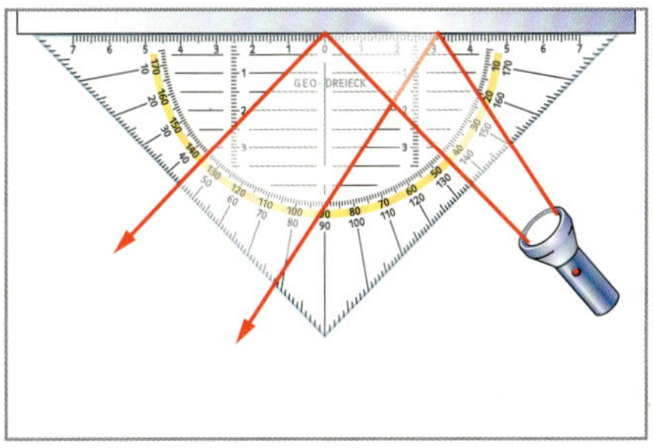
59.1 Winkeländerungen

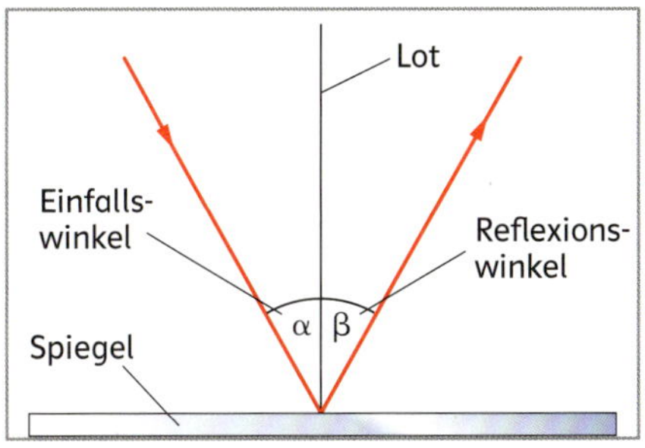

59.2 Einfallswinkel α und Reflexionswinkel β

Wie lautet das Reflexionsgesetz?

V3 Das Gesetz des Spiegels (Abb. 59.3)
Richte ein schmales Lichtbündel auf einen Spiegel. Stelle in den Lichtfleck am Spiegel das Lot (die 90°-Linie) eines Geodreiecks. Vergleiche den Einfallswinkel mit dem Reflexionswinkel. Lies die Größe der Winkel mithilfe des Geodreiecks ab. LV bei Verwendung von Linienlasern!

M **Reflexionsgesetz:** Wird Licht von einem Spiegel (oder einer glatten Fläche) reflektiert, so ist der **Einfallswinkel gleich groß** wie der **Reflexionswinkel.**
Einfallswinkel α = Reflexionswinkel β

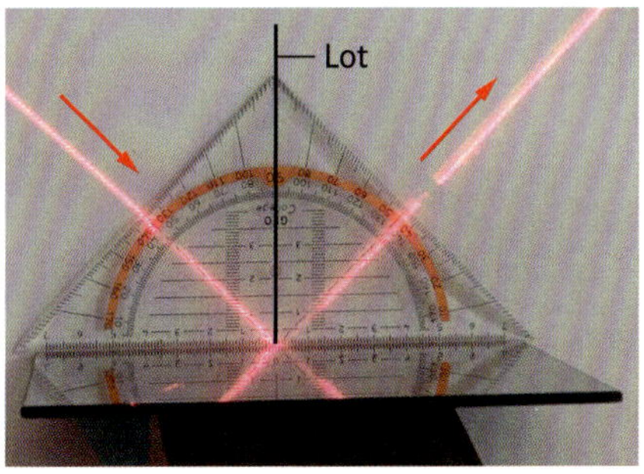

59.3 Das Gesetz des Spiegels

V4 Zurückgespiegelt (Abb. 59.4)
Lege zwei Spiegelfliesen nebeneinander und klebe sie auf der Rückseite mit einem Klebeband zusammen. Aus den zwei Spiegeln wird jetzt ein Winkelspiegel, den du auf den Tisch stellen kannst. Lege die leuchtende Taschenlampe auf den Tisch und strahle in deinen Winkelspiegel.

A5 Beschreibe, wie sich der Verlauf der reflektierten Lichtbündel verändert, wenn du die Position der Spiegel veränderst. Kannst du sie zu dir zurück reflektieren?

Infobox:
Ältere Wohnhäuser in Städten haben manchmal einen schmalen „**Lichthof**" (Innenhof). Er dient zur Beleuchtung der Wohnräume. Manche Bewohnerinnen und Bewohner lenken das von oben kommende Tageslicht durch Spiegel in ihre Zimmer.

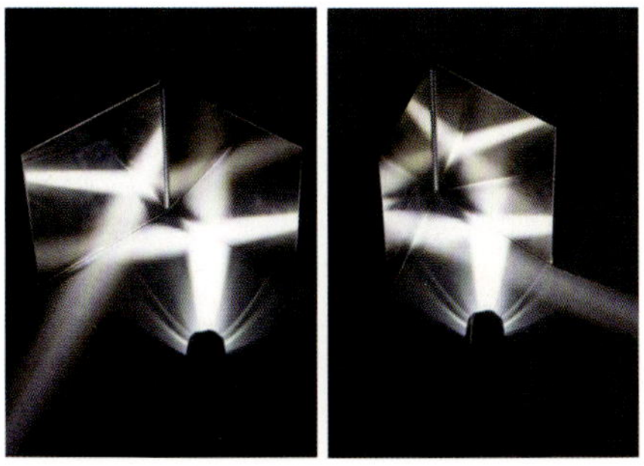
59.4 Zurückgespiegelt

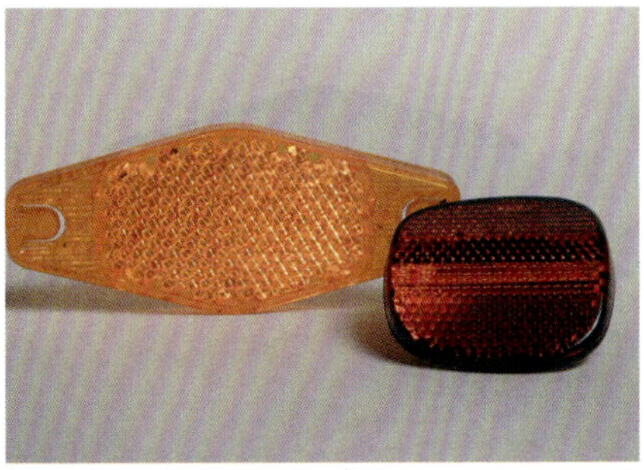
59.5 Rückstrahler schicken das Licht über kleine Dreifachspiegel zurück.

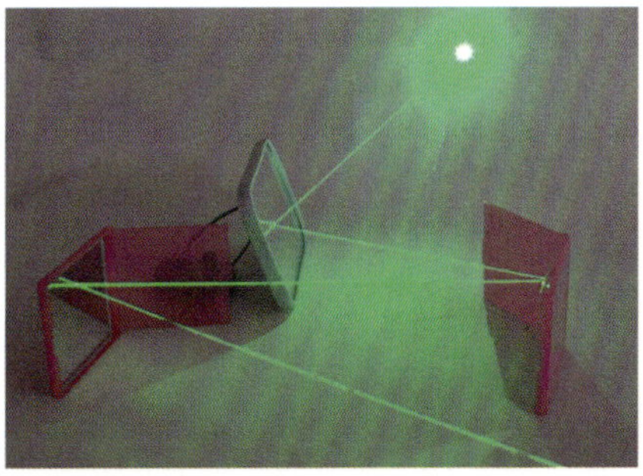
59.6 Drei Spiegel lenken das Licht um. An jedem Spiegel gilt das Reflexionsgesetz.

4 Bilder am ebenen Spiegel

60.1 Wie könnte das Spiegelbild von Ayala und Elshan aussehen?

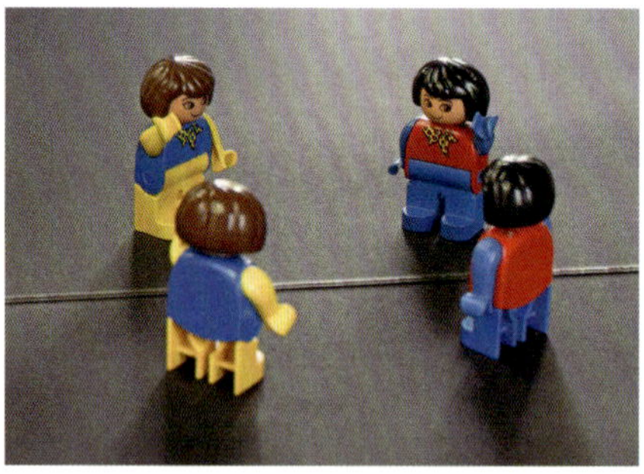

60.2 Im Spiegel – Welche Richtungen werden im Spiegelbild vertauscht?

Wie sehen Bilder am ebenen (flachen) Spiegel aus?

Ayala und ihr kleiner Bruder Elshan stehen vor einem großen Wandspiegel. Ayala streckt ***ihren linken Arm*** in Richtung Spiegel. In ihrer Hand hält sie eine Orange. Elshan berührt mit seinem ***rechten Zeigefinger*** den Spiegel (Abb. 60.1).

A1 Was ist bei dem Spiegelbild der Geschwister anders und was bleibt gleich? Versuche das Spiegelbild zu beschreiben.

V1 Im Spiegel (Abb. 60.2)
Arbeitet in Gruppen. Stellt zwei Spielzeugfiguren mit beweglichen Armen vor eine aufrecht stehende Spiegelfliese. Ändert die Armpositionen der Figuren und ihren Abstand zum Spiegel. Beobachtet das Spiegelbild.

A2 Wie groß erscheint das Spiegelbild? Wo befindet es sich? Gibt es vertauschte Seiten? Beschreibt das Spiegelbild.

Das Spiegelbild der Figuren erscheint gleich groß wie die Figuren selbst. Es erscheint auch gleich weit vom Spiegel entfernt. Das Spiegelbild ist **„hinter dem Spiegel"**. Dort kann es aber nicht sein! Wir nennen diese Bilder **scheinbare Bilder**. Ein anderes Wort für „scheinbar" ist **„virtuell"**.

A3 Spiegelbilder sind **„spiegelverkehrt"**. Aber **welche Richtungen** sind im Spiegelbild „verkehrt"? Oben und unten, links und rechts oder vorne und hinten? Notiere deine Überlegungen.

Wenn du zB mit deinem Arm nach oben zeigst, so zeigt auch dein Spiegelbild nach oben. Oben und unten werden also nicht vertauscht. Zeigst du nach rechts, so zeigt von dir aus gesehen auch dein Spiegelbild nach rechts. Rechts und links werden ebenfalls nicht vertauscht. Wenn du aber auf den Spiegel zeigst, so zeigt dein Spiegelbild heraus. Ein Spiegel vertauscht also vorne mit hinten (Abb. 60.5).

Infobox:
Bei Spiegeln wird eine Glasplatte auf der Rückseite mit Aluminium oder Silber beschichtet.
Ein dunkler Lack schützt die Metallschicht.

60.3 Eine scheinbare Flamme

V2 Eine scheinbare Flamme (Abb. 60.3, Abb. 60.4)
Stelle eine aufgeklappte, leere CD-Hülle auf schwarzes Naturpapier. Ein brennendes Teelicht steht vor der spiegelnden CD-Hülle. Du kannst das Spiegelbild erkennen.

A4 Nimm nun ein zweites, nicht angezündetes Teelicht. Wohin musst du es stellen, damit die Flamme des Spiegelbildes auf ihm sitzt? Überprüfe deine Vermutung mit einem Lineal.

M Das **Spiegelbild** eines **ebenen (flachen) Spiegels** ist **gleich groß** und **gleich weit** vom Spiegel entfernt wie der Gegenstand.
Es befindet sich **„hinter dem Spiegel"** und ist **scheinbar (virtuell)**.
Ein ebener Spiegel **vertauscht vorne mit hinten.**

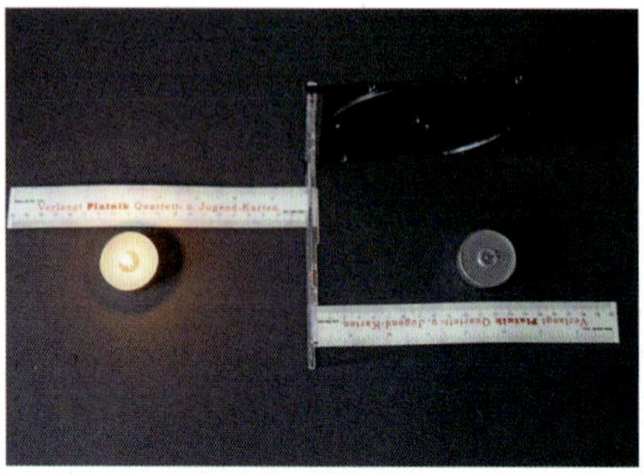

60.4 Eine scheinbare Flamme

60.5 Ein ebener Spiegel vertauscht vorne mit hinten.

60.6 In der Gemüseabteilung vermittelt das Spiegelbild die doppelte Menge.

Wie entstehen scheinbare (virtuelle) Spiegelbilder?

Fotografiere ein Spiegelbild. Die Kamera muss dabei auf einen Bereich scharfstellen, der weiter weg ist als die Spiegelfläche (Abb. 61.1). Scheinbar kommt das Licht des Spiegelbildes von einem Ort hinter dem Spiegel (Abb. 61.2). **Scheinbare Spiegelbilder** werden daher immer **„hinter dem Spiegel"** gesehen, auch wenn der Spiegel an der Wand hängt.
In Gegensatz zu einem „wirklichen Bild" (→ Seite 63) kannst du ein scheinbares Bild nicht auf einer Leinwand auffangen.

M Das **Licht eines scheinbaren (virtuellen) Spiegelbildes** wird scheinbar von einem Ort **„hinter dem Spiegel"** ausgesendet.

61.1 Scheinbare Spiegelbilder liegen „hinter dem Spiegel".

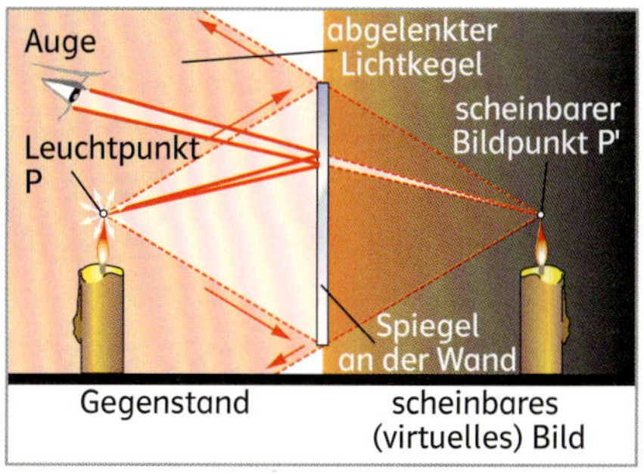

61.2 Das Licht kommt nur scheinbar von dort, wo wir das Spiegelbild sehen.

Wie kannst du Illusionen durch Spiegelbilder erzeugen?

Mit **Illusionen** kannst du deine **Wahrnehmung täuschen**. Mit spiegelnden Flächen kannst du bei folgenden Versuchen verblüffende Effekte erzielen.

V3 Kerze unter Wasser (Abb. 61.3)
Material: CD-Hülle, Kerze (und Feuerzeug), Glasgefäß mit Wasser
Wie kannst du mit diesem Material die Kerze „unter Wasser brennen" lassen? Plane und dokumentiere den Versuch in deinem Physikheft. Denke dabei daran, was du auf den Seiten 8–13 gelernt hast. Fotografiere dein bestes Versuchsergebnis.

V4 So viele Kerzen! (Abb. 61.6)
Stellt eine brennende Kerze zwischen zwei aufrecht gehaltene Spiegelfliesen. Die Spiegelseiten sind zur Kerze gerichtet. Bei einer Spiegelfliese habt ihr schon vorher in der Mitte einen kleinen Teil der hinteren Lackschicht abgekratzt. Schaut durch dieses Loch auf den anderen Spiegel.
A5 Wie könnt ihr mit einem Blick durch das Loch feststellen, ob die Spiegel zueinander parallel stehen?

V5 Ein 3D-Hologramm (Abb. 61.4)
Als „Hologramm" werden Bilder bezeichnet, die scheinbar in der Luft schweben und von allen Seiten betrachtet werden können.
Zeichne die vier Trapeze mit Permanentstift auf eine durchsichtige feste Folie. Schneide die Trapeze einzeln aus und klebe sie mit Klebeband zu einer Pyramide zusammen.
Suche im Internet ein geeignetes Holgramm-Video (zB YouTube, Suchbegriff „hologram video 3d"). Spiele es im Vollbildmodus mit hoher Bildschirmhelligkeit ab. Stelle die kleine Öffnung der Pyramide auf den Bildschirm und betrachte das Bild von der Seite.

61.3 Kerze unter Wasser

Infobox:
Glasscheiben reflektieren nur einen Teil des Lichts. Sie wirken wie ein Spiegel, wenn der Hintergrund dunkel ist. Unsere Augen können dann nur das hellere Spiegelbild gut erkennen.

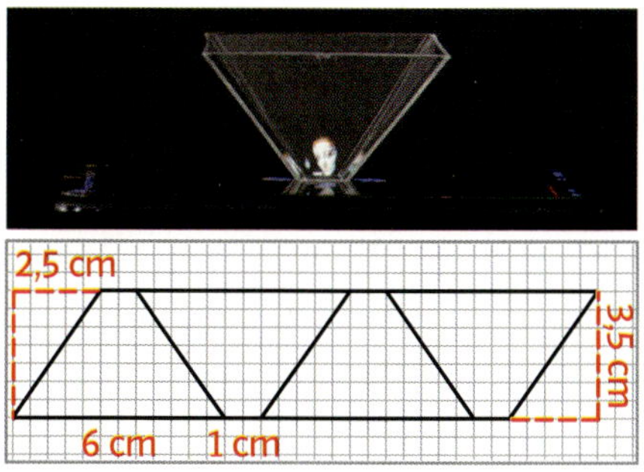

61.4 Ein 3D-Hologramm

61.5 Kopf ohne Körper: Wie könnte der Spiegeltrick funktionieren?

61.6 So viele Kerzen! Stehen die Spiegel hier genau parallel zueinander?

4 Physik im Alltag

Gebogene Spiegel

Wie verändern sich Spiegelbilder bei gebogenen Spiegelflächen?

Barbara wartet auf ihr Mittagessen. Ihr ist langweilig. Sie betrachtet ihr Spiegelbild im Suppenlöffel. Da fällt Barbara etwas Seltsames auf: Auf der Außenseite der gewölbten Löffelschale sieht sie sich verkleinert. Sie dreht den Löffel um und sieht sich auf einmal verkehrt.
Sie legt den Löffel mit der hohlen Innenseite nach oben auf den Tisch. Langsam nähert sie sich mit dem Zeigefinger der Löffelschale. Anfangs ist das Spiegelbild nur sehr klein. Doch dann scheint auf einmal eine große verkehrte Fingerspitze aus dem Löffel herauszukommen und ihren Finger berühren zu wollen. Kurz darauf dreht sich der große Finger um und erscheint aufrecht hinter dem spiegelnden Löffel (Abb. 62.1). Am nächsten Tag erzählt sie ihre Beobachtung ihrem Physiklehrer. Dieser zeigt ihr, was mit dem Licht an gewölbten und hohlen Spiegelflächen passiert (Abb. 62.2).

V1 Probiert Barbaras Versuch mit dem Löffel selbst aus.
Findet ihr auch heraus, weshalb sich das Spiegelbild auf der hohlen Löffelschale an einer bestimmten Stelle umdreht?
Dreht sich das Spiegelbild auch auf der nach außen gewölbten Seite?

62.1 Ein Löffel zeigt verschiedene Spiegelbilder.

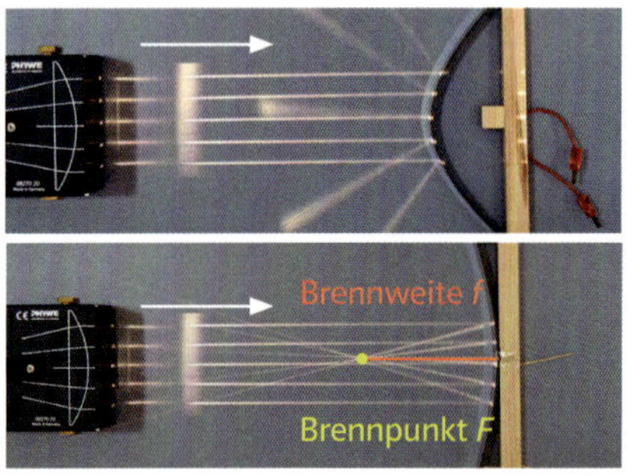

62.2 Ein nach außen gewölbter Spiegel verteilt das Licht. Beim hohlen Spiegel kreuzt sich das reflektierte Licht in einem „**Brennpunkt *F***" (von lat. *focus*).

V2 Ein kleines Spiegelkabinett
Betrachte dein Spiegelbild auf einer biegsamen Spiegelplatte oder Spiegelfolie.

A1 Probiere aus und beschreibe, wie sich dein Spiegelbild ändert:
- Biege den Spiegel langsam nach vorne („*gewölbt*").
- Biege den Spiegel langsam nach hinten („*hohl*").
- Biege den Spiegel schnell nach hinten.
- Biege den Spiegel gewellt (gewölbt und hohl).

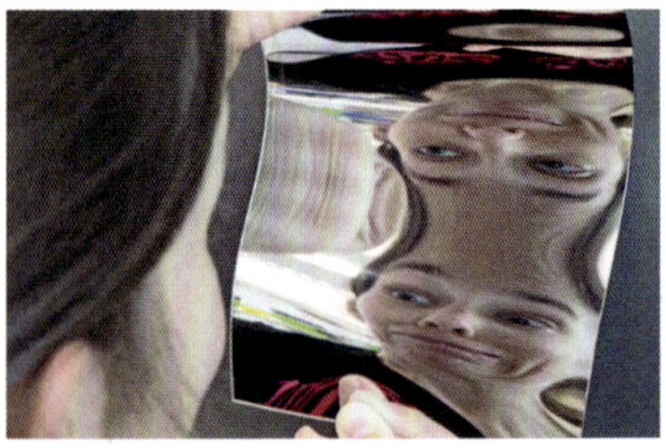

Infobox:
Zerrspiegel sind mehrfach gewellte Spiegelflächen. Sie erzeugen lustig aussehende Spiegelbilder. Du findest sie zB in einem Spiegelkabinett.

Wofür verwenden wir nach außen gewölbte Spiegel?

Nach außen gewölbte Spiegel („**Wölbspiegel**") erzeugen verkleinerte und aufrechte Bilder. Du siehst die Bilder „hinter dem Spiegel". Sie sind also scheinbar (virtuell). Betrachte eine Christbaumkugel oder eine verspiegelte Dekorationskugel (Abb. 62.3). Du kannst darin fast die gesamte Umgebung sehen. Deshalb werden Wölbspiegel bei Seitenspiegeln von Autos (Abb. 62.4), als Verkehrsspiegel bei unübersichtlichen Kreuzungen (Abb. 62.5) und im Supermarkt (Abb. 62.6) verwendet.

62.3 Bilder an spiegelnden Kugeln

62.4 Die Außenspiegel eines Autos sind leicht gewölbt.

62.5 Gewölbte Verkehrsspiegel geben Übersicht bei Ausfahrten.

62.6 Überwachungsspiegel in einem Supermarkt

Wie entstehen wirkliche (reelle) Bilder?

„**Wirkliche**“ **Lichtbilder** werden auch als „**reelle**“ **Lichtbilder** bezeichnet. Sie entstehen, wenn **das abgelenkte Licht** eines Gegenstandes **wieder zusammentrifft** (Abb. 63.1). Ist das Licht des Gegenstandes hell, dann kannst du das Lichtbild auf einer **Leinwand auffangen**. Solche wirklichen Lichtbilder werden zB bei einem Beamer oder einem Kinoprojektor erzeugt. Auch ein nach innen gebogener Spiegel („**Hohlspiegel**“) erzeugt wirkliche Lichtbilder. Sie wirken lebensecht und scheinen in der Luft zu schweben.
Ein „**Zauberspiegel**“ besteht aus zwei Hohlspiegeln (Abb. 63.2). Du siehst das wirkliche Bild einer Münze im Loch des oberen Spiegels schweben. Die echte Münze liegt auf dem unteren Hohlspiegel.

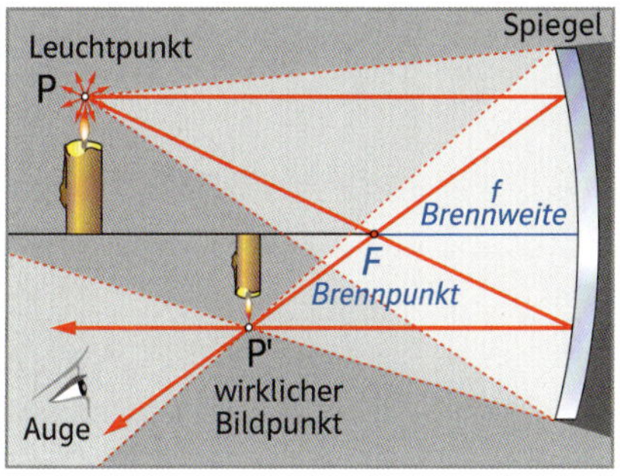

63.1 So entsteht ein wirkliches Bild durch reflektiertes Licht am Hohlspiegel. Den Abstand zwischen Spiegel und Brennpunkt nennen wir ***Brennweite***.

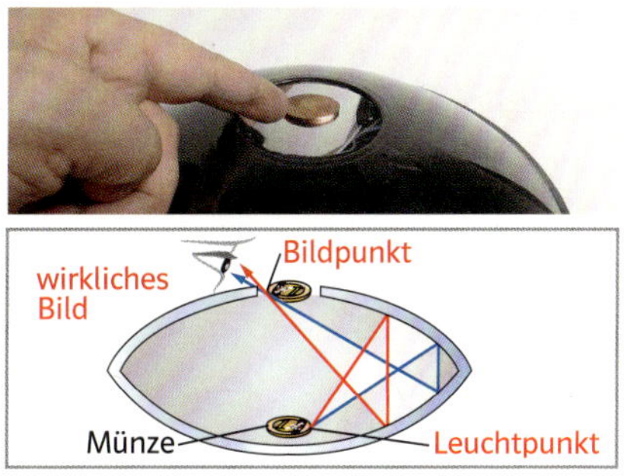

63.2 Der „Zauberspiegel“ besteht aus zwei Hohlspiegeln. Das wirkliche Bild scheint in der Luft zu schweben.

V3 Ein Bild aus Licht
Stellt einen Hohlspiegel, eine Kerze und einen Bildschirm (zB Papier) in einer Reihe auf. Verschiebt die Kerze oder den Bildschirm so, dass ihr eine verkehrte Kerzenflamme auf dem Bildschirm sehen könnt.

A2 Wie müsst ihr die Kerze oder den Bildschirm verschieben, damit das Bild größer oder kleiner wird?
Messt die Abstände der Kerze und des Bildschirms zum Spiegel ab. Notiert die Messergebnisse. Könnt ihr die Brennweite des Spiegels herausfinden?

Wofür verwenden wir Hohlspiegel?

Der **Brennpunkt** ist eine Besonderheit an Hohlspiegeln (Abb. 62.2). In ihm sammelt sich parallel einfallendes Licht und auch die Wärmestrahlung. Das wird bei **Sonnenwärme-Kraftwerken** (Abb. 63.3) und bei **Sonnenkochern** (Abb. 63.4) verwendet.
Befindet sich ein Lichtsender im Brennpunkt eines Hohlspiegels, so wird sein Licht parallel abgestrahlt. Das wird bei **Reflektoren** von Lampen und Scheinwerfern eingesetzt (Abb. 63.5–63.7).
Beim **Kosmetikspiegel** (Abb. 63.8) stehst du knapp vor dem Spiegel und siehst ein vergrößertes scheinbares Bild.

63.3 In Sonnenwärme-Kraftwerken wird heißes Wasser erzeugt.

63.4 Im Brennpunkt des Sonnenkochers steht der Kochtopf.

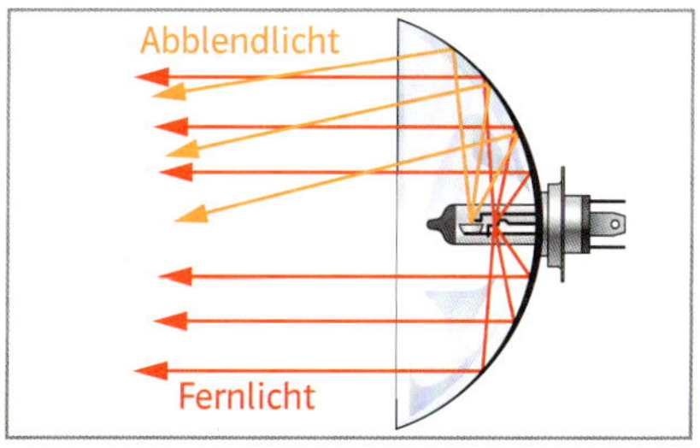

63.5 Bei Scheinwerfern befindet sich der Lichtsender im Brennpunkt.

63.6 Autolampen haben Hohlspiegel als Reflektoren.

63.7 Taschenlampe mit einem Hohlspiegel als Reflektor

63.8 Ein Kosmetikspiegel erzeugt ein vergrößertes scheinbares Bild.

4 Das kann ich!

A1 Ein Würfel liegt vor einem Spiegel.
Kannst du die fehlenden Augen ergänzen?
Zeichne die Augen im Bild ein.

Tipp: Gegenüberliegende Seiten auf dem Würfel ergeben immer die Augenzahl Sieben.
Hilf dir mit einem Würfel und einem Spiegel.

Erfinde im rechten Bild ein weiteres Würfelrätsel für eine andere Person. Nimm dir als Vorlage einen Würfel, damit du die Richtung der Augen siehst.

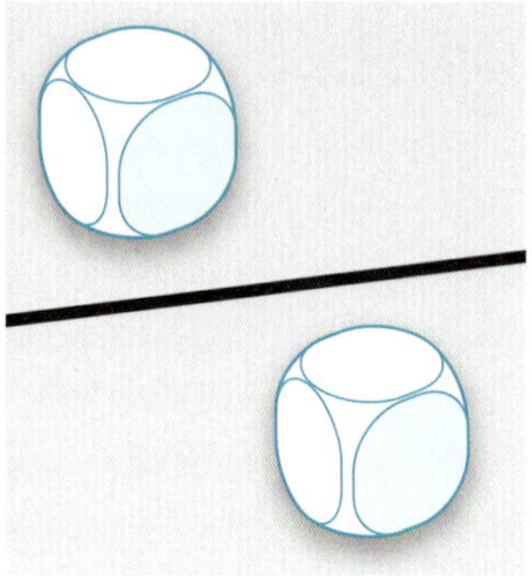

A2 Vergleiche das linke und das rechte Foto.
Welche Unterschiede kannst du erkennen?

Überlege: Warum kann die Kamera nicht gleichzeitig die Kerze, ihr Spiegelbild und den Spiegel scharf stellen?

A3 Wohin wird das Licht reflektiert? Verwende ein Geodreieck. Zeichne zuerst das Lot auf den Spiegel ein.
Zeichne anschließend den reflektierten Lichtstrahl.

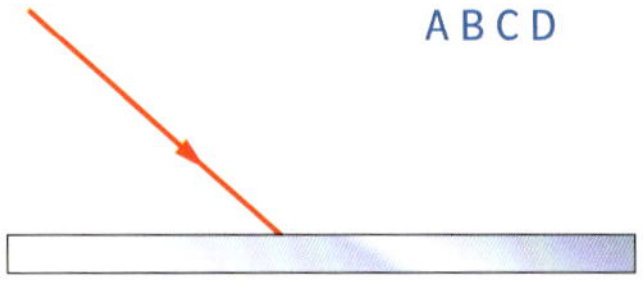

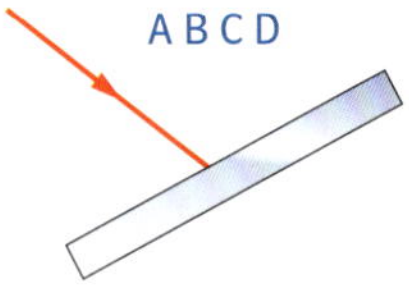

A4 Esin hat in der Schule gelernt, dass ein Spiegel NICHT rechts und links vertauscht. Sie erzählt das ihrer Familie. „So ein Blödsinn!", meint ihre Oma. „Wenn ich mich in den Spiegel schaue, dann sehe ich doch, dass rechts und links vertauscht sind!"

a) Wie kann Esin ihre Oma mit einem Versuch überzeugen, dass ein Spiegel nicht rechts und links vertauscht? Plane einen Versuch in deinem Physikheft.

b) Warum glauben viele Menschen, dass bei ihrem Spiegelbild rechts und links vertauscht sind? Was vermutest du?

A5 Valerie und Clemens sehen ein Teelicht im Spiegel.

a) Verlängere den zu Valerie reflektierten Lichtkegel (das Lichtbündel) über den Spiegel hinaus („hinter den Spiegel"). Wo sieht sie das Spiegelbild des Teelichts?

b) Zeichne mithilfe des Reflexionsgesetzes den zweiten Lichtkegel (das Lichtbündel) fertig. Sieht Clemens das Spiegelbild des Teelichts an derselben Stelle wie Valerie?

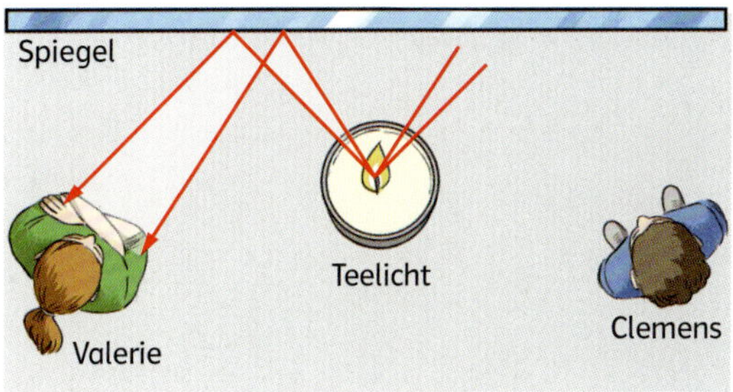

____

A6 Dunja hätte gerne in ihrem Zimmer einen Wandspiegel, in dem sie sich ganz sehen kann. Ihr Bruder meint: „Der Spiegel muss dann ja viel größer sein als du!" Dunja ist nicht seiner Meinung: „Es reicht, wenn der Spiegel so groß ist wie ich." Ihre Mama sagt: „Wir kaufen einen Spiegel, der nur halb so groß ist wie du. Das genügt sicher."
Wer hat recht? Finde eine Begründung mithilfe der Zeichnung.

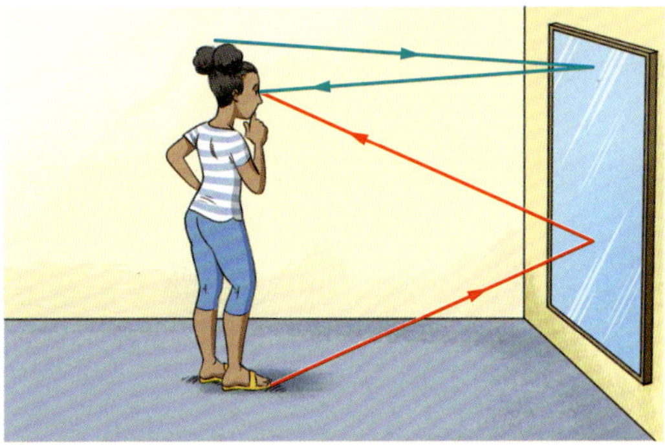

____

____

____

____

A7 Räume wirken durch Spiegel größer. Das war in der Architektur bei der Einrichtung von Sälen in Schlössern sehr beliebt.

a) Welchen weiteren Vorteil könnten diese Spiegel haben? Denke an die Beleuchtung der damaligen Zeit.

b) Cora will ihr Zimmer durch Spiegeleffekte vergrößern. Ein großer Spiegel ist ihr aber zu teuer und zu schwer. Daher fotografiert sie einen großen Spiegel eines Schlosses ab und hängt einen großen Ausdruck an die Wand. Cora ist enttäuscht. Erkläre ihr, weshalb ihre Lösung ihr Zimmer nicht größer erscheinen lässt.

V1 Leonardos Geheimschrift

Der Forscher und Künstler Leonardo da Vinci (1452–1519) schrieb mit seiner linken Hand seine wissenschaftlichen Notizen in Spiegelschrift auf. Dadurch konnten sie damals nicht von anderen gelesen werden, weil Handspiegel noch nicht üblich waren.

a) Versuche die vorgegebenen Wörter auf zwei Arten in Spiegelschrift zu schreiben (siehe Bild rechts). Überprüfe, ob es dir gelungen ist. Stelle dazu einen Spiegel (oder eine CD-Hülle) auf die strichlierten Linien.

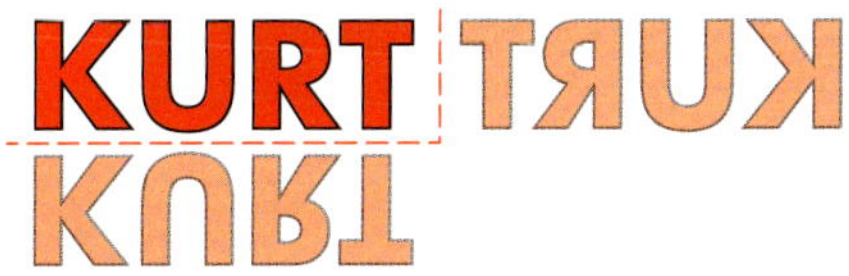

PHYSIK	QUELLE

b) Schreibe mit einem Permanentstift einen Satz auf eine durchsichtige Folie (zB Hefteinband, Klarsichthülle …). Drehe die Folie um. Du siehst deinen Satz in Spiegelschrift.
Probiere, die Spiegelschrift auf ein Blatt Papier abzuschreiben.
Ist es dir gelungen? Kannst du deinen Satz im Spiegel normal lesen?

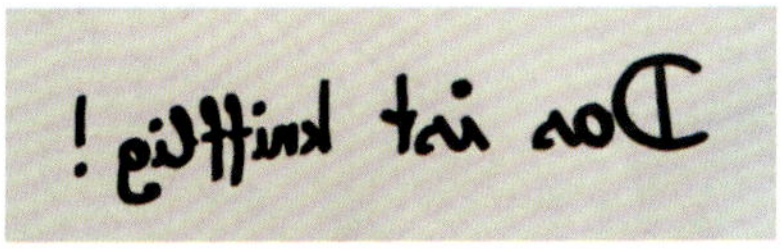

4 Wenn Licht „bricht“

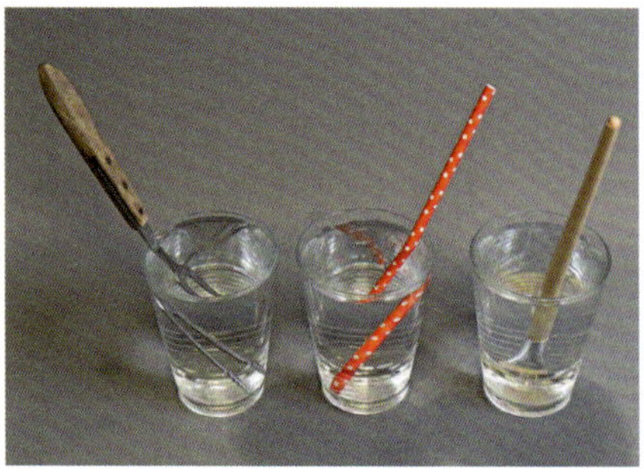

66.1 Die Gegenstände wirken im Wasser geknickt.

66.2 Der geknickte Bleistift

Was ist die Lichtbrechung?

Selma, Iris und Abdal füllen drei Gläser mit Wasser. In das erste Glas stellen sie eine Gabel. In das zweite Glas kommt ein Trinkhalm. In das dritte Glas geben sie einen Pinsel. Sie betrachten die Gläser genauer von allen Seiten.
„Das ist aber erstaunlich!“, meint Iris. „Seht ihr das auch? Die Gabel geht unter Wasser anders weiter!“ (Abb. 66.1).

V1 Der geknickte Bleistift (Abb. 66.2)
Stelle einen Bleistift in ein mit Wasser gefülltes Glas.
Kannst du den Bleistift „geknickt“ sehen? Versuche durch Änderungen deiner Blickposition herauszufinden, wie der „Knick“ am schönsten zu sehen ist.

A1 Zeichne eine Skizze des geknickten Bleistiftes. Vergleicht eure Zeichnungen in der Gruppe. Habt ihr alle die gleiche Blickposition gewählt?

Das Licht, das vom Bleistift ausgeht, macht einen **Knick**, wenn es aus dem Wasser wieder an die Luft kommt und dann deine Augen erreicht.

V2 Die gehobene Münze (Abb. 66.3, Abb. 66.4)
Lege eine Münze in eine leere Tasse. Schau so über den Tassenrand, dass du die Münze gerade nicht sehen kannst. Bleibe in dieser Position und fülle langsam Wasser ein. Die Münze wird auf einmal sichtbar.

Infobox:
Die Lichtablenkung durch Lichtbrechung und Reflexion ist dafür verantwortlich, dass du durchsichtige Materialien wie Glas, Wasser … gut sehen kannst.

Das Licht, das von der Münze ausgeht, macht einen Knick, wenn es vom Wasser in die Luft übergeht (Abb. 66.4). Unser **Gehirn verlängert** aber in Gedanken die Lichtstrahlen, die in unsere Augen gelangen. Daher sehen wir das **scheinbare Bild** der Münze an einer anderen Stelle, als es wirklich ist. Es sieht so aus, als wäre das Wasser flacher und als würde sich die Münze höher befinden. Gegenstände unter Wasser **scheinen** also **angehoben** zu sein.

Möchtest du zB eine Muschelschale vom Meeresboden aufheben, musst du viel tiefer greifen, als du vermutest.
Schwierig ist auch das Einschätzen der Tiefe eines unbekannten Gewässers, in das du vielleicht im Sommer hineinspringen möchtest. Du kannst auch nicht gut erkennen, wie hoch du das Wasser in einen Kochtopf gefüllt hast (Abb. 66.5). Personen, die bis zu den Hüften im Wasser stehen, scheinen verkürzte Beine zu haben – wie zB die Puppe in Abb. 66.6.

66.3 Die gehobene Münze

M An der **Grenze** zweier verschiedener durchsichtiger Materialien **ändert** das **Licht** seine **Richtung**, es macht einen Knick. Das nennen wir **„Lichtbrechung“**.

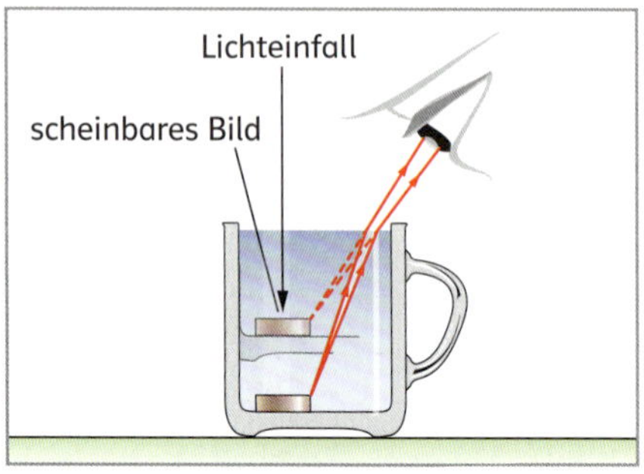

66.4 Die gehobene Münze – Der Lichtweg

66.5 Die „Tiefe“ des Wassers im Topf ist schwer einzuschätzen.

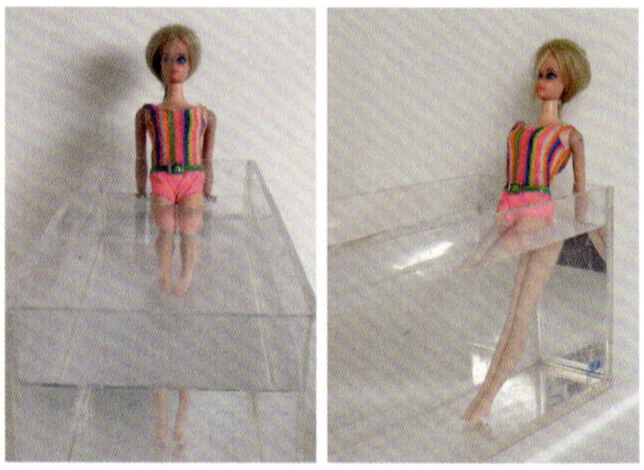

66.6 Die Beine erscheinen beim Blick ins Wasser verkürzt.

Was geschieht bei der Lichtbrechung?

Wir betrachten die Änderung des Lichtweges bei der Lichtbrechung nun genauer.

V3 Der Lichtknick beim Übergang (Abb. 67.1)
Fülle eine durchsichtige Wanne mit Wasser. Rühre einen Teelöffel Milch ins Wasser. Befestige mit Klebeband einen Trinkhalm seitlich an einer Taschenlampe. Der Trinkhalm zeigt die Richtung des Lichts an. Verdunkle das Zimmer. Leuchte mit dem schmalen Lichtkegel der Taschenlampe unter verschiedenen Winkeln in das Wasser.

A2 Beschreibe, wie sich die Richtung des ausgesendeten Lichts unter Wasser verändert.

Trifft das Licht im rechten Winkel auf die Wasseroberfläche, dann ändert es seine Richtung nicht.
Wenn das **Licht schräg** auf das Wasser auftrifft, so **ändert es die Richtung.**
Wir sagen: „**Das Licht wird beim Übergang ins Wasser gebrochen.**“
Ein Teil des Lichts wird auch am Wasser reflektiert.

LV1 Gebrochen und reflektiert (Abb. 67.2)
Ein ebener Spiegel wird vorsichtig in die Wanne von V3 gelegt.
Das verdunkelte Zimmer wird mit einer Nebelmaschine vernebelt.
Mit einem Laserpointer wird schräg auf die Wasseroberfläche geleuchtet, sodass das ausgesendete Licht dabei auf den Spiegel im Wasser trifft.

A3 Beobachte den Verlauf des Lichts.
Zeichne den Versuchsaufbau und den Weg des Laserlichts in dein Physikheft. Zeichne an zwei Stellen das Lot ein (siehe Abb. 67.3): beim Auftreffpunkt des Lichts, wenn es ins Wasser übergeht und bei dem Punkt, wo es aus dem Wasser an die Luft tritt.

Es gibt viele **verschiedene lichtdurchlässige Materialien** (zB Luft, Wasser, Glas …). Licht hat nur im luftleeren Raum (Vakuum) eine Geschwindigkeit von etwa 300 000 $\frac{km}{s}$ (→ Seite 41). In anderen lichtdurchlässigen Materialien ist es **langsamer**.

Beim **Übergang** des Lichts von einem lichtdurchlässigen Material (zB **Luft**) in ein anderes lichtdurchlässiges Material (zB **Wasser**) **ändert** sich die **Lichtgeschwindigkeit** (Abb. 67.6). Dadurch **ändert** das Licht seine **Richtung**, es kommt zur Lichtbrechung.

M Licht wird **zum Lot gebrochen**, wenn es zB von der Luft ins Wasser tritt.
Es wird dabei **langsamer**.
Licht wird **vom Lot gebrochen**, wenn es zB vom Wasser in die Luft tritt.
Es wird dabei **schneller**.

67.1 Der Lichtknick beim Übergang

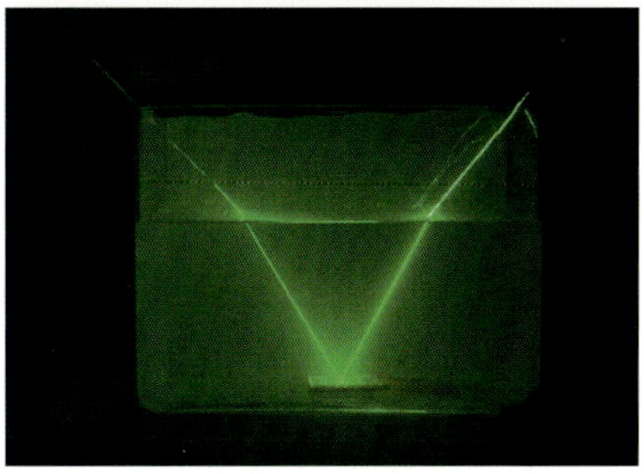

67.2 Gebrochen und reflektiert

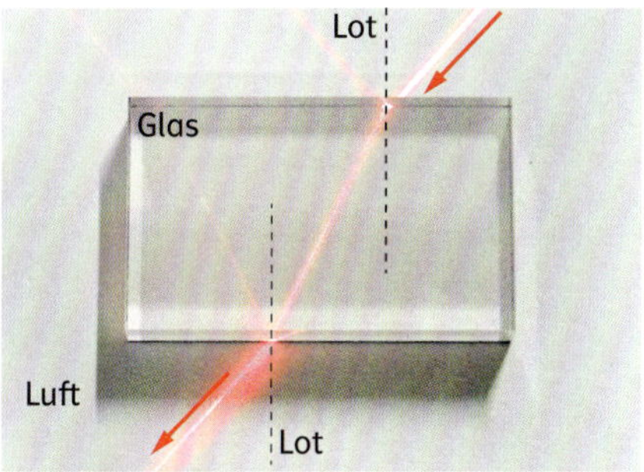

67.3 Das von oben kommende Lichtbündel wird beim Eintritt ins Glas zum Lot und beim Austritt vom Lot gebrochen.

Infobox:
Das Lot ist eine gedachte Linie im rechten Winkel auf eine Oberfläche.

67.4 Durch die Lichtbrechung ist der Stiel der Rose nicht gut zu sehen.

67.5 Glas lenkt das Licht gut ab.

lichtdurchlässiges Material	c in $\frac{km}{s}$
luftleerer Raum (Vakuum)	299 792,458
Luft	299 705
Wasser	225 000
Honig	etwa 210 000
Speiseöl	etwa 199 900
Glas	etwa 198 500
Diamant	123 881

67.6 Lichtgeschwindigkeit c in verschiedenen lichtdurchlässigen Materialien

4 Wenn Licht „total“ reflektiert wird

68.1 Spiegelnde Wasseroberfläche eines Aquariums

Was verstehen wir unter Totalreflexion?

Leyla und Jakob stehen vor einem Aquarium. Ein Fisch schwimmt an die Wasseroberfläche und holt sich dort sein Futter. Die beiden beobachten ihn und schauen dabei von unten zur Wasseroberfläche.
Leyla sagt: „Eigenartig, ich kann gar nicht durch die Wasseroberfläche sehen“.
Jakob meint: „Ich sehe gespiegelte Fische, wie gibt's das?“ (Abb. 68.1).

V1 Ein Wasserspiegel (Abb. 68.2)
Fülle ein Glas etwa drei Viertel mit Wasser. Hebe es hoch und schaue von schräg unten auf die Wasseroberfläche. Sie wirkt nicht durchsichtig, sondern wie ein Spiegel.

A1 Halte ein kleines Bild an das Glas. Wie musst du das Bild halten, damit du es an der Wasseroberfläche gespiegelt siehst?

68.2 Ein Wasserspiegel

Das Licht des kleinen Bildes wird an der Wasseroberfläche nicht gebrochen. Es wird wie bei einem Spiegel **vollständig („total“) reflektiert**.
Diese Spiegelungen an durchsichtigen Flächen nennen wir „**Totalreflexion**“.
Die Totalreflexion tritt bei der **Lichtbrechung vom Lot** auf (→ Seite 67).
Dabei tritt das Licht von einem lichtdurchlässigen Material wie **Wasser** in ein anderes lichtdurchlässiges Material wie **Luft** über. Totalreflexion tritt nur dann auf, wenn das Licht in ein Material übertritt, in dem es sich **schneller fortbewegt**.
Beim Übergang von Wasser zu Luft kann es daher zur Totalreflexion kommen (Lichtgeschwindigkeit Wasser: 225 000 $\frac{km}{s}$, Lichtgeschwindigkeit Luft: 299 705 $\frac{km}{s}$, siehe Abb. 67.6). Beim Übergang von Luft zu Wasser kann Totalreflexion **nicht** auftreten.
Am Übergang von Wasser zu Luft wird das Licht ab einem Winkel von etwa 49° vollständig (total) reflektiert (Abb. 68.5).

68.3 Die gespiegelte Münze – Der Versuchsaufbau

V2 Die gespiegelte Münze (Abb. 68.3, Abb. 68.4)
Fülle eine durchsichtige, rechteckige Wanne mit Wasser.
Lege eine Münze in einem Abstand von etwa 15 cm hinter die Wanne.

A2a Wie musst du auf die Wasseroberfläche schauen, damit du eine Spiegelung der Münze sehen kannst?

A2b Versuche mithilfe von Abb. 68.4 zu erklären, wieso du die Münze in der spiegelnden Wasseroberfläche sehen kannst.

M Tritt **Licht** von **Wasser** in **Luft** über, so wird es an der **Grenzfläche total reflektiert**, wenn der Einfallswinkel ausreichend groß ist.
Totalreflexion tritt nur auf, wenn das Licht in ein Material übertritt, in dem es **schneller ist**.

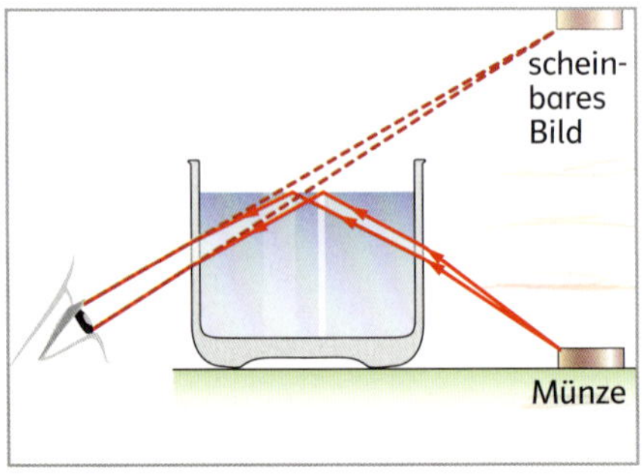

68.4 Die gespiegelte Münze – Der Lichtweg

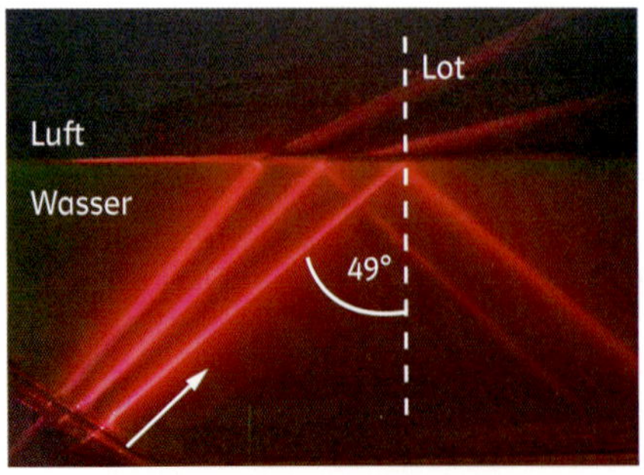

68.5 Licht, das von unten auf die Wasseroberfläche trifft, wird ab einem Winkel von etwa 49° total reflektiert.

68.6 Ein geschliffener Diamant funkelt durch Lichtbrechung und Totalreflexion.

Wo können wir eine Totalreflexion beobachten und anwenden?

Die Totalreflexion von Licht ist der Grund vieler optischer Erscheinungen. Sie wird auch in der Technik angewendet.

V3 Die verschwundene Münze (Abb. 69.1)
Stelle zwei gleiche Marmeladengläser auf je eine Münze. Wenn du von der Seite in die Gläser schaust, kannst du die Münzen gut erkennen. Fülle jetzt eines der Gläser mit Wasser voll. Verschließe es mit dem Deckel. Wo ist die Münze?

A3 Welchen Sinn hat der Deckel auf dem wassergefüllten Glas?
Zeichne den Versuch und notiere deine Vermutungen in deinem Physikheft.

Wir betrachten das mit Wasser gefüllte Glas genauer. Hier kannst du nicht von der Seite durch den Glasboden auf die Münze sehen.
Die Grenzfläche von Glas und Luft wirkt wie ein Spiegel für das Licht, das von der Seite in das Glas fällt. Das Licht der Münze wird durch die Wasserfüllung stark nach oben abgelenkt.

Vielleicht hast du es schon einmal bemerkt: An einem sehr heißen Tag auf einer Straße glaubst du vor dir eine Wasserfläche zu sehen. Du siehst eine **Luftspiegelung**. Der Himmel wird an der Grenzfläche zwischen verschieden warmen Luftschichten gespiegelt (Abb. 69.2).

A4 Schlagt im Internet nach (Suchbegriff „Luftspiegelung").
Wie können Luftspiegelungen aussehen?
Sucht Bilder von Luftspiegelungen und stellt fünf davon mit einem Präsentationsprogramm vor.

V4 Die Lichtgießflasche (Abb. 69.3)
Mache in eine durchsichtige PET-Flasche seitlich nahe am Boden ein Loch von etwa 5 mm Durchmesser (mit zB einem heißen Nagel, den du mit einer Zange hältst). Stelle die Flasche zB am Rand eines Waschbeckens auf. Halte das Loch zu und fülle die Flasche mit Wasser. Beleuchte die Flasche wie im Bild mit dem Licht einer Taschenlampe. Lass das Wasser aus dem Loch abfließen.

A5 Was siehst du an der Stelle, wo der Wasserstrahl ins Becken trifft?
Versuche die Flasche und den Weg des Lichts im Wasserstrahl zu zeichnen.

Am Rand des Wasserstrahls wird das Licht durch **Totalreflexion** reflektiert. Im Wasserbecken siehst du einen Leuchtfleck an der Stelle, wo der Wasserstrahl auftrifft.

Die Totalreflexion geschieht auch in **Glasfaserkabeln** (**Lichtleitern**, Abb. 69.4, Abb. 69.5). In ihnen werden Lichtsignale übertragen. Sie werden zB verwendet, um große Datenmengen rasch weiterzuleiten.

69.1 Die verschwundene Münze

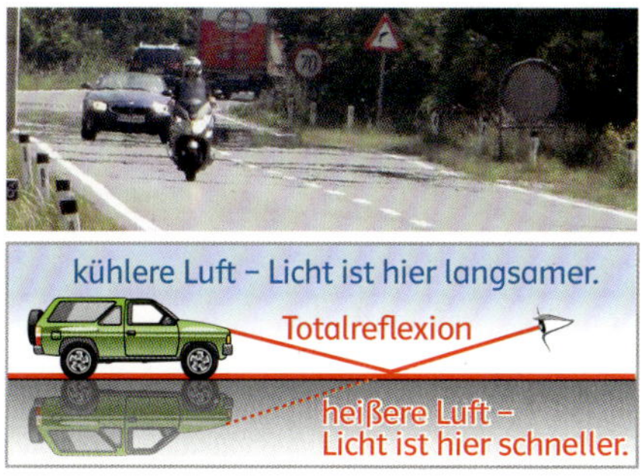

69.2 Luftspiegelungen entstehen, wenn sich die Luft über dem Boden stark erhitzt.

Infobox:
Geschichten über **fliegende Geisterschiffe** haben vielleicht den Ursprung in Luftspiegelungen über dem Meer.

69.3 Die Lichtgießflasche

69.4 Glasfaserkabel übertragen Informationen durch Licht.

69.5 So wird Licht in Lichtleitern reflektiert.

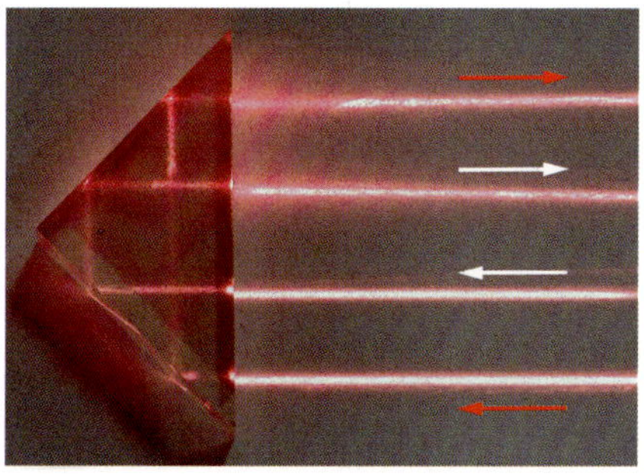
69.6 Ein Glasprisma lenkt Licht in optischen Geräten (zB Ferngläsern) um.

4 Der Lichtweg bei optischen Linsen

70.1 Richtungswechsel a)

Wie ändern runde Gegenstände aus Glas den Lichtweg?

Laras kleiner Bruder sitzt vor seinem Wasserglas und lacht vergnügt. „Schau mal, Lara! Das Auto hinter dem Glas fährt verkehrt!“ (Abb. 70.1). Lara ist erstaunt. „Warum kann das Licht vom Spielzeugauto im Wasserglas die Seiten wechseln?“, überlegt sie.

70.2 Richtungswechsel b)

V1 Richtungswechsel (Abb. 70.1, Abb. 70.2)
a) Fülle ein zylinderförmiges Glas mit Wasser. Beobachte ein Spielzeugauto hinter dem Wasserglas.
b) Leuchte mit einer kleinen Taschenlampe durch das Wasserglas. Beobachte den Weg des Lichtkegels auf dem Tisch.

A1a Wo muss das Spielzeugauto stehen, damit du es verkehrt siehst? Wie durchläuft das Licht der Taschenlampe das Wasserglas? Warum kannst du das Auto verkehrt sehen? Was vermutest du?

A1b Probiere den Versuch mit einem kugelförmigen Glaskolben (Rundkolben) statt eines Trinkglases (Abb. 70.3). Was fällt dir jetzt auf?

70.3 Weshalb sind bei diesem gefüllten Glaskolben alle Richtungen des Spielzeugautos vertauscht? Was vermutest du?

Wie sehen „optische Linsen“ aus?

Sammellinsen („Konvexlinsen“) sind nach außen gebogen („konvex“). Du kennst sie von daheim zB als „Lupe“.
Zerstreuungslinsen („Konkavlinsen“) sind nach innen gebogen („konkav“). Du kannst sie zB bei Brillen gut erkennen.

M **Sammellinsen** (A) sind **in der Mitte dicker** als am Rand. Sie werden auch Konvexlinsen genannt.
Zerstreuungslinsen (B) sind **am Rand dicker** als in der Mitte. Sie werden auch Konkavlinsen genannt.

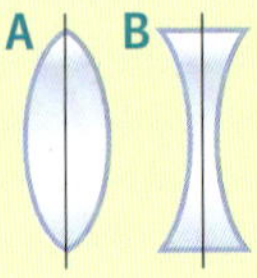

Infobox:
Die Form einer Sammellinse erinnert an essbare Hülsenfrüchte (Abb. 70.4). Daher kommt der Name „**Linse**“.

A2 Wo werden „optische Linsen“ verwendet? Bei welchen Geräten kannst du optische Linsen erkennen? Schau dich in deiner Umgebung um.

Linsen brechen das **Licht** an ihrer gekrümmten Oberfläche (→ Seiten 66–67). Manchmal wird die lichtbrechende Oberfläche ringförmig auf eine Oberfläche gepresst. Diese Linsen sind flacher und leichter als Glaslinsen (Abb. 70.6).

70.4 „Linsen“ sind Hülsenfrüchte.

70.5 Verschiedene optische Linsen

70.6 Eine flache Linse als Lupe

Wie ist der Lichtweg an Sammellinsen?

Bei einer **Sammellinse** werden die Lichtbündel durch **Lichtbrechung** zur **Mitte** hin abgelenkt. Sie kreuzen sich im „**Brennpunkt *F***" (von lat. *focus*). Die Sammellinse „**sammelt**" also **Licht** im Brennpunkt. Der Abstand zwischen der Linse und ihrem Brennpunkt wird als „**Brennweite *f***" bezeichnet (Abb. 71.1).
Bei stark gekrümmten Linsen ist der Brennpunkt nahe bei der Linse, die Brennweite ist daher kurz (Abb. 71.2). Bei wenig gekrümmten Linsen ist der Brennpunkt weiter weg, die Brennweite ist daher größer.

V2 Das Brennglas (Abb. 71.3)
Lege ein Stück Holzkohle auf eine feuerfeste Unterlage (zB einen Ziegel). Eine Lupe ist eine Sammellinse. Mit ihr kannst du das Sonnenlicht auf einen kleinen Fleck bündeln. Dort wird es auch sehr heiß.

A3a Kannst du mit der Lupe die Kohle zum Glühen bringen?
Welchen Abstand muss die Lupe zur Kohle haben?

A3b Bei Linsen mit großem Durchmesser fällt mehr Licht durch die Linse.
Linsen mit kleinerer Brennweite lenken das Licht stärker ab.
Was vermutet ihr? Erhitzt sich die Kohle schneller bei Linsen mit größerem Durchmesser oder bei Linsen mit anderer Brennweite?

M **Sammellinsen** lenken parallel einfallendes Licht so ab, dass es sich in einem **Brennpunkt *F* kreuzt („sammelt")**.
Der Abstand zwischen Linse und Brennpunkt ist die **Brennweite *f***.

Wie ist der Lichtweg an Zerstreuungslinsen?

Bei einer **Zerstreuungslinse** wird einfallendes Licht durch **Lichtbrechung** an der Oberfläche der Linse **nach außen abgelenkt** (Abb. 71.4).
Die **Zerstreuungslinse „zerstreut"** das Licht, das durch sie hindurchgeht.
Es scheint dabei von einem Punkt (**„*Zerstreuungspunkt Z*"**) zu kommen.

V3 Komplett zerstreut (Abb. 71.5)
Fülle eine durchsichtige Wanne (zB Aquarium) mit Wasser. Tauche einen runden, leeren Glaskolben in das Wasser. Schaue durch den Kolben. Leuchte mit einer Taschenlampe durch den Kolben.

A4a Weshalb wirkt der nach außen gebogene Glaskolben unter Wasser wie eine Zerstreuungslinse? Versuche eine Erklärung.

A4b Fülle den Glaskolben langsam mit Wasser. Was ändert sich?
Versuche eine Erklärung.

M **Zerstreuungslinsen zerstreuen** parallel einfallendes Licht nach außen.
Das abgelenkte Licht scheint von einem **Zerstreuungspunkt *Z*** auszugehen.

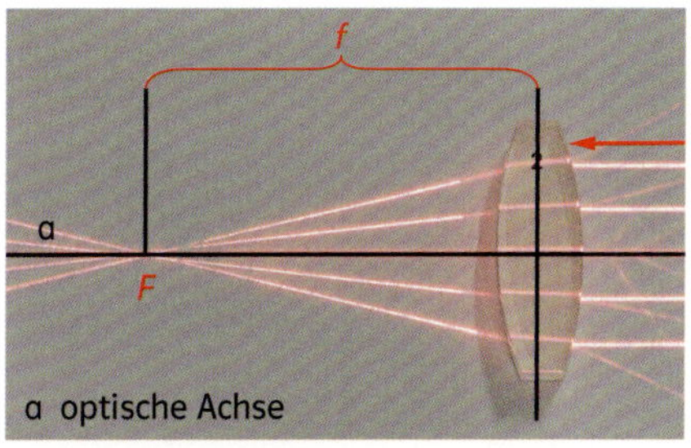

71.1 Im **Brennpunkt *F*** kreuzt sich das abgelenkte Licht.
Die **optische Achse a** ist eine gedachte Gerade, die waagrecht durch die Mitte der Linse geht.

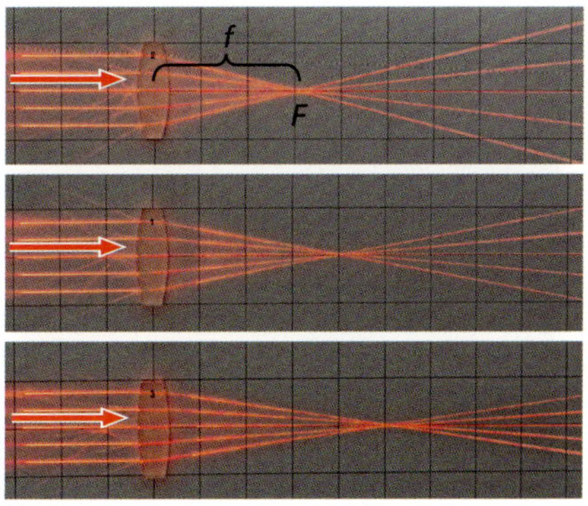

71.2 Bei stark gekrümmten Linsen (oben) ist der Brennpunkt *F* nahe bei der Linse, die Brennweite *f* ist kurz.

71.3 Das Brennglas

Infobox:
Focus bedeutet „Feuerstätte".
Der Brennpunkt hat seinen Namen vom heißen Bild der Sonne durch eine Sammellinse.

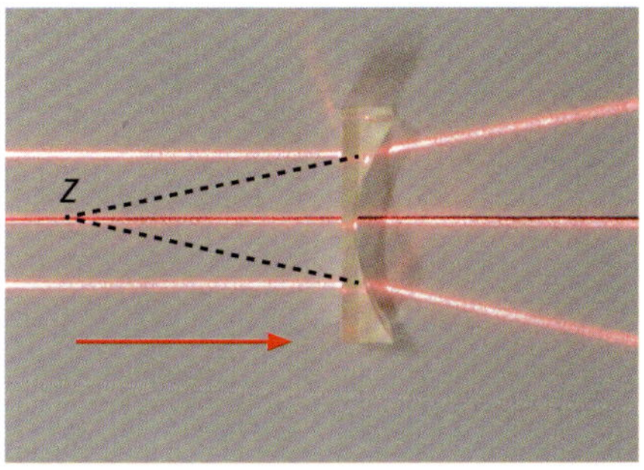

71.4 Zerstreuungslinsen lenken Licht nach außen ab.

71.5 Komplett zerstreut – Der leere Glaskolben im Wasser

71.6 Zerstreuungslinsen helfen bei Kurzsichtigkeit (→ Seite 75).

4

Wie Bilder an Linsen entstehen

72.1 Ein Beamer wirft ein wirkliches Lichtbild auf die Leinwand.

72.2 Aus Leuchtpunkten werden Bildpunkte.

72.3 Wie ein Projektor (Beamer) – Das verkehrte wirkliche Lichtbild einer Kerzenflamme

Infobox:
Nur Sammellinsen und Hohlspiegel (→ Seite 63) erzeugen **wirkliche (reelle) Lichtbilder.** Du kannst diese auf einem Bildschirm auffangen.

Wie entstehen wirkliche Lichtbilder an der Sammellinse?

Philipp betrachtet den Beamer in der Klasse (Abb. 72.1). „Wie erzeugt der Beamer ein scharfes Bild auf der Leinwand?", will Philipp wissen. Seine Physiklehrerin erklärt es ihm: „Stell dir vor, dass jeder leuchtende Gegenstand aus vielen kleinen **Leuchtpunkten** besteht. Jeder Leuchtpunkt sendet einen Lichtkegel aus. Die **Sammellinse** im Beamer macht aus einem Lichtkegel, der auseinanderläuft, einen Lichtkegel, der zusammenläuft. Jeder zusammenlaufende Lichtkegel beleuchtet einen Punkt auf der Leinwand. Der Punkt auf der Leinwand ist das Bild des Leuchtpunkts, daher bezeichnen wir ihn als **Bildpunkt**. Alle Bildpunkte bilden das **Lichtbild**." (Abb. 72.2).

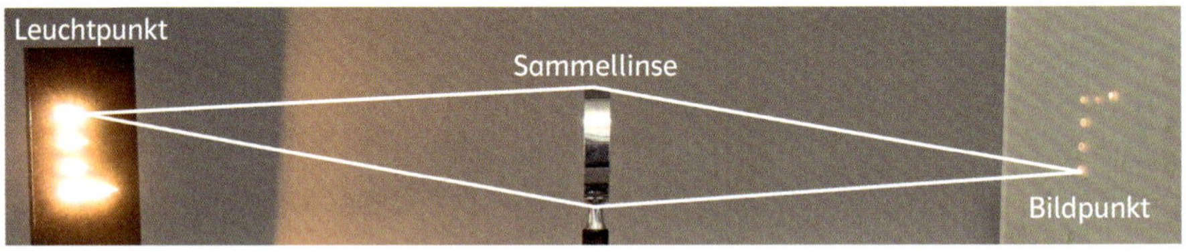

V1 Wie ein Projektor (Beamer) (Abb. 72.3, Abb. 72.4)
Stelle eine Kerze hinter eine Sammellinse mit bekannter Brennweite. Verdunkle das Zimmer. Versuche den abgelenkten Lichtkegel der Kerzenflamme mit einem Bildschirm (zB Kopierpapier) aufzufangen.

A1a Wie weit muss die Kerze von der Sammellinse entfernt stehen, damit du ein Lichtbild von ihr auffangen kannst? Beschreibe das Lichtbild.

A1b Entferne den Bildschirm. Ist das Lichtbild trotzdem sichtbar? Beschreibe deine Beobachtung.

A1c Wie musst du die Kerze verrücken, damit du ein möglichst großes Lichtbild an die Wand werfen kannst?

A1d Beleuchte Gegenstände mit einer hellen Lampe. Kannst du ihre Lichtbilder auch mit dem Bildschirm auffangen?

M Eine **Sammellinse** kann **wirkliche (reelle) Lichtbilder** erzeugen. Dabei befindet sich der Gegenstand **außerhalb der Brennweite. Wirkliche Lichtbilder** an der Sammellinse sind **verkehrt**. Du siehst sie **vor der Sammellinse** und kannst sie auf einem **Bildschirm** auffangen.

Durch eine Zeichnung kannst du den Ort eines Bildpunktes P' gut erklären. Als Vereinfachung verwendest du zwei Strahlen als **Stellvertreter für den ganzen Lichtkegel** (Abb. 72.5, Abb. 72.6). Der **Mittelpunktstrahl** verläuft vom Leuchtpunkt P aus gerade durch die Mitte der Sammellinse. Der **Parallelstrahl** wird vom Leuchtpunkt P aus parallel zur optischen Achse a bis zur Mitte der Sammellinse gezeichnet und durch den Brennpunkt F_2 abgelenkt.

72.4 Wie ein Projektor (Beamer) – Das Lichtbild siehst du vor der Linse.

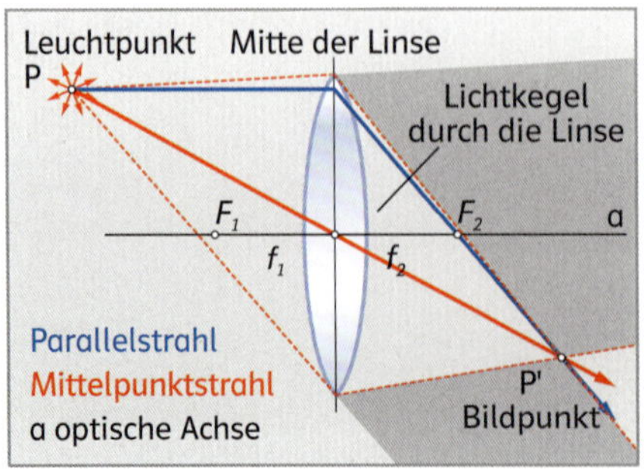

72.5 Stellvertreter helfen beim Zeichnen eines Bildpunktes.

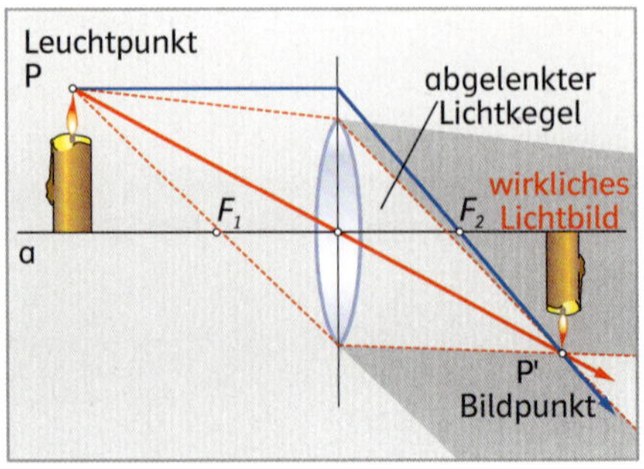

72.6 So entsteht ein wirkliches Lichtbild bei einer Sammellinse.

Wie entstehen Bilder an einer Lupe?

Sophie betrachtet eine Rosenknospe durch eine Lupe (Abb. 73.1). Sie kann die vergrößerte Knospe scharf sehen. Der Hintergrund ist aber unscharf und steht auf dem Kopf.

73.1 Die vergrößerte Rosenknospe wird hinter der Lupe gesehen.

V2 Die Kerze durch eine Lupe (Abb. 73.2)
Stelle eine Sammellinse mit bekannter Brennweite vor eine Kerze.
Betrachte die Flamme der Kerze wie durch eine Lupe.

A2a Wie weit kannst du die Sammellinse von der Kerze wegrücken, damit du die Flamme vergrößert und aufrecht siehst?

A2b Kannst du das aufrechte Bild der Kerze mit einem Bildschirm auffangen? Beschreibe deine Beobachtungen.

73.2 Die Kerze durch eine Lupe

Wenn du eine **Sammellinse** als **Lupe** verwendest, hältst du sie nahe zum Gegenstand. Der Gegenstand befindet sich **innerhalb der Brennweite** – also zwischen der Sammellinse und ihrem Brennpunkt. Das Licht eines Leuchtpunktes wird durch die Sammellinse **nach außen zerstreut**. Es trifft nicht zu einem Bildpunkt zusammen. Deshalb lässt sich das Bild nicht mit einem Bildschirm auffangen (Abb. 73.3).
Das Licht des **aufrechten und vergrößerten Bildes** kommt scheinbar von **„hinter der Sammellinse“**. Das Bild ist **scheinbar (virtuell)**.

> **M** Eine **Sammellinse** wirkt als **Lupe**, wenn sich der Gegenstand **innerhalb der Brennweite** befindet. Das **vergrößerte und aufrechte Bild** ist **scheinbar (virtuell)**.

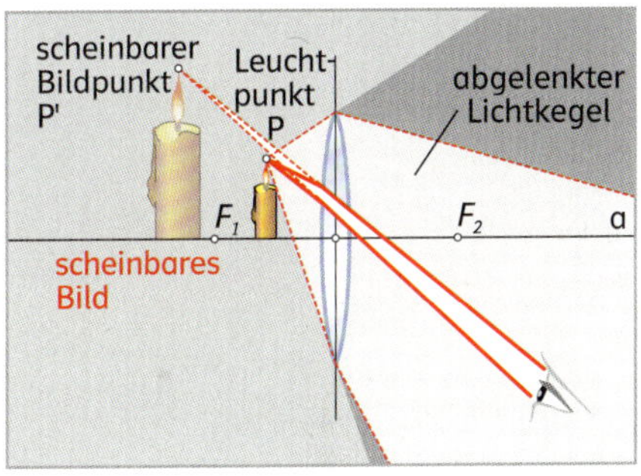

73.3 So entsteht das scheinbare Bild bei einer Lupe.

Welche Bilder erzeugt eine Zerstreuungslinse?

V3 Die zerstreute Kerze (Abb. 73.4)
Stelle eine Zerstreuungslinse vor eine Kerze.
Betrachte die Flamme der Kerze durch die Zerstreuungslinse.

A3 Wie ändert sich das Bild der Kerze, wenn du sie von der Linse wegrückst? Kannst du das Bild der Kerze mit einem Bildschirm auffangen?

Das Licht eines Gegenstandes wird durch eine **Zerstreuungslinse immer nach außen abgelenkt** (→ Seite 71). Es kann nicht zu Bildpunkten zusammentreffen. Du siehst durch eine Zerstreuungslinse daher immer **nur scheinbare Bilder**. Diese Bilder sind **immer aufrecht und verkleinert**. Es ist dabei egal, wie weit die Zerstreuungslinse vom Gegenstand entfernt ist (Abb. 73.5).

> **M** Durch **Zerstreuungslinsen** kannst du nur **scheinbare (virtuelle)**, **verkleinerte** und **aufrechte Bilder** sehen.

Infobox:
Scheinbare Bilder an Linsen siehst du nur, wenn du durch die Linse hindurchschaust. Sie liegen „hinter der Linse“.

73.4 Die zerstreute Kerze

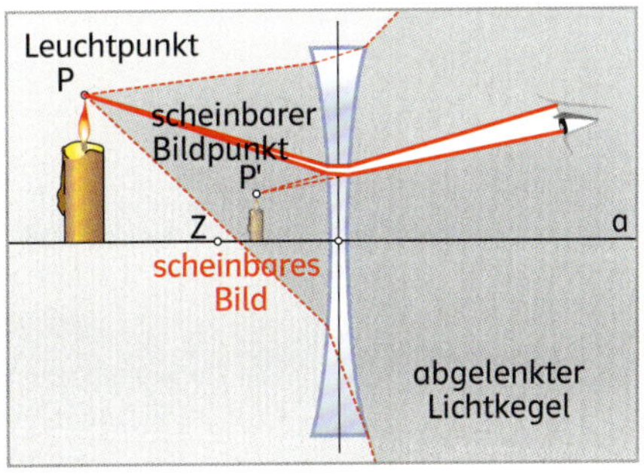

73.5 So entsteht das scheinbare Bild bei einer Zerstreuungslinse.

73.6 Zerstreuungs- und Sammellinse erzeugen unterschiedliche scheinbare Bilder.

4 Fotoapparat und Auge

74.1 Fotoapparate („Kameras“) haben sich im Laufe der Zeit stark verändert: Box-Kamera, Balg-Kamera, Digitalkamera, Sofortbildkamera, Smartphone.

Wie funktioniert ein Fotoapparat?

Elena stöbert bei ihrer Oma gerne in den Kästen. Sie findet eine schwarze Box. Diese hat vorne eine Öffnung, in der eine Sammellinse steckt. „Das ist eine alte Box-Kamera!“, erzählt Elenas Oma (Abb. 74.1). „Damit haben meine Eltern Fotos auf einem Film gemacht.“ Wie das genau funktioniert, weiß die Oma nicht. Sie macht ihre Fotos auch mit der Kamera am Smartphone. Aber Elena kennt sich aus. Sie hat sich aus der Schule gemerkt, dass Sammellinsen wirkliche Lichtbilder erzeugen können (→ Seite 72). Jetzt probiert sie weiter ...

V1 Wie ein Fotoapparat scharf stellt (Abb. 74.2)
Stelle zwei Kerzen unterschiedlich weit weg vor eine Sammellinse. Hinter der Sammellinse steht ein Bildschirm (zB Kopierpapier). Stelle das Lichtbild der Kerzenflammen durch Verschieben der Sammellinse scharf.

A1 Weshalb kannst du nicht die Bilder beider Flammen scharf bekommen?
Wie könntest du beide Kerzen scharf abbilden? Überlege und probiere.

74.2 Wie ein Fotoapparat scharf stellt

Das sogenannte „**Objektiv**“ eines Fotoapparates enthält **Sammellinsen**. Diese erzeugen ein **kleines wirkliches (reelles) Lichtbild** auf der Rückseite eines dunklen Raumes. Bei Digitalkameras befindet sich auf der Rückseite des dunklen Raumes ein lichtempfindlicher Sensor (Abb. 74.4, Abb. 74.5). Ältere Kameras haben an dieser Stelle oft einen lichtempfindlichen Film (Abb. 74.6). Durch **Verschieben des Objektivs** wird das Bild **scharf gestellt**.

Infobox:
Das italienische Wort ***„camera“*** bedeutet „Zimmer“. Alle Fotoapparate haben einen dunklen Raum, in den durch eine Sammellinse Licht fällt.

V2 Was ein kleines Loch bewirkt (Abb. 74.3)
Baue aus drei Stücken Naturpapier und Klebeband ein verstellbares Loch (siehe Skizze rechts). Wiederhole V1. Halte dabei das verstellbare Loch vor die Sammellinse. Mach das Loch kleiner und größer.

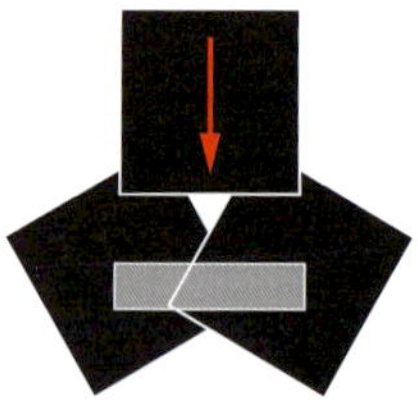

A2 Kannst du erkennen, was das Loch bewirkt?
Was ändert sich, wenn das Loch kleiner gestellt wird? Erkläre deine Beobachtungen.

Das Objektiv einer Kamera enthält ebenfalls ein verstellbares Loch – die „**Blende**“. Du steuerst mit der **Größe des Lochs** die **Bildhelligkeit**. Ist das **Loch klein**, so wird das **Bild dunkler**. Durch den Lochkamera-Effekt (→ Seite 43) werden Gegenstände auch **schärfer** abgebildet.

74.3 Was ein kleines Loch bewirkt

M Das **Objektiv** eines **Fotoapparates** enthält **Sammellinsen**. Sie erzeugen ein **kleines wirkliches (reelles) Lichtbild** zB auf einem Sensor oder einem Film. Durch **Verschieben des Objektivs** wird das Bild **scharf gestellt**. Die **Blende** ist eine **verstellbare Öffnung**. Sie regelt die **Bildhelligkeit**.

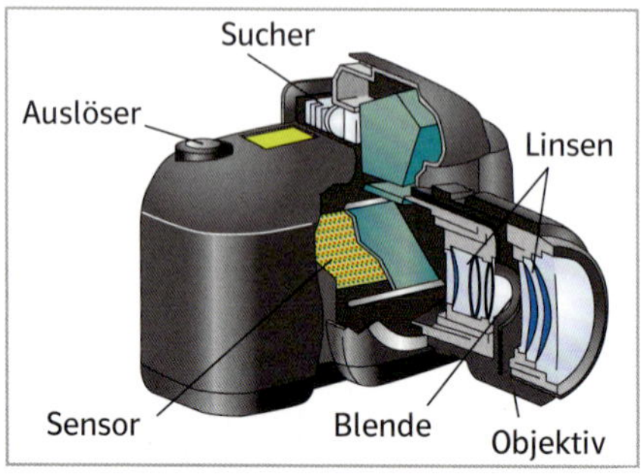

74.4 Bei Digitalkameras wird das Bild auf einem lichtempfindlichen Sensor abgebildet.

74.5 Aufbau einer Kamera im Smartphone

74.6 Ältere Kameras halten das Bild auf einem lichtempfindlichen Film fest.

Wie funktioniert das menschliche Auge?

Das **menschliche Auge** ist ähnlich aufgebaut wie ein Fotoapparat (Abb. 75.1). Vom **Leuchtpunkt** P eines Gegenstandes geht ein Lichtkegel aus. Dieser wird durch das **Kammerwasser** und die **Augenlinse** zu einem **Bildpunkt** P' auf der Netzhaut abgelenkt. Es entsteht ein kleines wirkliches Lichtbild.
Beim **Scharfstellen** des Bildes wird die **Augenlinse** durch Muskeln stärker (beim Nahsehen) oder schwächer (beim in die Ferne Sehen) gewölbt.
Die **Iris** schützt das Auge wie eine **Blende** vor zu **hellem Licht** (Abb. 75.2).
Sehzellen auf der **Netzhaut** (Abb. 75.4) wandeln Licht in Informationen für das Gehirn um. Beim **gelben Fleck** siehst du am besten. Er enthält Sehzellen für die Farben Rot, Grün und Blau (***Zapfen***). Um den gelben Fleck befinden sich die ***Stäbchen***. Mit ihnen unterscheidest du Hell und Dunkel. Beim **blinden Fleck** tritt der **Sehnerv** zum Gehirn aus. Dort befinden sich keine Sehzellen.

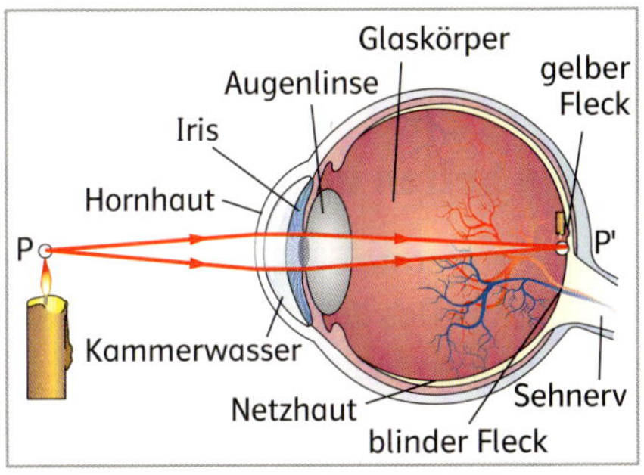

75.1 Aufbau des menschlichen Auges

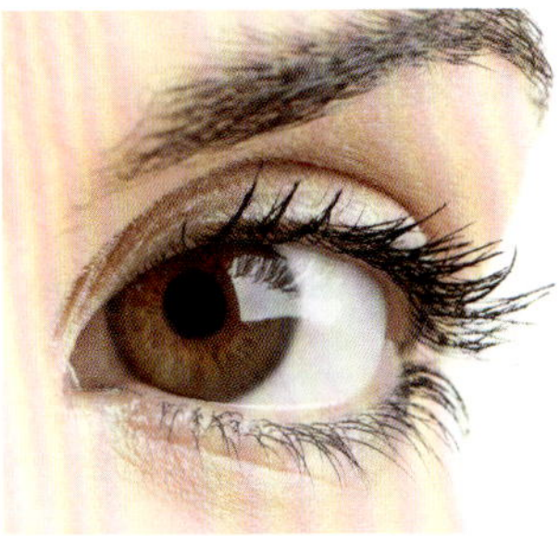

75.2 Die gefärbte Iris wirkt wie eine Blende.

V3 Der blinde-Fleck-Test
Halte dir das linke Auge zu und betrachte den Smiley. Verändere den Abstand zum Buch. An einer Stelle trifft das Bild des Kreuzes auf den blinden Fleck – du kannst das Kreuz nicht mehr sehen!

A3 Zeichne einen eigenen „blinden-Fleck-Test" in dein Physikheft. Worauf musst du achten?

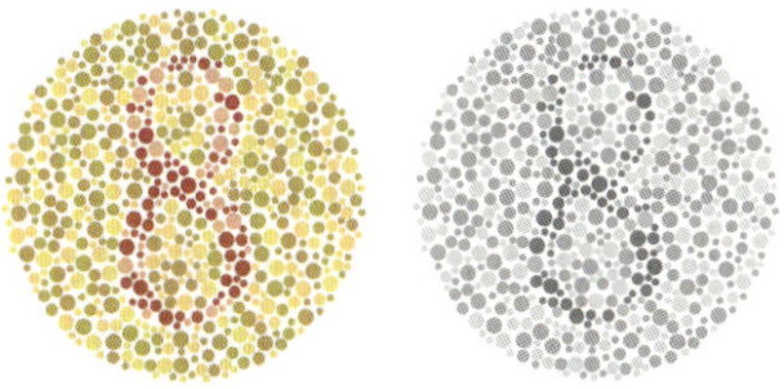

75.3 Der Rot-Grün-Sehtest – Wenn du im linken Bild keine Zahl erkennen kannst, dann wende dich an eine Ärztin oder einen Arzt.

V4 Der Rot-Grün-Sehtest (Abb. 75.3)
Sieh dir das linke Bild von Abb. 75.3 an. Was kannst du erkennen? Einige Menschen können Rot und Grün nur schlecht unterscheiden – wie am rechten Bild. Sie sind „rot-grün-blind" oder „rot-grün-geschwächt".

V5 Nachbilder – Ein Belastungstest der Sehzellen (Abb. 75.5)
Betrachte etwa 20 Sekunden lang starr die farbigen Kreise, bis du helle Ränder erkennen kannst. Schaue nun auf ein weißes Blatt Papier. Was kannst du erkennen? Welche Farben siehst du? Beschreibe.

Infobox:
Aus dem Mineral Beryll wurden im Mittelalter optische Linsen geschliffen. Davon kommt der Name Brille.

Manche Menschen tragen eine Brille oder Kontaktlinsen. Ihre Augenlinse kann die Bilder auf der Netzhaut nicht richtig scharfstellen.
Bei **Weitsichtigkeit** siehst du in der Nähe unscharf. Der Augapfel ist zu kurz oder die Augenlinse lässt sich nicht mehr wölben (= Alterssichtigkeit).
Eine **Brille mit Sammellinse** rückt das Bild nach vorne (Abb. 75.6).
Bei **Kurzsichtigkeit** siehst du in der Weite unscharf. Der Augapfel ist zu lang oder die Augenlinse zu stark gewölbt. Eine **Brille mit Zerstreuungslinse** rückt das Bild nach hinten (Abb. 75.6).
Kontaktlinsen schwimmen auf einer Tränenschicht auf der Hornhaut und können wie eine Brille Augenfehler korrigieren.

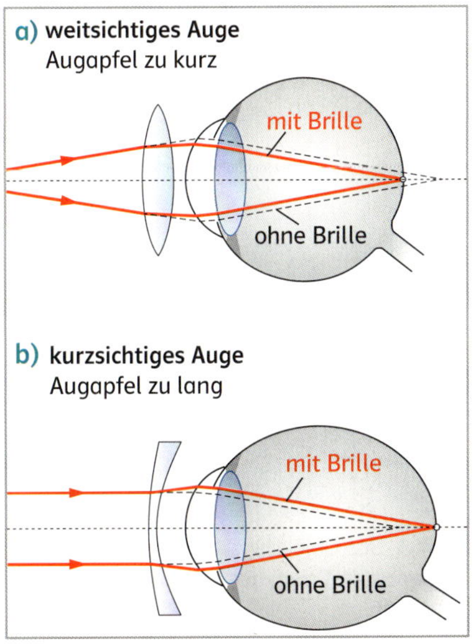

75.6 Weitsichtiges und kurzsichtiges Auge

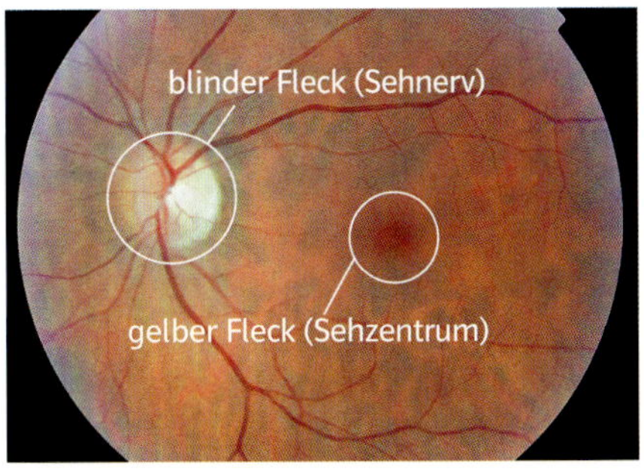

75.4 Blick auf die Netzhaut

75.5 Nachbilder – Ein Belastungstest der Sehzellen

4 Das kann ich!

A1 Ein Lichtbündel wird durch ein Glasprisma abgelenkt.
Welche Darstellung ist richtig? ☐ A, ☐ B
Begründe deine Entscheidung:

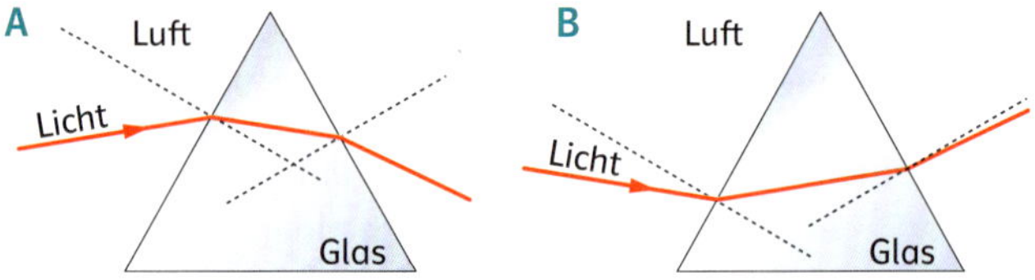

A2 Wo sieht Noah den Stein?
Zeichne mit Lineal und Bleistift ein, wo sich das scheinbare Bild des Steins befindet.

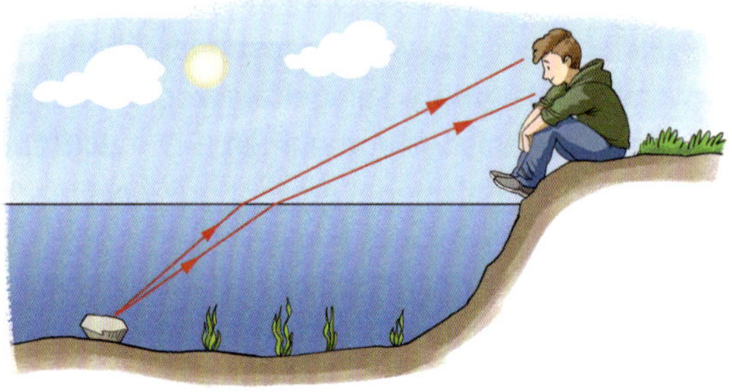

V1 **Die Hexe zaubert!**

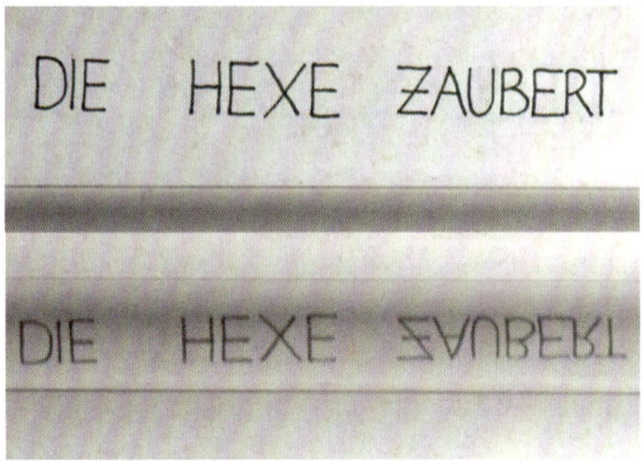

Schreibe diesen Satz in Blockbuchstaben in dein Physikheft.
Fülle eine Flasche oder ein Reagenzglas mit Wasser. Schau durch das Gefäß auf die Schrift.
Weshalb siehst du nur eines der drei Wörter umgedreht? Erkläre.

Welche Blockbuchstaben kannst du verwenden, damit sich ein Wort durch das Gefäß nicht umdreht? Ringle sie ein.

A B C D E F G H I J K L M N O P Q R S T U V W X Y Z

Wie viele „nicht umdrehbare Wörter" kannst du finden? Schreibe ein paar hier in Blockbuchstaben auf.

A3 In der Darstellung rechts siehst du vier Linsen (A, B, C, D) von der Seite.

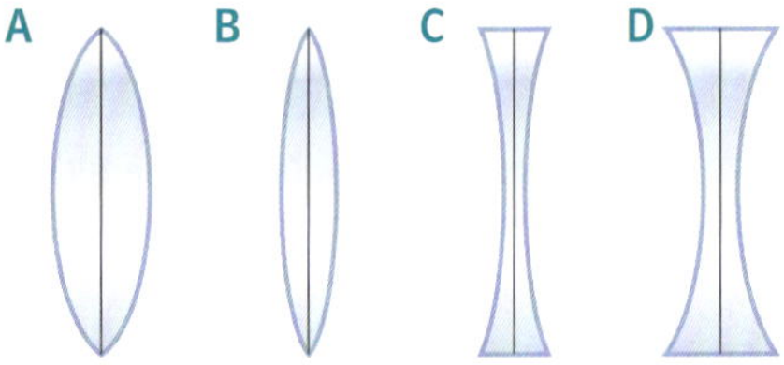

Sammellinsen sind die Linsen ☐ A, ☐ B, ☐ C, ☐ D.

Zerstreuungslinsen sind die Linsen ☐ A, ☐ B, ☐ C, ☐ D.

Schreibe den Buchstaben der Linse zu dem dazu passenden Lichtbündel.

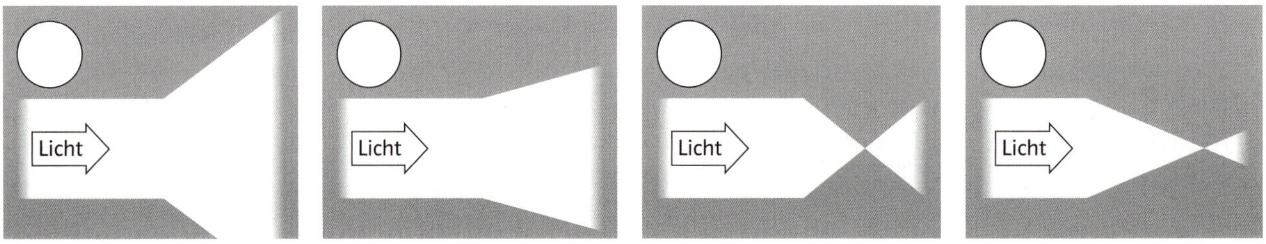

A4 „Glasscherben im Wald können durch Bündelung des Sonnenlichts Waldbrände auslösen."
Stimmt das? Suche im Internet unter dem Suchbegriff „Glasscherben Brandgefahr".
Gib deine Quellen an und überlege, wie verlässlich die erhaltenen Informationen sind.
Finde und notiere Argumente für deine Entscheidung.

A5 Die kleine Daria spielt am Seeufer mit Kieselsteinen. Sie wundert sich, dass sie nur die Steine knapp beim Ufer unter Wasser sehen kann. Das Wasser ist doch so klar und nicht tief. Erkläre Daria, weshalb das Licht des Seebodens von weiterer Entfernung nicht zu ihren Augen gelangt. Vermeide dabei Fachausdrücke. Schreibe die Erklärung für Daria in dein Physikheft.

A6 Zeichne den Verlauf des zweiten Lichtstrahls durch die total reflektierenden Prismen.

Wird das Bild aufrecht oder verkehrt abgebildet?

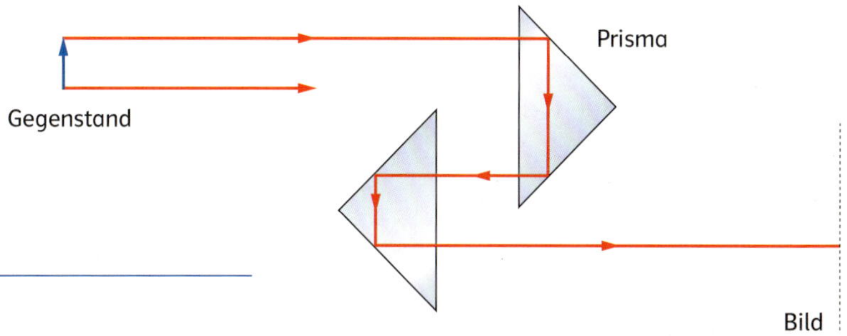

____

V2 Die gehobene Münze (→ Seite 66, V2)

Führe den Versuch auch mit Zuckerwasser (rechte Tasse) durch.
Du musst dazu etwa 300 g Zucker in 200 ml Wasser lösen.
Welchen Unterschied kannst du feststellen?

____

____

Tipp: Bei zwei gleichen Tassen müssen die Münzen an der gleichen Stelle am Boden liegen.

Erklärung: Beim Übertritt von Zuckerwasser in Luft wird das Licht
☐ stärker, ☐ schwächer
gebrochen als beim Übertritt von Wasser in Luft.
Die Münze wird dadurch ☐ höher, ☐ tiefer gesehen.

V3 Wie ein Projektor (Beamer, → Seite 72, V1)

Charlotte und Ivo führen den Versuch durch und diskutieren.
Charlotte: „Wenn ich ein Blatt Papier vor die Sammellinse schiebe, sehe ich sicher nur noch einen Teil der Flamme am Bildschirm."
Ivo: „Ich denke, dass das Bild nur dunkler wird."
Wer hat recht? Probiere es aus.

____

Probiere deine Beobachtung zu erklären:

____

____

____

A7 Die Zeichnungen zeigen dir, wie ein Lichtkegel vom Leuchtpunkt P der Kerzenflamme durch eine Sammellinse abgelenkt wird.

a) Welcher Lichtkegel ist richtig dargestellt? Stelle es durch Einzeichnen der Stellvertreter für den Lichtkegel (Mittelpunktstrahl und Parallelstrahl) fest.

b) Zeichne in beiden Darstellungen den Bildpunkt P' ein.
Wie wird das Lichtbild der Kerze aussehen? Zeichne es ebenfalls ein.

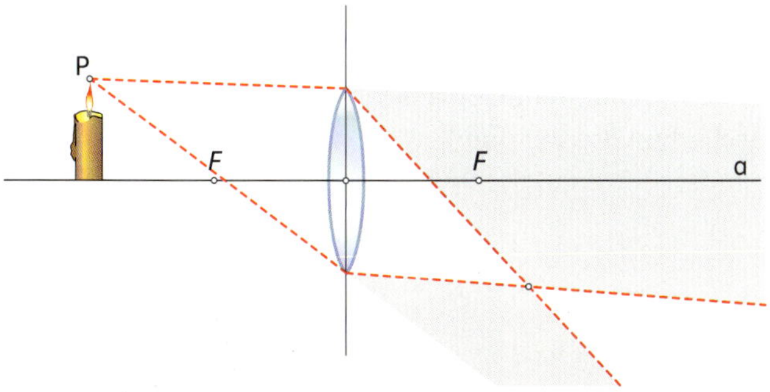

☐ richtig ☐ falsch

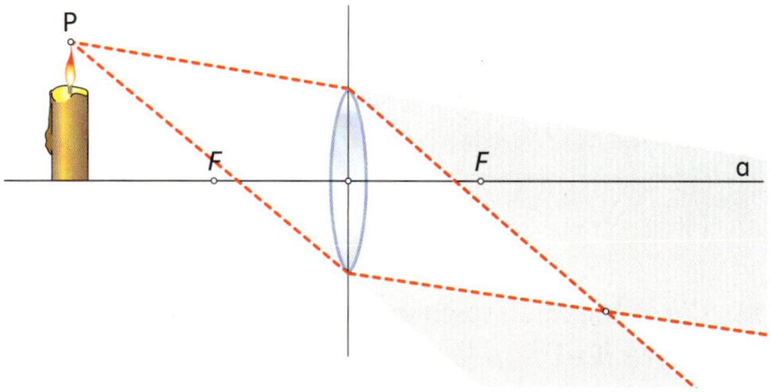

☐ richtig ☐ falsch

5 Die Farben und das Licht

Licht besteht aus Lichtfarben

80.1 Die Glasstücke am Kristall-Luster zerlegen das weiße Licht in farbiges Licht.

80.2 Wie ein Kristall-Luster

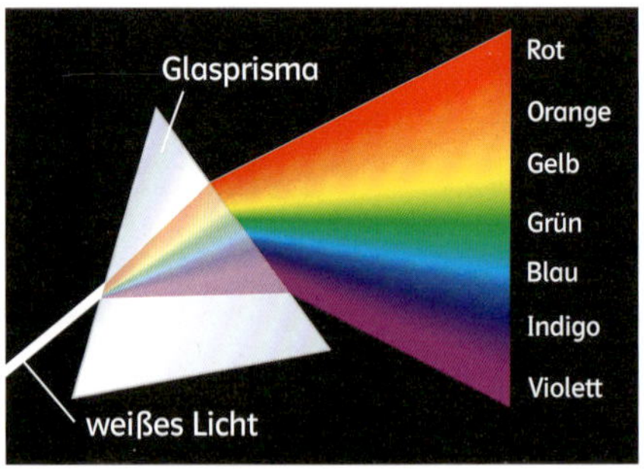

80.3 Sieben Spektralfarben des weißen Lichts können wir gut voneinander unterscheiden.

Wie entstehen „Regenbogenfarben"?

Elisa und Oliver sind bei ihrem Onkel Anton. Er hat in seinem Wohnzimmer einen funkelnden Kristall-Luster. Bei dieser Deckenlampe glitzern Glasstücke in Regenbogenfarben (Abb. 80.1). „Dann fällt das Licht genau richtig auf die Glasstücke.", meint Onkel Anton. Aber was meint er mit „genau richtig"?

V1 Wie ein Kristall-Luster (Abb. 80.2)
Leuchte mit dem schmalen Lichtbündel einer Experimentierlampe (mit „Schlitzblende") auf ein Glasprisma. Verdunkle das Zimmer. Drehe das Glasprisma. Beobachte das vom Glasprisma abgelenkte Lichtbündel. Erkennst du Lichtfarben im abgelenkten Lichtbündel?

A1a Sehen schwach und stark abgelenkte Lichtbündel gleich aus? Notiere deine Beobachtungen.

A1b Ist die Reihenfolge der Lichtfarben im abgelenkten Lichtbündel immer gleich? Skizziere deine Beobachtungen im Physikheft.

Licht wird beim Durchgang durch Glasstücke **gebrochen** (→ Seiten 66–67).
Mit einem **Glasprisma** kannst du das Licht besonders stark ablenken.
Bei **starker Ablenkung** sieht das schmale Lichtbündel der Experimentierlampe nicht mehr weiß aus. Du siehst eine bestimmte Reihenfolge von farbigem Licht – ein „**Lichtspektrum**" (Mehrzahl: „Lichtspektren").
Die Lichtfarben darin (sogenannte „**Spektralfarben**") haben eine **bestimmte Reihenfolge** (Abb. 80.3). Aus ihnen besteht das **weiße Licht**.
Weißes Licht fächert sich also bei **starker Ablenkung** durch das Glasprisma in seine **Spektralfarben** auf. Violettes Licht wird dabei stärker gebrochen als rotes Licht. Das geschieht deshalb, weil **violettes Licht im Glas eine geringere Lichtgeschwindigkeit** hat als rotes Licht.

V2 Licht auf der CD (Abb. 80.4)
Leuchte mit dem schmalen Lichtkegel einer Taschenlampe auf die spiegelnde Seite einer CD. Kannst du die farbigen Reflexionen der CD auf weißem Papier auffangen?

Die Informationen auf einer CD werden auf feinen Rillen gespeichert.
An diesen Rillen wird das Licht stark abgelenkt – jedoch nicht durch Brechung.

Infobox:
Isaac Newton (1643–1727) legte die sieben gut unterscheidbaren Lichtfarben im Lichtspektrum fest.

M **Weißes Licht** besteht aus den **Lichtfarben** **Rot**, **Orange**, **Gelb**, **Grün**, **Blau**, **Indigo** und **Violett**. Wir nennen sie „**Spektralfarben**".
Das erkennen wir bei der **starken Ablenkung des Lichts** zB an einem Glasprisma oder an den Rillen einer CD.

80.4 Licht auf der CD

80.5 Die Folie in der „Regenbogenbrille" zerlegt das Licht an Rillen.

80.6 Das Sonnenlicht durch die Regenbogenbrille fotografiert (!)

Wie kann ich das Lichtspektrum von Lichtsendern beobachten?

In Abb. 81.1 leuchtet das Licht einer kleinen weißen LED-Lampe durch ein Stück **Regenbogenfolie** (= „**Beugungsgitter**"). Du kannst die von der LED abgestrahlten **Spektralfarben** erkennen. Das Lichtspektrum größerer Lichtsender lässt sich damit aber nicht gut beobachten. Daher verwenden wir für größere Lichtsender ein sogenanntes „**Spektroskop**". Mit einem Spektroskop kannst du das Lichtspektrum von Lichtsendern besser beobachten. Dabei fällt das Licht durch einen **dünnen Spalt**. Das dabei entstehende dünne Lichtbündel wird dann von einem Prisma oder einem Beugungsgitter in seine Spektralfarben zerlegt.

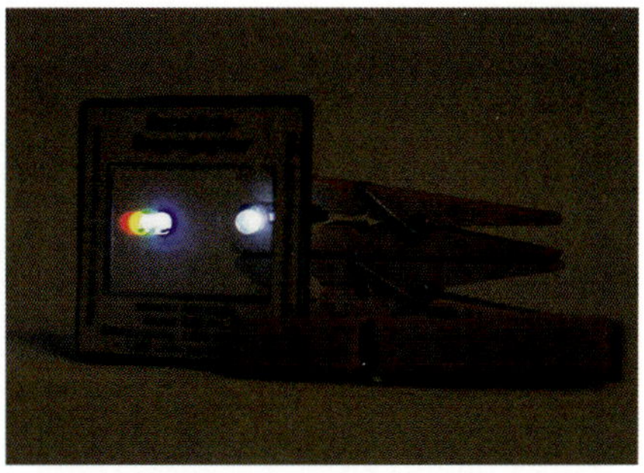

81.1 Das Licht einer weißen LED-Lampe durch eine Regenbogenfolie betrachtet

V3 Ein einfaches Spektroskop (Abb. 81.2)
Klebe zwei Stücke schwarzes Naturpapier so aneinander, dass zwischen ihnen ein dünner Spalt frei bleibt. Halte den Spalt vor einen Lichtsender. Betrachte den Spalt durch ein Beugungsgitter. Mit Holzkluppen kannst du das Beugungsgitter und den Spalt zum Stehen bringen.
Hebe das Spektroskop auf, du brauchst es in den folgenden Kapiteln.
Sicherheitshinweis: Schaue mit deinem Spektroskop niemals direkt ins Sonnenlicht oder in das Licht eines Laserpointers!

M Durch ein **Spektroskop** kannst du das **Lichtspektrum von Lichtsendern** beobachten.

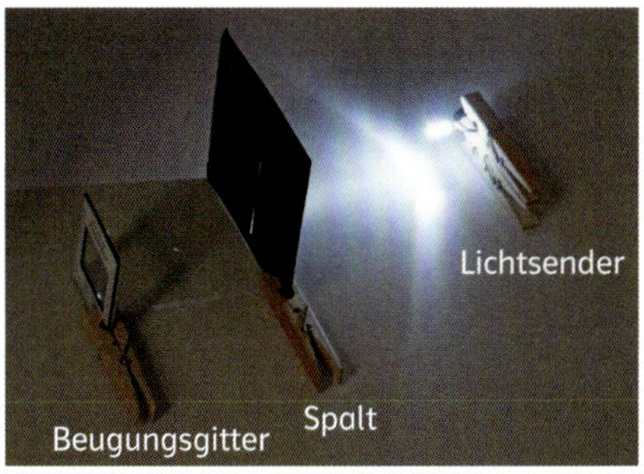

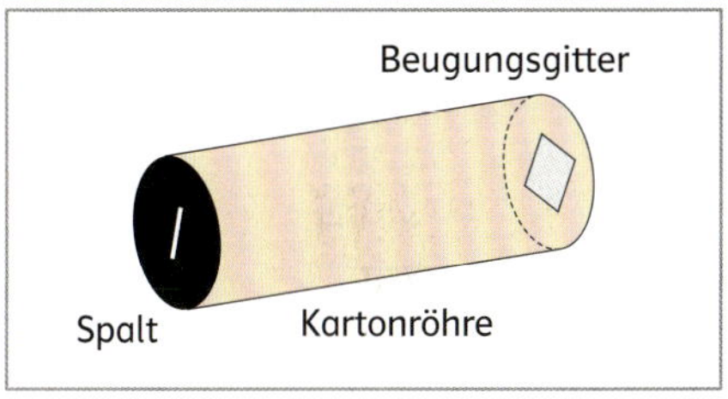

81.2 Ein einfaches Spektroskop – Tipp: Du kannst Lichtspektren besser beobachten, wenn du den Spalt und das Beugungsgitter mit schwarzem Papier an eine Kartonröhre befestigst.

Wie unterscheidet sich das Licht von Lichtsendern?

Lampen und andere Lichtsender unterscheiden sich voneinander in der **Zusammensetzung ihres Lichts**. Mit deinem Spektroskop aus V3 kannst du die Unterschiede in ihren Lichtspektren beobachten.

V4 Unterschiedliche Spektralfarben im Licht (Abb. 81.5)
Betrachte die Lichtspektren verschiedener Lichtsender durch dein Spektroskop aus V3. Betrachte zB das Licht verschiedener LED-Lampen, einer Glühlampe, einer Leuchtstoffröhre, einer Kerzenflamme …

A2 Erkennst du Unterschiede? Wie sieht das Lichtspektrum farbiger Lampen aus? Erkläre die Ergebnisse deiner Beobachtungen deiner Sitznachbarin oder deinem Sitznachbarn. Verwende physikalische Fachbegriffe.

Heiße Lichtsender, zB Halogenlampen (Abb. 81.3), zeigen oft ein **Lichtspektrum ohne Lücken**. Im Lichtspektrum von Leuchtstoffröhren und manchen LED-Lampen gibt es Lücken. Lampen senden **farbiges Licht** aus, wenn ganze **Anteile in ihrem Lichtspektrum fehlen** (Abb. 81.4). Das Licht einer **Kerzenflamme** zeigt weniger blaues und violettes Licht in seinem Spektrum. Daher wirkt es gelblich.

M In **farbigem Licht fehlen Teile des Lichtspektrums.**

81.3 Heiße Lichtsender: Flammen, Glühlampen und Halogenlampen

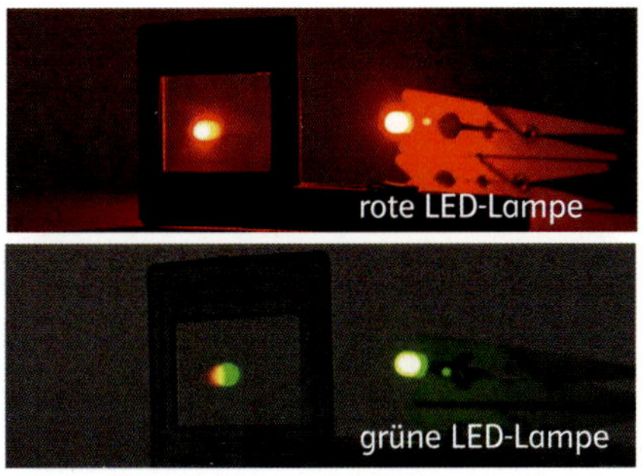

81.4 Farbige Lampen senden nicht alle Spektralfarben aus.

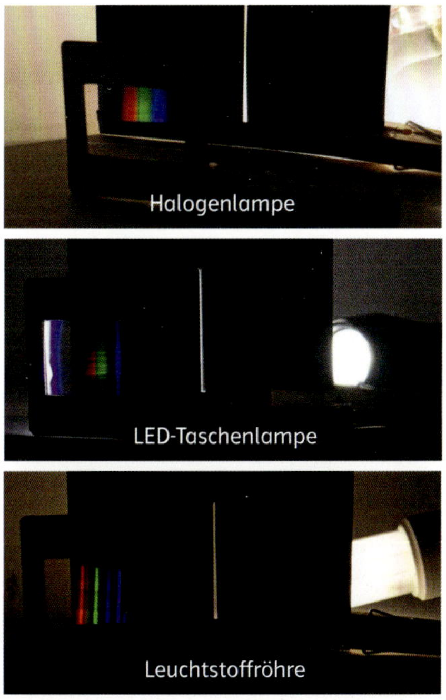

81.5 Unterschiedliche Spektralfarben im Licht

5 Spektralfarben in der Natur

82.1 Einen Regenbogen siehst du, wenn die Sonne hinter dir scheint.

82.2 Der selbst gespritzte Regenbogen – Du kannst unten den **Hauptregenbogen** und darüber den schwächeren **Nebenregenbogen** erkennen.

Wie entsteht ein Regenbogen?

Der Regen ist weitergezogen und die Sonne scheint wieder.
„Da ist ein Regenbogen am Himmel!“, ruft Thomas. „Können wir nicht schnell mit dem Auto hinfahren? Ich will ihn genauer sehen!“
„Das klappt nicht.“, meint sein älterer Bruder Marcus. „Was du siehst, ist das Licht von der **Sonne hinter dir** (Abb. 82.1). Es wird an den **Tropfen** von der **Regenwolke dort vorne** zu deinen Augen hin abgelenkt.“
„Versteh‘ ich nicht.“, sagt Thomas enttäuscht. „Komm ich zeig es dir!“ Marcus geht mit Thomas in den Hof zum Gartenschlauch.

V1 Der selbst gespritzte Regenbogen (Abb. 82.2)
Stelle die Düse des Gartenschlauchs so ein, dass er kleine Tropfen weit verspritzt. Die Sonne muss hinter dir scheinen.
Wie musst du stehen, damit du einen Regenbogen sehen kannst?

A1a Bleibt die Reihenfolge der Spektralfarben im Regenbogen immer gleich? Beobachte und notiere.

A1b Wechsle deinen Standort. Bleibt der Regenbogen immer auf der gleichen Stelle?

Infobox:
Fallende Regentropfen sind bis zu einer Größe von etwa 2 mm kugelförmig. Bis zu einer Größe von 5 mm sind sie halbkugelförmig.

Die **kugelförmigen Regentropfen** fächern Teile des einfallenden Sonnenlichts in seine Spektralfarben auf. An manchen Stellen des Tropfens wird das Licht stark gebrochen. Der meiste Teil des Lichts tritt aus dem Tropfen wieder aus. Nur ein kleiner Teil wird ins Tropfeninnere reflektiert:

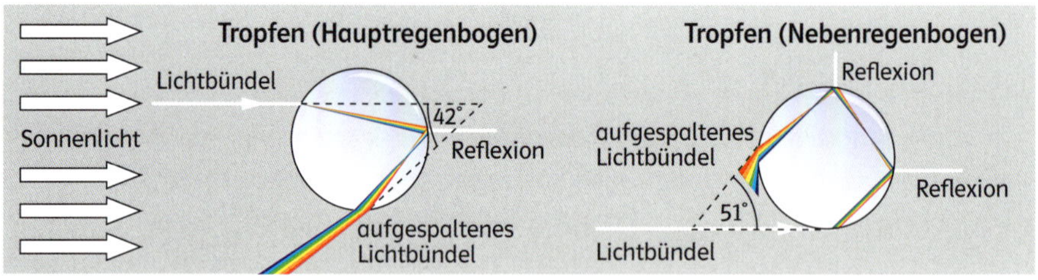

A2 Weshalb siehst du beim Hauptregenbogen rotes Licht oben und violettes Licht unten? Wie ist das beim Nebenregenbogen?
Finde eine Erklärung mithilfe der Darstellungen auf dieser Seite.
Formuliere einen Merksatz für dein Physikheft.

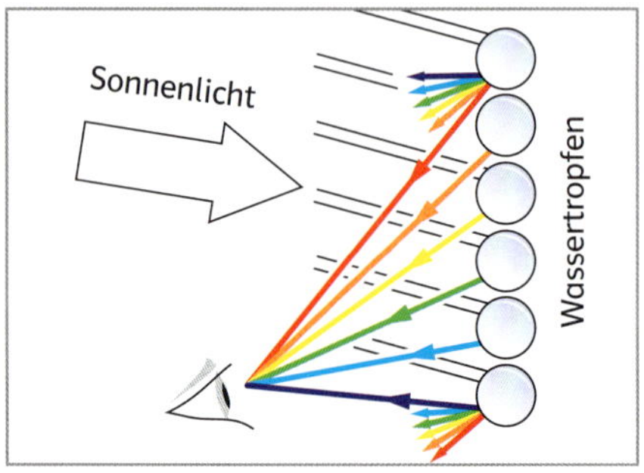

82.3 So entsteht die Farbenfolge des Hauptregenbogens.

In jedem Tropfen der Regenwand wird das Sonnenlicht in seine Spektralfarben aufgespalten (Abb. 82.3). Du kannst die einzelnen Lichtfarben aber nur unter einem **bestimmten Winkel** zwischen Sonnenlicht und dem abgestrahlten Licht der Regenwand sehen. Dadurch entsteht auch die **runde Form des Regenbogens** (Abb. 82.4). Von einem Berg oder einem Flugzeug aus siehst du auch manchmal Regenbögen als ganze Kreise (Abb. 82.5).

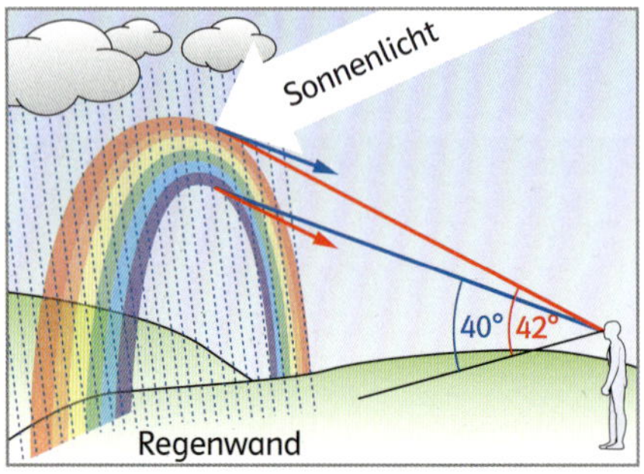

82.4 Du siehst die Lichtfarben nur unter bestimmten Winkeln.

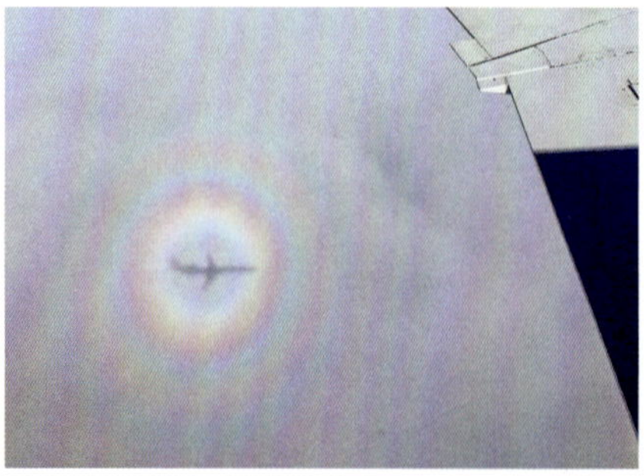

82.5 Aus dem Flugzeug siehst du einen kreisförmigen Regenbogen.

82.6 Durch Eiskristalle in Wolken ist ein farbiger Ring um den Mond zu sehen.

Warum erscheint der Himmel blau?

Das weiße Licht der Sonne dringt durch die **Lufthülle der Erde** hindurch. Es wird durch die **kleinsten Teilchen der Luft** aus seiner Richtung abgelenkt. Das Licht wird ***gestreut*** (→ Seite 57). Die Luftteilchen streuen vor allem den **blauen Lichtanteil** des Sonnenlichts. Schaust du bei Tag zum Himmel, siehst du daher das gestreute blaue Licht – den blauen Himmel. Die anderen Lichtanteile werden von der Luft nur wenig gestreut. Die Sonne wirkt daher leicht gelblich.

A3 Woraus besteht die Lufthülle der Erde? Gestalte eine Tabelle im Physikheft.
Suchbegriff (Internet): „Zusammensetzung der Luft"

Bei **Sonnenuntergang** oder **Sonnenaufgang** steht die **Sonne niedrig** am Himmel (Abb. 83.1). Der Weg des Lichts durch die Lufthülle der Erde ist jetzt länger. Schauen wir in Richtung Sonne, so erreicht uns nur noch der **rote Anteil** des Lichts. Wir sehen den Himmel in der Umgebung der Sonne rötlich. Der Himmel über uns zeigt uns das stark gestreute blaue Licht (Abb. 83.2).

V2 Himmelblau und Morgenrot im trüben Wasser (Abb. 83.2)
Fülle ein Glas (1 Liter) mit Wasser. Rühre einen halben Teelöffel Milch ein. Das Wasser soll durchscheinend trüb sein. Verdunkle das Zimmer. Leuchte mit einer hellen Taschenlampe von mehreren Richtungen in das trübe Wasser. Schau dabei immer von vorne in das Glas.

A4 Beschreibe die Unterschiede in der Farbe des trüben Wassers.
Wie leuchtet die Lampe durch das Wasser, wenn es bläulich aussieht?
Wie leuchtet die Lampe durch das Wasser, wenn es gelblich aussieht?

Wie entstehen „Schillerfarben"?

„Schillerfarben" entstehen nicht durch die Brechung des Lichts. Auf **dünnen Schichten** (zB Seifenblasenhaut, Ölfleck auf nasser Straße) oder kleinsten Gebilden (zB Panzer des Rosenkäfers) wird das Licht reflektiert. Du siehst Schillerfarben.

V3 Schillernde Seifenblasen (Abb. 83.4)
Diese Anleitung ist auch für große Seifenblasen geeignet: Löse in einem Liter destilliertem Wasser zwei bis drei Teelöffel Tapetenkleister (zB aus dem Baumarkt) auf. Rühre dabei mit einem Schneebesen um. Füge 100 ml Spülmittel unter vorsichtigem Rühren hinzu.
So erhältst du Seifenblasen: Tauche eine Schleife aus Pfeifenputzerdraht in die Flüssigkeit und ziehe sie langsam durch die Luft. Du kannst zusätzlich zB Holzstäbe als Halterung verwenden. Führe den Versuch draußen durch.

A5 Woraus könntest du noch größere Seifenblasen machen?
Suche Informationen dazu im Internet und probiere aus.

83.1 Der Himmel in der Morgendämmerung

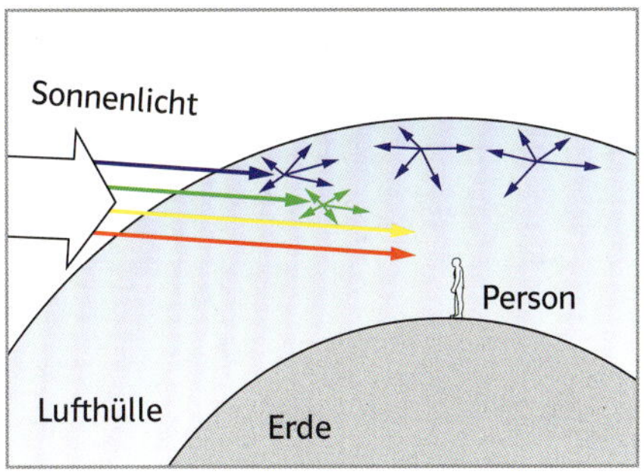

83.2 In der Dämmerung gelangt nur der rötliche Anteil des Sonnenlichts direkt zu dir. Er wird durch die Luft nur wenig gestreut. Durch das stark gestreute blaue Licht siehst du den Himmel blau.

83.3 Himmelblau und Morgenrot im trüben Wasser

Infobox:
Die Raumstation ISS bewegt sich in einer Höhe von 400 km um die Erde. Dort gibt es fast keine Luft mehr, an der sich das Sonnenlicht streuen kann. Von der ISS aus kann man den Himmel daher nur noch schwarz sehen.

83.4 Schillernde Seifenblasen

83.5 Ein dünner Ölfleck auf der nassen Straße schillert.

83.6 Ein Rosenkäfer schillert durch kleinste Gebilde in seinem Panzer.

5 Wie die Farben von Gegenständen entstehen

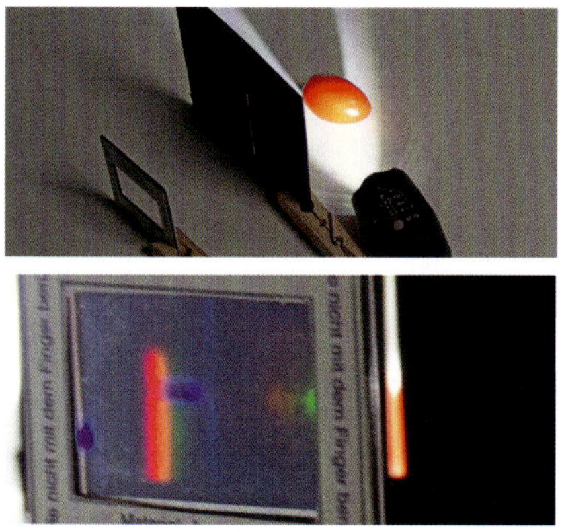

84.1 Warum siehst du Tomaten rot? Erkennst du, welche Spektralfarben aus dem Lichtspektrum absorbiert werden?

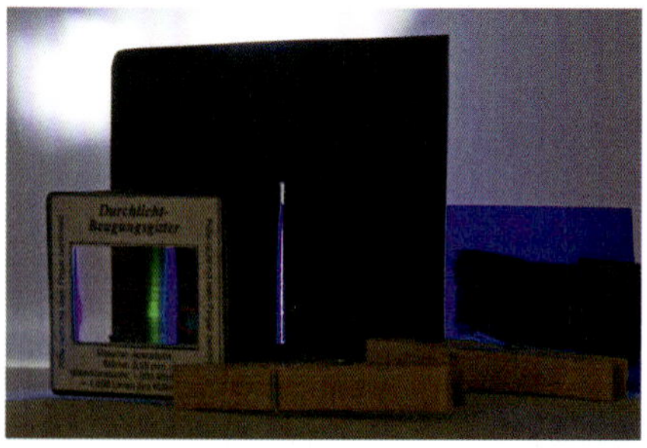

84.2 Was wird verschluckt?

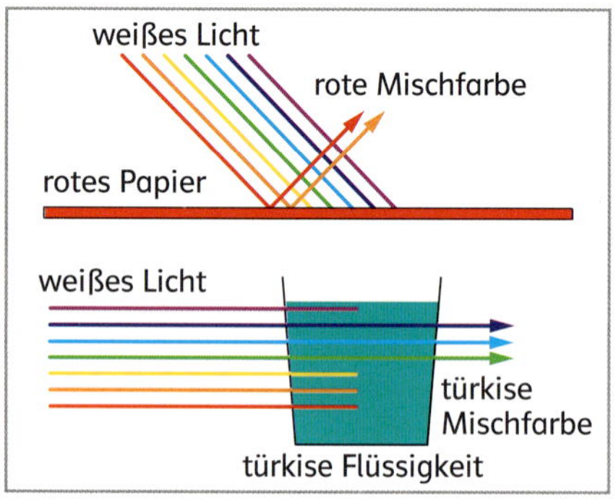

84.3 Körper, die farbig wirken, reflektieren und absorbieren Teile des Lichtspektrums.

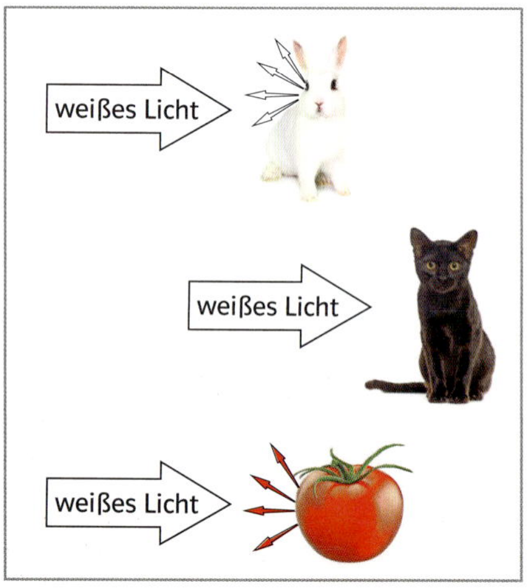

84.4 Das weiße Fell reflektiert, das schwarze absorbiert fast alle Spektralfarben.

Wodurch entstehen die Farben von Gegenständen?

Ella hilft ihrem Opa im Garten bei der Tomatenernte. „Warum sehen wir Tomaten eigentlich rot?", fragt sie sich.

V1 Warum siehst du Tomaten rot? (Abb. 84.1)
Verwende das Spektroskop von V3 auf Seite 81. Beleuchte zB eine Tomate mit einer Taschenlampe. Betrachte das reflektierte Licht der Tomate durch den Spalt mit dem Beugungsgitter.

V2 Was wird verschluckt? (Abb. 84.2)
Verwende das Spektroskop von V3 auf Seite 81. Halte vor die Taschenlampe farbige Folien oder stelle Gläser mit gefärbten Flüssigkeiten vor den Spalt.

A1 Wie verändert sich bei V1 und V2 das Lichtspektrum der Taschenlampe? Notiere deine Beobachtungen in deinem Physikheft.

Du kannst **Gegenstände** (sogenannte „**Körper**") nur dann sehen, wenn sie Licht in **deine Augen reflektieren** (→ Seite 38). Die **Farbe** von **Gegenständen** wird dadurch bestimmt, welche **Teile des Lichtspektrums** sie **reflektieren. Andere Teile des Lichtspektrums** werden aus dem weißen Licht **absorbiert** („verschluckt"). Die Tomate oder zB rotes Papier (Abb. 84.3, oben) reflektieren besonders gut Rot und Orange. Die anderen Teile des Lichtspektrums werden absorbiert. Daher erscheinen diese Gegenstände rötlich.
Die blaue Folie aus V2 absorbiert besonders Rot, Orange und Gelb und einen grünen Anteil (Abb. 84.2). Sie lässt als Mischfarbe blaues Licht hindurch. Körper, die **weiß** erscheinen, **reflektieren fast alle Spektralfarben** des Lichtspektrums. Körper, die **schwarz** erscheinen, **absorbieren fast alle Spektralfarben** des Lichtspektrums (Abb. 84.4, Abb. 84.5).

M Senden Körper **nicht alle Spektralfarben** zu dir, so erscheinen sie **farbig**. **Reflektieren** Körper **fast alle Spektralfarben**, so erscheinen sie **weiß**. **Absorbieren** Körper **fast alle Spektralfarben**, so erscheinen sie **schwarz**.

Wie beeinflusst die Lichtfarbe die Farbwahrnehmung?

Sam möchte sich einen dunkelblauen Pullover kaufen. Anna begleitet ihn ins Geschäft. Als er einen passenden Pullover gefunden hat, zweifelt er: „Ist das ein schwarzer oder ein dunkelblauer Pullover? Ich kann die Farbe nicht richtig erkennen." „Du solltest dir den Pullover im Tageslicht ansehen.", meint Anna.

A2 Betrachte Abb. 84.6. Warum ist Annas Vorschlag eine gute Idee? Was ist das Besondere am Tageslicht? Was vermutest du?

84.5 Das schwarze T-Shirt absorbiert, der weiße Aufdruck reflektiert einen großen Teil der Spektralfarben.

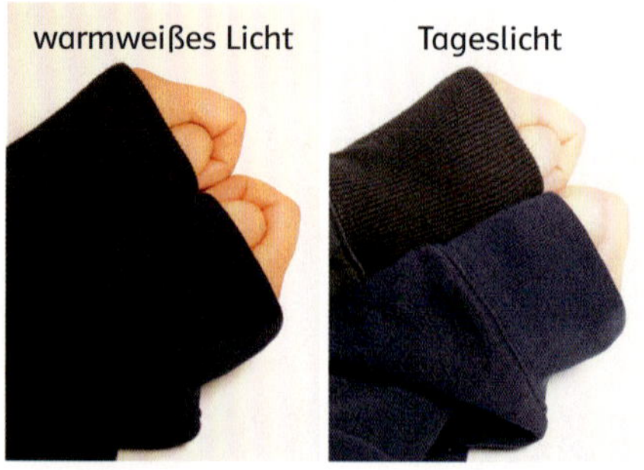

84.6 Schwer zu erkennen – Ist es Dunkelblau oder Schwarz?

→ Arbeitsheftseiten 44–45

Das Tageslicht erscheint uns weiß. Es **enthält alle Spektralfarben des Lichtspektrums.** Bei künstlichen Lichtsendern (Flammen, Lampen …) sind oft nicht alle Spektralfarben gleich stark enthalten (→ Seite 81).
Dadurch ändert sich auch unsere Farbwahrnehmung.

85.1 Im Tageslicht erscheint Schnee weiß, weil er alle Spektralfarben reflektiert.

V3 Welche Farbe zeigt die Tomate? (Abb. 85.2)
Lege Tomaten, Blätter, Obst oder Gemüse (zB Marillen, Karotten …) auf einen Teller. Beleuchte den Teller in einem verdunkelten Zimmer mit farbigen Lampen. Klebe dazu zB Stücke von farbigen durchsichtigen Hefteinbänden mit Klebeband über die Lampen oder verwende Farbwechsel-Lampen (→ Infobox Seite 86, Abb. 86.3).

A3a Weshalb sehen die Tomaten in grünem Licht schwarz aus? Diskutiert eure Vermutungen in Gruppen.

A3b Beschreibt die Farben, die Früchte und Blätter zeigen, wenn ihr den Teller mit anderen Lichtfarben beleuchtet.

V4 Farben in farbigem Licht (Abb. 85.3)
Beleuchte farbige Gegenstände im dunklen Zimmer zunächst mit weißem Licht, dann mit farbigem Licht (zB Rot, Gelb, Grün, Blau, Violett).

A4 Welche Lichtfarbe wird von welcher Körperfarbe absorbiert? Beobachte und notiere deine Ergebnisse im Physikheft.

85.2 Welche Farbe zeigt die Tomate?

Eine Tomate erscheint in **weißem Licht rötlich**, weil sie vor allem Rot und Orange in deine Augen reflektiert (→ V1). Bei **grüner Beleuchtung** siehst du sie jedoch **schwarz** (Abb. 85.2). Sie sendet kein Licht mehr in deine Augen. Die Tomate **absorbiert** das grüne Licht, das sie beleuchtet.

M Die **Farbe eines Körpers** wird durch seine Eigenschaften und durch die **Farbe des beleuchtenden Lichts** bestimmt.

Wie werden Produkte in Geschäften beleuchtet?

In Geschäften sollen Produkte möglichst attraktiv erscheinen. Bei Kleidung sollen die Farben besonders schön zu sehen sein. Lebensmittel sollen frisch und appetitlich aussehen. In Supermärkten werden Gebäck, Fleisch, Gemüse … daher mit **gefärbten Lampen** beleuchtet (Abb. 85.4, Abb. 85.5).

85.3 Farben in farbigem Licht

V5 Würstel mit Semmel (Abb. 85.6)
Beleuchte Würstel und Gebäck (oder andere Speisen) mit leicht gefärbtem Licht einer Farbwechsel-Lampe. Bei welchem Farbton sehen die Würstel und das Gebäck am appetitlichsten aus?

A5 Beobachte die beleuchteten Bereiche im Supermarkt. Ist die Beleuchtung bei Fleisch, Gebäck, Obst, Gemüse, Milchprodukten … gleich? Welche Unterschiede kannst du beobachten?

85.4 Wie würdest du Gebäck beleuchten, damit es frisch aussieht?

85.5 Im Supermarkt wird Fleisch mit gefärbten Lampen beleuchtet.

85.6 Würstel mit Semmel – Die farbige Beleuchtung ändert die wahrgenommenen Körperfarben.

5 Wir überlagern Lichtfarben und Farbstoffe

86.1 Farbige Scheinwerfer enthalten oft nur rot, grün und blau leuchtende Lampen.

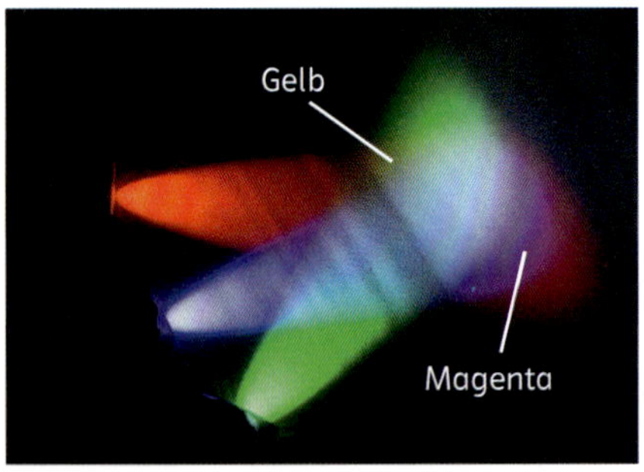

86.2 Farbig wie im Musical – Die beiden übereinander leuchtenden Lichtfarben Rot und Blau ergeben zB Magenta.

Infobox:
Farbwechsel-Lampen enthalten rote, blaue und grüne LED-Lampen. Sie leuchten abwechselnd in unterschiedlicher Stärke.

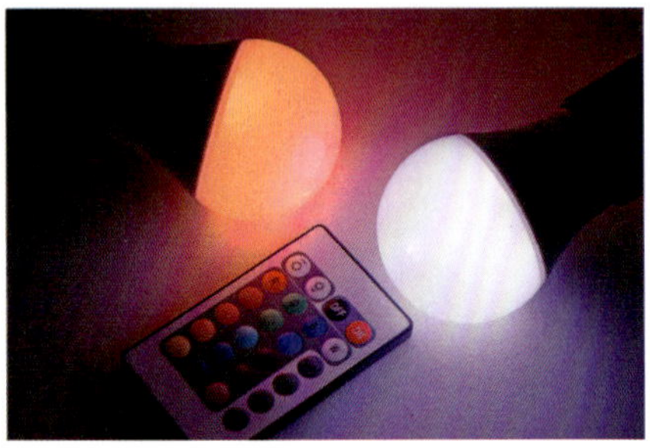

86.3 Farbwechsel-Lampen: Mit der Fernsteuerung kannst du die Lampenfarbe einstellen.

Was passiert bei der Überlagerung von Lichtfarben?

Medine und Tijana sehen sich ein Musical an. Ihnen gefallen die tollen Farben auf der Bühne. Sie staunen: „So viele verschiedene Farben auf der Bühne und nur so wenige Lichtfarben, die von den Scheinwerfern kommen. Wie wird das gemacht?" (Abb. 86.1).

V1 Farbig wie im Musical (Abb. 86.2)
Klebe Stücke von farbigen durchsichtigen Hefteinbänden (rot, blau und grün) mit Klebeband über drei Taschenlampen.
Verdunkle das Zimmer. Leuchte mit den Lampen auf eine weiße Fläche.

A1 Was erkennst du, wenn zwei oder drei Lichtfarben einander kreuzen?
Aus welchen Lichtfarben entstehen welche Mischfarben?
Mach dir (farbige) Notizen in dein Physikheft.

Die beiden übereinander leuchtenden **Lichtfarben** Rot und Blau ergeben die **Mischfarbe** Magenta (Pink, Abb. 86.2). Leuchten die beiden Lichtfarben Rot und Grün übereinander, so entsteht die Mischfarbe Gelb. Die Mischfarbe Cyan (Türkis) entsteht, wenn die beiden Lichtfarben Blau und Grün übereinander leuchten. Wir bezeichnen Rot, Blau und Grün als **„Grundfarben"**. Leuchten alle drei Grundfarben übereinander, so entsteht Weiß (Abb. 86.6).
Weiß entsteht ebenfalls, wenn zwei sogenannte **„Komplementärfarben"** übereinander leuchten. Die Grundfarbe Blau und die Mischfarbe Gelb sind Komplementärfarben. Sie ergeben zusammen Weiß. Auch Rot und Cyan sind Komplementärfarben und Grün und Magenta.

V2 Farben auf dem Display (Abb. 86.4)
Suche ein Foto auf deinem Smartphone. Sprühe kurz mit einer Sprühflasche wenig (!) Wasser auf das Display.
Schau dir die kleinen Tropfen mit einer Lupe an.

A2 Erkennst du, wie die Farben auf deinem Display entstehen?
Wie werden zB Weiß, Grau und andere Farben erzeugt?
Skizziere drei Beispiele deiner Beobachtung mit Farbstiften in dein Heft.

Bildschirme bei Fernsehern, Computern und Smartphones erzeugen ihre Farben durch kleine farbige Leuchtpunkte (***Pixel***). Rote, blaue und grüne Leuchtpunkte liegen sehr nahe beieinander. Beim Betrachten des Bildschirms kannst du die kleinen Leuchtpunkte nicht unterscheiden (Abb. 86.5). Du siehst eine Mischfarbe.

M Werden zwei **farbige Lichter** der **Grundfarben** Rot, Blau und Grün **überlagert**, so ergeben sich die Mischfarben Magenta, Gelb und Cyan. Die Überlagerung aller drei Grundfarben ergibt Weiß.

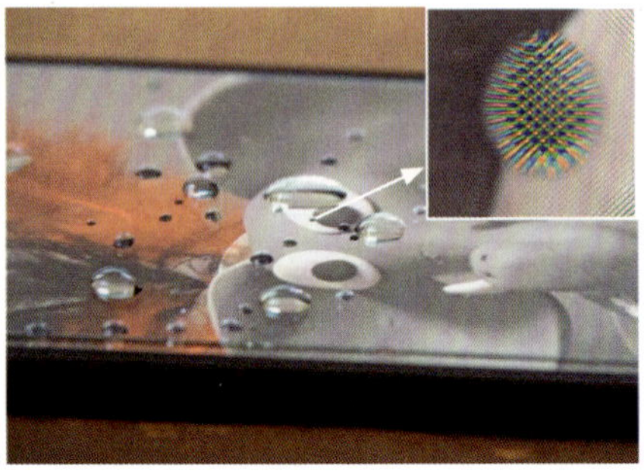

86.4 Farben auf dem Display

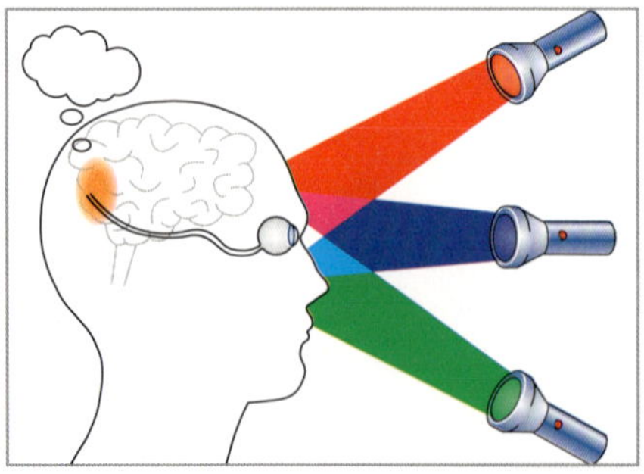

86.5 Rotes, blaues und grünes Licht nehmen wir gemeinsam als weißes Licht wahr.

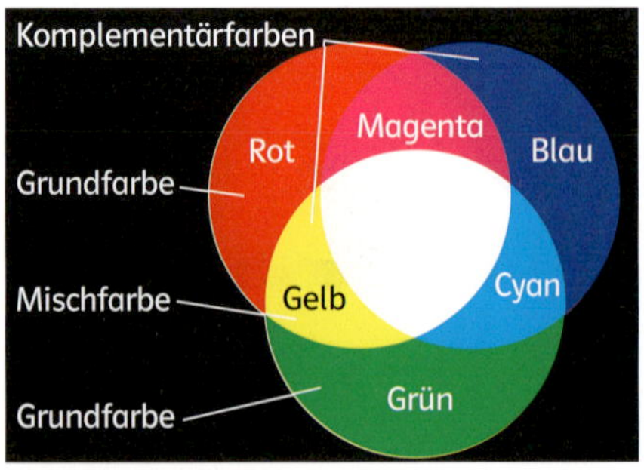

86.6 Überlagern sich Lichter der drei Grundfarben Rot, Blau und Grün, dann entsteht weißes Licht.

Was passiert bei der Überlagerung von Farbstoffen?

V3 Farbige Tropfenspiele (Abb. 87.1)
Fette ein foliertes weißes Kopierpapier mit Speiseöl ein. Setze mit einer Pipette verschieden gefärbte Wassertropfen (zB rote, blaue und gelbe Lebensmittelfarbe) im Abstand von etwa 3 mm darauf.
Gib in einen Wassertropfen mit einem Zahnstocher etwas Spülmittel. Jetzt können alle Farbtropfen ineinander verrinnen.

A3 Mache mit deinem Smartphone Fotos von den Veränderungen der Farben. Beschreibe die Vorgänge in deinem Physikheft. Drucke eines deiner Fotos aus und klebe es dazu.

87.1 Farbige Tropfenspiele

Farbstoffe nehmen Teile des weißen Lichts auf. Sie **absorbieren also einzelne Spektralfarben** des weißen Lichts (→ Seite 84).
Mischt sich zB ein cyanfarbener mit einem gelben Tropfen, so siehst du Grün. Die Farbstoffe Cyan und Gelb **nehmen Teile aus dem Lichtspektrum weg**. Nur der grüne Teil des Lichtspektrums bleibt übrig (Abb. 87.2).

Bei Farbdruckern und Farbkopierern können alle Farben mit nur **drei Grundfarben** – Gelb, Magenta und Cyan – erzeugt werden (Abb. 87.4).

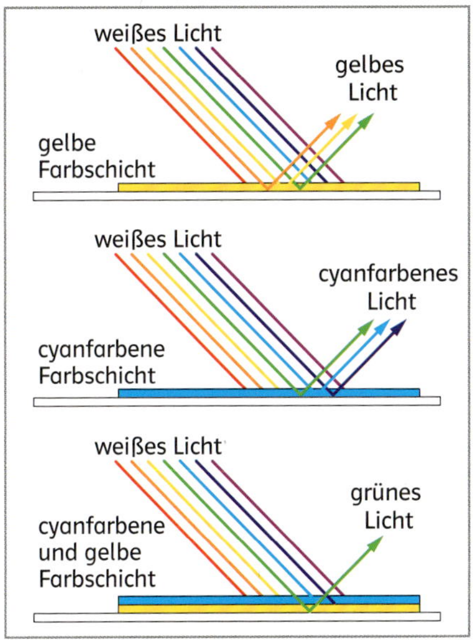

87.2 Farbstoffe absorbieren einzelne Spektralfarben. Überlagern sich die Farbstoffe Cyan und Gelb, so wird nur grünes Licht reflektiert.

V4 Farbig mit drei Farben (Abb. 87.3)
Verwende nur drei Faserschreiber oder Filzstifte mit den Farben Gelb, Hellblau (Cyan) und Pink (Magenta). Übermale die Farben oder setze kleine Farbpunkte neben und übereinander (verwende helle Farben zuerst!).
Wie viele verschiedene Farben kannst du damit erzeugen?

A4 Wie kannst du Orange, Rot, Grün, Blau, Violett, Braun … herstellen? Welche Stifte musst du dazu verwenden? Stelle Vermutungen auf. Überprüfe deine Vermutungen durch die Überlagerung der Farbschichten.

87.3 Farbig mit drei Farben

Beim **Drucken mit einem Farbdrucker** (= „***Vierfarbendruck***“) werden die durchscheinenden Farbschichten auf dem weißen Papier übereinandergelegt (Abb. 87.5). Das Papier reflektiert das weiße Licht.
Die Druckfarben absorbieren ihre Komplementärfarbe. So absorbiert zB Cyan den roten Anteil des Lichtspektrums.

Betrachte ein Foto dieses Buches mit einer sehr stark vergrößernden Lupe. Du wirst viele **Farbstoffpunkte der drei Grundfarben** erkennen (Abb. 87.6). Drucker arbeiten **zusätzlich mit schwarzer Tinte oder Toner**. Das ist notwendig, da die **Überlagerung** der drei Grundfarben kein schönes **Schwarz** ergibt.

Infobox:
Die Abkürzung **CMYK** für den Vierfarbendruck bedeutet: **C**yan, **M**agenta, **Y**ellow (Gelb) und **K**ey (= schwarze „***Schlüsselvorlage***“).

M Bei der **Überlagerung von Farbstoffen** (zB Druckerfarben) werden **Anteile des Lichtspektrums weggenommen („*absorbiert*“).**
Hier sind die **Grundfarben** Magenta, Cyan und Gelb.

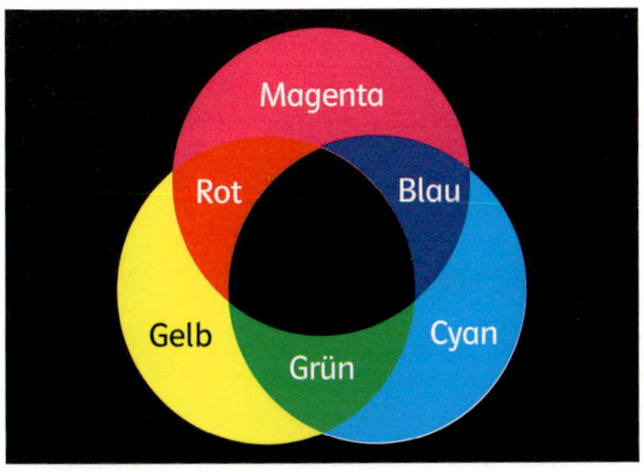

87.4 Überlagern sich Farbstoffe der drei Grundfarben Magenta, Gelb und Cyan, dann werden alle Lichtfarben absorbiert.

87.5 Ein gedrucktes Bild setzt sich aus vier Farbschichten zusammen.

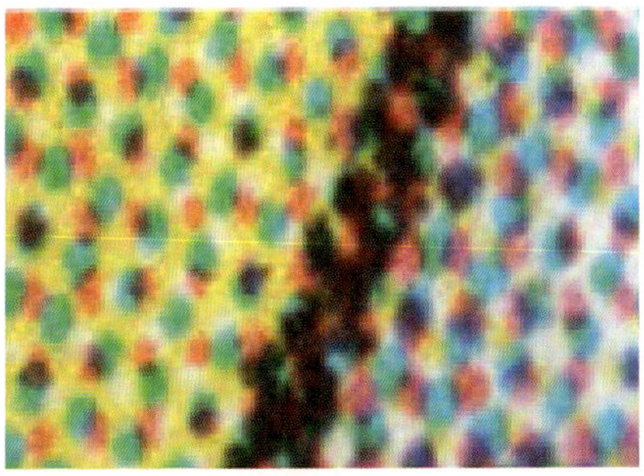
87.6 Beim Drucker entstehen alle Farben durch kleine Farbstoffpunkte.

5 Physik im Alltag

Gefährliches und Erstaunliches vom Licht

Warum werden wir geblendet?

Goran kommt am Abend nach Hause. Sein T-Shirt hat Flecken und am Ellbogen hat er sich aufgeschürft. Er erzählt: „Ich bin am Radweg gefahren und mir ist ein Auto entgegengekommen. Die Scheinwerfer waren so hell, dass ich nichts gesehen habe – ich bin gestürzt."
In der Dunkelheit **öffnet sich die Iris** deines Auges (→ Seite 75) sehr weit. Dadurch gelangt **mehr Licht** in dein Auge. Du kannst die Umgebung besser erkennen. Siehst du plötzlich in das Licht von Scheinwerfern, so verengt sich die Iris. Das Auge kann sich aber **nicht gut genug an das Licht anpassen**. Du wirst „***geblendet***" (Abb. 88.1). Bei zu hellem Licht schließen sich auch deine Augenlider. Dadurch wird deine Netzhaut nicht geschädigt.
Sonnenlicht blendet dich auch am Tag. Deine Iris kann dann nicht mehr enger werden. Eine Sonnenbrille schwächt die Helligkeit des Lichts (Abb. 88.2). ***Schau auch mit einer Sonnenbrille nie direkt ins Sonnenlicht oder in das Licht von Laserpointern!*** Die Sehzellen auf der Netzhaut können dabei für immer geschädigt werden.

88.1 Autoscheinwerfer können blenden.

88.2 Eine Sonnenbrille schützt vor Blendung durch das Sonnenlicht.

V1 Überbelichtet
Verdunkle das Zimmer.
Warte bis sich deine Augen an die Dunkelheit gewöhnt haben (etwa 10 Sekunden). Eine Person beobachtet deine Augen.
Eine dritte Person leuchtet dir aus 2 m Entfernung mit einer Taschenlampe ins Gesicht.
Haltet die Entfernung unbedingt ein!

A1a Was kannst du in der Dunkelheit erkennen? Was siehst du im Licht der Taschenlampe?

A1b Was ändert sich an deinen Augen? Lass dir die Beobachtung der zweiten Person erzählen.

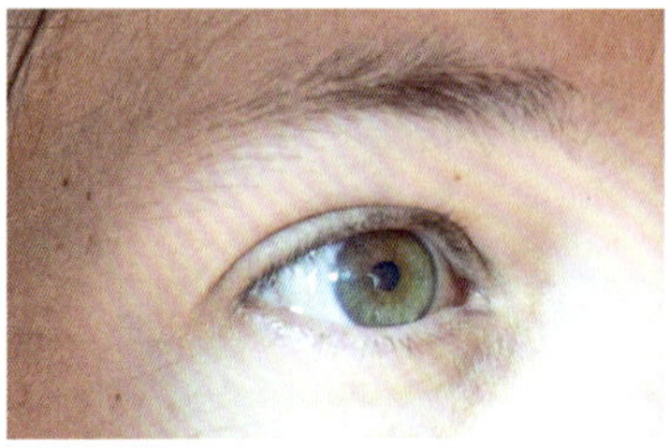

Kann Licht schädlich für die Augen sein?

An manchen Tagen schaust du eine längere Zeit auf Bildschirme, zB auf das Display eines Smartphones, auf den Computerbildschirm oder auf das Fernsehgerät. Deine **Augen ermüden**, sie sind überanstrengt und beginnen zu schmerzen (Abb. 88.3). Besonders anstrengend für deine Augen ist **blaues Licht**. Es ist energiereicher als rötliches Licht (LV1). Durch blaues Licht wirst du auch nicht leicht müde und **schläfst schlechter**. Der **Blaulichtfilter** eines Computers oder Smartphones verringert den Anteil des blauen Lichts (Abb. 88.4). Das Bild wird dadurch für deine Augen angenehmer.

A2 Schätze, wie viel Zeit du täglich vor Bildschirmen verbringst. Notiere drei Tage lang deine Bildschirmzeit. Hast du den Zeitumfang so eingeschätzt?

88.3 Langes Arbeiten am Bildschirm ermüdet die Augen.

88.4 Blaulichtfilter für Displays und Bildschirme sind augenschonend.

LV1 Blau mit Energie!
Wird ein selbsttönendes Brillenglas ins Sonnenlicht gehalten, so wird es dunkler. Wird das Brillenglas mit farbigen Lasern beleuchtet, so siehst du den roten und den grünen Lichtfleck heller. Nur das energiereiche blaue Licht kann das Brillenglas färben.

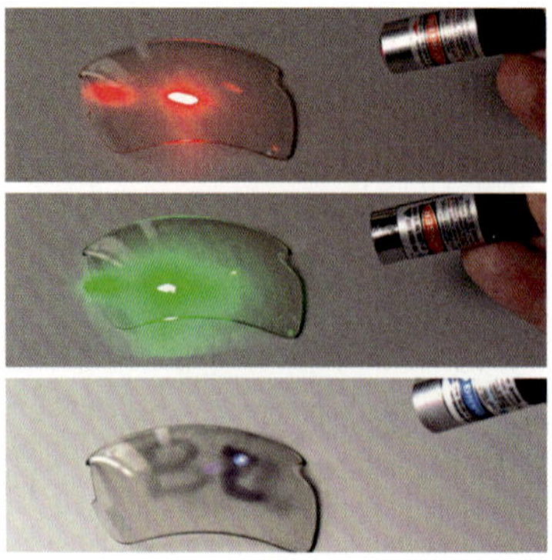

→ Arbeitsheftseite 48

Was sind „optische Täuschungen“?

Deine **zwei Sehorgane** sind die Augen und das Gehirn. Die **Augen nehmen** das **Licht auf**. Das **Gehirn verarbeitet** die gesehenen Bilder. Bei optischen Täuschungen nimmst du das Gesehene anders wahr, als es wirklich ist.
Bei „Nachbildern“ (→ Seite 75) entsteht die Täuschung durch die Sehzellen des Auges. Oft wird aber auch dein Gehirn getäuscht.
Sind die beiden roten Linien wirklich unterschiedlich lang? Miss nach.

Hier wird dein Gehirn durch die Umgebung der roten Linien getäuscht.
Die Richtung der Pfeilspitzen lässt die Linien länger oder kürzer erscheinen.
Die folgenden Täuschungen haben auch physikalische Hintergründe.

Illusionen durch Schatten: Auf beleuchteten Gegenständen kannst du Selbstschatten erkennen (→ Seite 48). Die dem Lichtsender zugewandte Seite ist viel heller. Dadurch wirken Gegenstände für dich dreidimensional. Durch geschickte Schattengebung, verzerrte Vierecke und Schwarz-Weiß-Unterschiede kannst du in Abb. 89.1 eine Höhle hinter einer Säule sehen.
Bei V2 wird dein Gehirn ebenfalls getäuscht. Du bist gewohnt, dass das Licht der Sonne von oben kommt. Dadurch kannst du mithilfe des Schattens eine Erhöhung von einer Vertiefung gut unterscheiden.

Bewegungsillusionen sind Bilder, bei denen sich Teile scheinbar bewegen. Sie bestehen aus sich wiederholenden Mustern mit starken Unterschieden, zB hell – dunkel oder Komplementärfarben (→ Seite 86). Diese Unterschiede werden im äußeren Bereich der Netzhaut unterschiedlich schnell weitergeleitet. Die Bereiche in der Mitte sind unbeweglich (V3, Abb. 89.2).
Bei diesen Bildern werden auch deine Augen getäuscht.

A3 Suche im Internet nach Bildern mit optischen Täuschungen.
Stelle deine drei besten Bilder mit einem Präsentationsprogramm deiner Klasse vor.

V2 Erhöht oder vertieft?
Welcher Fußabdruck ist erhöht, welcher vertieft?
Dreh das Buch um.
Der Schatten täuscht.

V3 Drehende Kreise
Schau in die Mitte. Die Kreise bewegen sich, wenn du deinen Kopf vor und zurück bewegst.

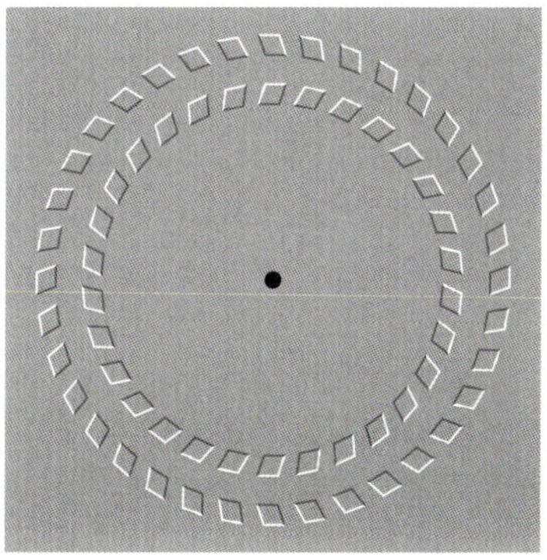

89.1 3D-Effekt durch Schatten, Formen und Schwarz-Weiß-Unterschiede

89.2 Bewegungsillusion durch Farben

Das kann ich!

A1 Zwei dieser vier gezeichneten Lichtspektren sind falsch. Welche? ☐ A, ☐ B, ☐ C, ☐ D

A
B
C
D

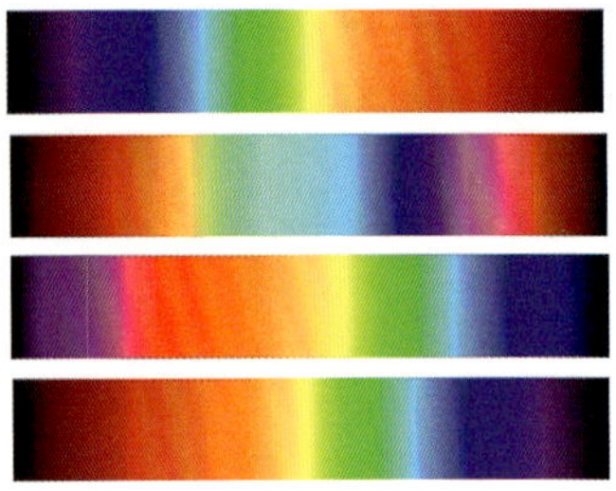

Beschreibe in Stichwörtern, welche Fehler du gefunden hast.

____

____

____

____

A2 Bei diesen zwei Lichtspektren fehlen Spektralfarben. Welche Farbe könnte das Licht haben? Kreuze an.

A
B

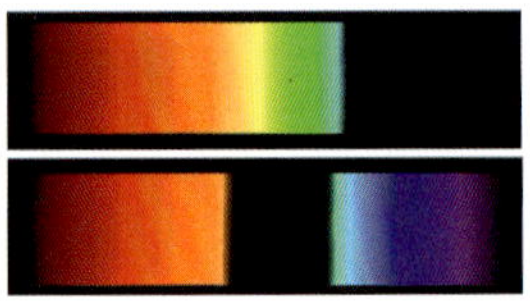

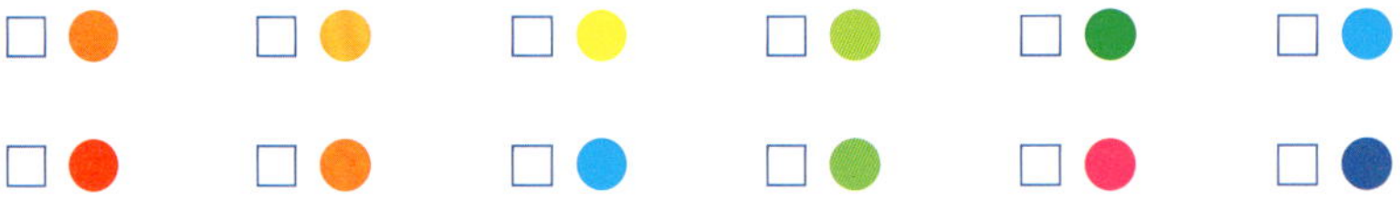

A3 a) Benenne die Grund- und Mischfarben der Überlagerung von Lichtfarben.

Grundfarben: __________, __________, __________

Mischfarben: __________, __________, __________, __________

Verwendung der Lichtüberlagerung: ☐ Farbdrucker, ☐ Computerbildschirm

b) Ein Farbdrucker kann durch Überlagerung von ☐ Licht, ☐ Farbstoffen der drei Grundfarben

__________, __________ und __________ alle Farben erzeugen.

Zusätzlich enthält der Farbdrucker auch noch ☐ schwarze, ☐ weiße Farbe.

A4 Die folgenden Kreise sollen Scheiben von Kreiseln darstellen. Welche Mischfarben sieht man, wenn die Kreisel schnell gedreht werden? Hinweis: Beim Kreiseln der Scheiben überlagern sich die Farben wie Lichtfarben!

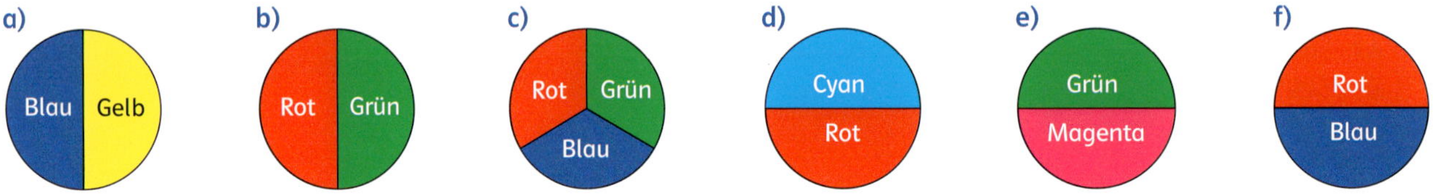

a) __________ c) __________ e) __________

b) __________ d) __________ f) __________

A5 Je zwei farbige Bühnenscheinwerfer leuchten auf die Bühne.
Welche Farbenspiele wirst du erkennen können? Kreuze an.

A6 Farben von Körpern: Setze die Wörter aus dem Kasten richtig in den Lückentext ein.

absorbiert (2-mal)
blaues
Cyan
oranges
reflektiert (2-mal)
rotes
schwarz
violettes
weiß

Holzkohle erscheint ______________, weil sie fast alle Spektralfarben ______________.

Ein Blatt Papier erscheint ______________, wenn es fast alle Spektralfarben ______________.

Ein roter Buntstift ______________ rotes Licht.

Die Komplementärfarbe zu Rot ist ______________.

Ein grünes Blatt ______________ hauptsächlich ______________, ______________, ______________ und ______________ Licht.

V1 Farbig mit drei Farben (→ Seite 87, V4)

Probiere die vorgegebenen Mischfarben herzustellen.
Setze mit den Stiften kleine Farbpunkte auf das weiße Feld neben der Vorlage.
Die einzelnen Farben werden stärker, je mehr Farbpunkte du nebeneinander setzt. Schau dir deine Farbpunkte von weiter Entfernung an.
Von welcher Farbe brauchst du viele, von welcher Farbe wenige oder keine Farbpunkte? Beschreibe daneben, wie du deine Mischfarben geplant hast.

____
____

____
____

____
____

A7 Benjamin liest in einem Blog folgende Meldung:
„Der menschliche Körper kann sich nach 21 Tagen darauf einstellen, keine Nahrung und Flüssigkeit zu benötigen. Er kann sich dann nur noch von der Energie des Lichts ernähren. Während der ersten 7 Tage wird weder gegessen noch getrunken. In den folgenden 14 Tagen soll nur getrunken werden. Ab diesem Zeitpunkt ist es mithilfe von Energiewesen möglich, die Nahrung durch Aufnahme von Licht als Lebensenergie zu ersetzen."
„Das wäre doch eine gute Idee, um abzunehmen.", meint Benjamin.
„Ich halte diese Art von Diät für sehr gefährlich.", entgegnet Anja.
Mit welchen Argumenten kann Anja Benjamin überzeugen?

A8 Der große Supermarkt von Lichtenberg ist die ganze Nacht über hell beleuchtet.
„Damit werden Einbrecherinnen und Einbrecher abgeschreckt.", meint die Filialleiterin.
Überlegt in Gruppen, wie sich die Beleuchtung auf die Umwelt auswirkt.
Ist die helle Beleuchtung eurer Ansicht nach notwendig?

Maßeinheiten in unserem Alltag

Hier findest du einen Überblick über physikalische Grundbegriffe, Messgeräte und Maßeinheiten:

Begriff (engl.)	Zeichen (Abkürzung)	Messgeräte	Maßeinheiten (Abkürzung)	Bedeutung der Maßeinheit
Weg, Länge (*space*)	s	Lineal, Maßband …	1 Meter (1 m)	franz. *mètre* – Maß
Fläche (*area*)	A	Längen messen → Berechnung	1 Quadratmeter (1 m²)	Ein Quadrat mit 1 m Seitenlänge
Volumen (*volume*)	V	Messglas	1 Kubikmeter (1 m³) 1 Liter (1 l)	lat. *cubus* – Würfel franz. *litre* – Pfund
Zeit (*time*)	t	Uhr	1 Sekunde (1 s)	lat. *secunda* – zweiter Teil
Masse (*mass*)	m	Waage	1 Kilogramm (1 kg)	gr. *chílioi* = tausend gr., lat. *gramma*
Dichte (*density*)	ϱ (gr. Rho)	Aräometer für Flüssigkeiten	1 Gramm pro Kubikzentimeter $\left(1\frac{g}{cm^3}\right)$	Wie viel g hat ein cm³ eines Materials
Frequenz (*frequency*)	f	Frequenzmesser, zB Stimmgerät für Instrumente	1 Hertz (1 Hz)	benannt nach dem Physiker Heinrich Hertz
Geschwindigkeit (*velocity*)	v	Tachometer, Radargeräte	1 Meter pro Sekunde $\left(1\frac{m}{s}\right)$	Wie viele m werden in 1 s zurückgelegt
Druck (*pressure*)	p	Barometer (Luftdruck), Manometer (Pumpen), Schalldruckmesser	1 Pascal (1 Pa) 1 Bar (1 bar)	benannt nach dem Physiker Blaise Pascal gr. *barýs* – schwer
Temperatur (*temperature*)	T	Thermometer	1 Grad Celsius (1 °C) 1 Kelvin (1 K)	benannt nach den Physikern Anders Celsius und William Thomson (Lord Kelvin)
Leistung (*power*)	P	Leistungsmesser	1 Watt (1 W)	benannt nach dem Erfinder James Watt
Lichtstrom (*luminous flux*)	φ_v (gr. Phi), F	Photometer (Lichtmesser)	1 Lumen (1 lm)	lat. Licht, Leuchte
Winkel (*angle*)	α, β, γ …	Winkelmesser	1 Grad (1°)	lat. *gradus* – Schritt
Beleuchtungsstärke (*illuminance*)	E_v	Luxmeter	1 Lux (1 lx)	lat. Licht

Die Farbtemperatur von Lichtsendern im Vergleich

Die „Farbtemperatur“ von Lichtsendern gibt an, wie rötlich oder bläulich eine „weiße“ Beleuchtung ist.
Die Temperaturangabe in „Kelvin“ (K) sagt nicht, wie heiß der Lichtsender wird. Es ist nur ein Vergleichswert mit einem glühenden Körper.

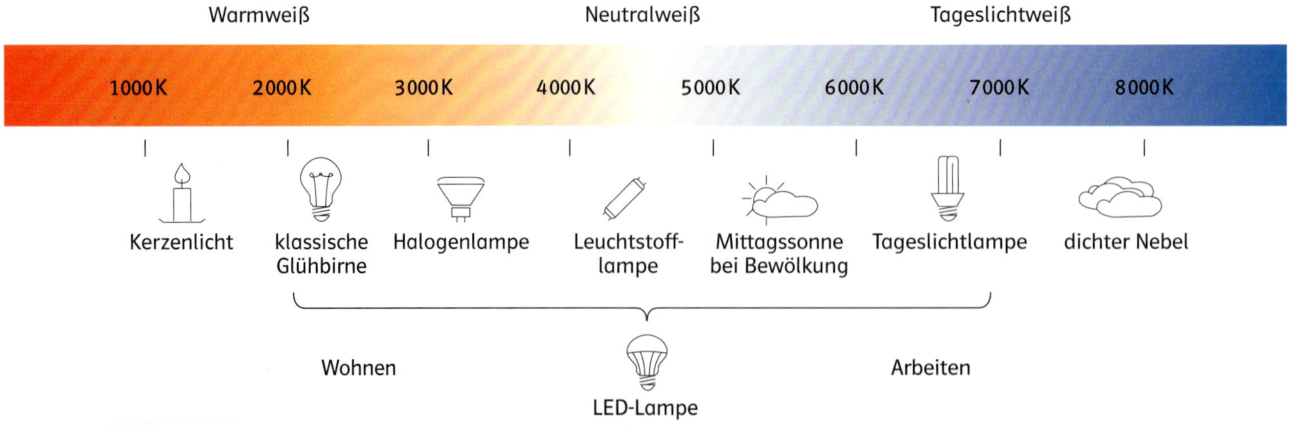

Die Dichte einiger Stoffe (Materialien)

Die Dichte gibt an, wie viel Masse in einer Raumeinheit ($1\,cm^3$, $1\,dm^3$, $1\,m^3$) eines Stoffes enthalten ist.

Sie ist eine typische Materialeigenschaft und wird in $\frac{g}{cm^3}\left(=\frac{kg}{dm^3}=\frac{t}{m^3}\right)$ angegeben.

Bei gasförmigen Stoffen verwendet man die Einheit $\frac{g}{dm^3}\left(=\frac{g}{l}=\frac{kg}{m^3}\right)$.
Hier findest du eine Dichtetabelle einiger Stoffe.

feste Stoffe bei 20 °C in $\frac{g}{cm^3}$	
Iridium	22,56
Platin	21,45
Gold	19,32
Wolfram	19,3
Blei	11,34
Silber	10,49
Kupfer	8,92
Messing	8,3–8,6
Eisen	7,87
Stahl	etwa 7,8
Aluminium	2,7
Marmor	2,7
Glas	2,4–2,7
Kochsalz (NaCl)	2,17
Magnesium	1,74
Ziegel	1,5
Wachs	0,9–0,98
Eis bei 0 °C	0,92
Eichenholz	etwa 0,9
Fichtenholz	etwa 0,5
Kork	0,24
Seide	0,06
Kunststoffe	
Polyethylenterephthalat (PET)	1,38
Polyvinylchlorid (PVC)	1,36
Plexiglas (PMMA)	1,18
Polystyren (PS)	1,05
Polyethen (PE)	0,92–0,96
Polypropen (PP)	0,91
Gummi	0,9–1,2
Schaumstoffe	0,02–0,05

flüssige Stoffe bei 20 °C in $\frac{g}{cm^3}$	
Quecksilber	13,55
Schwefelsäure	1,85
Honig	etwa 1,4
Salzwasser (gesättigt)	etwa 1,3
Milch	1,03
Meerwasser	1,02
Wasser bei 4 °C	1
Wasser bei 20 °C	0,998
Speiseöl	0,8–0,93
Petroleum (Lampenöl)	0,8
Ethanol („Weingeist“, „Spiritus“, „Alkohol“)	0,79
Diethylether („Ether“)	0,72
Benzin	0,7–0,8

gasförmige Stoffe in $\frac{g}{dm^3}$	
Butan bei 0 °C	2,71
Propan bei 0 °C	2,01
Kohlenstoffdioxid bei 0 °C	1,98
Argon bei 0 °C	1,78
Sauerstoffgas bei 0 °C	1,43
Luft bei 0 °C	1,29
Stickstoffgas bei 0 °C	1,25
Luft bei 100 °C	0,95
Methan bei 0 °C	0,72
Erdgas bei 0 °C	0,7–0,84
Wasserdampf bei 100 °C	0,6
Helium bei 0 °C	0,18
Wasserstoffgas bei 0 °C	0,09

Die Stärke von Schalleindrücken in dB

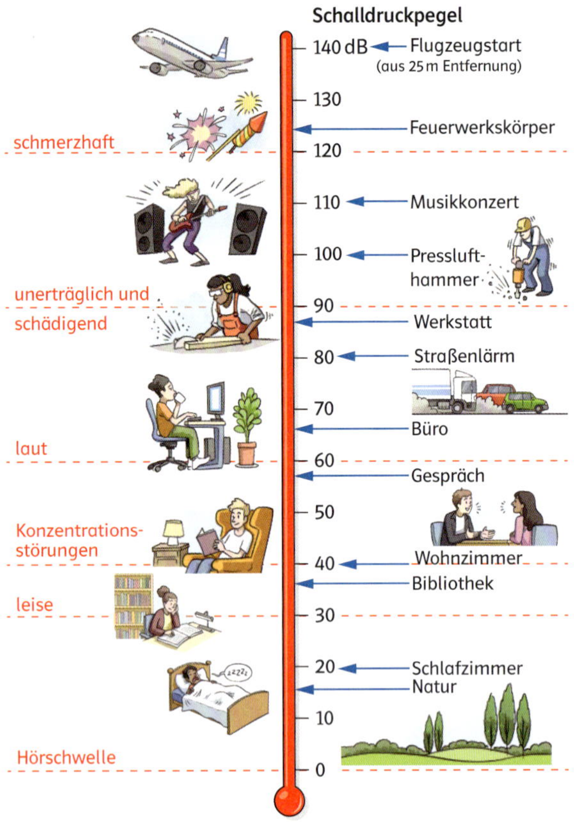

Glühfarben von Eisen

550 °C	Dunkelbraun
630 °C	Braunrot
680 °C	Dunkelrot
740 °C	Dunkelkirschrot
780 °C	Kirschrot
810 °C	Hellkirschrot
850 °C	Hellrot
900 °C	gut Hellrot
950 °C	Gelbrot
1000 °C	Hellgelbrot
1100 °C	Gelb
1200 °C	Hellgelb
> 1300 °C	Gelbweiß

In Österreich sichtbare Sonnenfinsternisse von 2025 bis 2050

Datum	Art der Sonnen-finsternis	in Österreich sichtbar	weitere Gebiete
29.03.2025	partiell	partiell, vormittags	Arktis, Nordatlantik, Nordwesteuropa, Nordamerika
12.08.2026	total	partiell, abends	Nordamerika, Europa; total: Westisland, Spanien
02.08.2027	total	partiell, morgens	Afrika, Europa; total: Spanien, Nordafrika
01.06.2030	ringförmig	partiell, morgens	Nordafrika, Europa, Asien; ringförmig: Malta
16.01.2037	partiell	partiell, morgens	Nordafrika, Europa
02.07.2038	ringförmig	partiell, nachmittags	Amerika, Afrika, Europa
21.06.2039	ringförmig	partiell, abends	Nordamerika, Russland, Europa; ringförmig: Norwegen, Schweden, Finnland …
11.06.2048	ringförmig	partiell, mittags	Nordamerika, Russland, Europa; ringförmig: Island, Norwegen, Schweden …

Die nächste in Österreich sichtbare totale Sonnenfinsternis findet am 03.09.2081 statt. In der Früh zieht der Kernschatten über Tirol, Salzburg und Kärnten.

Die nächsten in Österreich sichtbaren totalen Mondfinsternisse:
14.03.2025, 07.09.2025, 31.12.2028, 26.06.2029, 20./21.12.2029, 18.10.2032, 14.04.2033, 28.09.2034, 18./19.08.2035, 11./12.02.2036, 06./07.08.2036, 31.01.2037

Register